現代中国経済

新 版

丸川知雄［著］

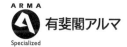

ARMA
有斐閣アルマ
Specialized

2010 年に中国の国内総生産（GDP）は日本を抜き，アメリカに次いで世界第 2 位となった。その時点で中国の GDP はアメリカの 40% だったが，その後，急速にアメリカとの差を詰め，2020 年時点では 70% となった。中国の経済成長率は今後もなおしばらくアメリカを上回り，2030 年頃には中国はアメリカを抜いて世界最大の経済大国になるだろう。

アメリカは良くも悪くも資本主義あるいは市場経済の典型的なモデルであった。つまり，アメリカ経済には普遍性があり，資本主義の純粋に近い姿がそこにあると考えられている。アメリカや日本の大学で教えられている標準的な経済学の教科書を開くと，まず抽象的な個人が登場し，効用を最大化するように行動するという話から始まる。自らの効用を最大化する個人や，利益を最大化する企業が積み上がって経済全体がいかにうまく回っていくかが解明される。そのモデルは現実のアメリカ経済から抽出されたものではないが，アメリカの現実に当てはまるという前提で政策論などが展開される。

一方，中国はどこからどうみても典型的な市場経済ではない。かつては社会主義体制のもと，個人の効用の追求や企業の利益の最大化などもってのほかとされてきた。中国は今も「社会主義」の建前はおろしていないが，1992 年以降は市場経済へ向けて改革を進めていくことになった。個人や企業が利益を追求することにもほとんど制約はなくなった。それでも中国の経済体制はアメリカや日本とはずいぶん異なっている。社会主義体制が遺したものとして膨大な数の国有企業があり，依然として経済の重要な部分を押さえている。そしてそれら国有企業は政府だけでなく中国共産党の支配のもとにあり，国の政策のみならず党の方針を反映して経営されている。

このようにユニークな経済が，抽象的な個人から出発する経済学だけで十分に解明できるとは思えない。社会主義体制を採用していた歴史や，その影響がなお残る現在の特徴を踏まえた分析がどうしても必要である。中国のような特殊な体制をとる経済が世界第1位の規模に成長していくことは，経済学のあり方に対しても一定の反省を促すと予想している。すなわち，各国の経済を理解するうえでその国の固有の歴史や特徴に目を向ける必要性がもっと認識されるようになるだろう。経済学はむしろ各国経済の特徴を発見する道具としてその有用性を示していくに違いない。本書は中国の歴史と体制の特徴についての知識を提供しつつ，経済学を用いて中国経済を解明していく。

　中国経済は急ピッチで成長し，かつ絶えざる構造変化を続けている。われわれ中国をみる者も不断に新しい知識を吸収し，認識を改めていかなければ現実の動きに取り残されてしまう。それが中国経済を学ぶ楽しみでもあるが，中国経済を教える者の立場としては悩みの種でもある。なぜなら，自分が伝えようとする知識の「賞味期限が短い」ことを意識せざるをえないからだ。

◆　世界最大の工業力の解明

　本書の初版を2013年に出版した際に，筆者は「少なくとも10年間は有効でかつ重要であるような知識だけを本書に盛り込むことにしたい」と宣言した。2020年の中国経済の姿を予想して，その時点で重要であるような問題を取り上げると述べた。いざ2021年になってみると，実際の中国経済の発展はおおむね初版で予想したとおりとなった。初版では2010年を起点に20年まで中国経済は年平均7.7％の成長をすると予測したが，19年までの実績は中国政府の公式統計によれば年平均7.3％だった（なお，2020年はコロナ禍の影響で経済成長率は2.3％にとどまった）。

また，初版の「はじめに」では2020年には中国は「世界の工場」としての地位をますます盤石のものにしているだろう，と述べた。その時点では中国の製造業の付加価値額はようやくアメリカを抜いて世界一になったばかりであったが，2018年の時点ではアメリカの1.7倍，日本の3.8倍となっている。2020年にはアメリカ，日本との差はもっと開くだろう。

　それが単なる数字上のまやかしではないことは，個別の工業製品の生産量をみればわかる。たとえば，かつて自動車産業といえばほぼ先進国の独占物で，2001年にはアメリカ，ヨーロッパ，日本，韓国が世界の自動車生産の78%を占めていた。しかし，2009年に中国の自動車生産台数が日本を抜いて世界一になると，その後アメリカと日本をぐんぐんと引き離し，2018年には2781万台となって，アメリカ（1131万台），日本（973万台）を遠く引き離している。

　産業は互いに引き寄せあう性質を持っている。たとえば自動車の生産が盛んな国や地域には部品やプラスチック，ゴム，鉄鋼などの関連産業の生産も活発になる傾向がある。中国では1つの産業が他の産業を呼び寄せる集積のメカニズムが働きつづけた結果，今やいろいろな産業で世界最大の生産能力を持っている。

　世界経済のなかでの中国の台頭は主にその工業の成長がもたらしたものである。中国の経済を理解するには中国の工業を理解することが重要である。そこで本書の主眼は中国の工業力の解明におかれている。**第1章**で中国の経済発展の全体像を概観したのち，**第2章**で中国の工業化政策の変遷をたどり，中国がさまざまな紆余曲折を経ながら，今日の工業大国の地位を築いたことを説明する。**第3章**，**第4章**，**第5章**では中国の工業力の源泉である労働，資本，技術の現状について検討する。**第6章**，**第7章**，**第8章**では，中国の工業力の担い手である国有企業，外資系企業，民間企業の現状と将来について検討する。

◆ 新版で強化した点

　中国経済の展開は本書の初版で予想したとおりになった側面もあったが，初版を書いた時点では予期していなかったことや予想を修正すべき点があることも認めざるをえない。

　まず，中国経済の成長が他国に与える影響の大きさやそれが引き起こす反発を予期していなかった。中国に対する反発のなかでも最大のものは，2018年に勃発し，21年現在もなお続いている米中貿易戦争である。こうした中国経済の台頭が他国に与えるインパクトについて筆者は2018年に刊行した編著（末廣・田島・丸川編［2018］）で検討した。中国経済の解明を行う本書では，他国の状況を正面から取り上げることはできないが，**終章**で，中国経済の世界的な影響について取り上げた。

　予想を修正すべき点もある。初版では2021年から30年まで中国経済は年平均7.1％で成長すると予測していた。その根拠の1つは農村部にはまだかなりの労働力が余っていると考えたことである。だが，筆者は2018年に中国内陸部の農村をいろいろと見て回った結果，もはや都市へ農村の余った労働力が提供されることはほとんど期待できないと認識するに至った。それどころか農業でも働き手が減ってきているため，農業は今大きな変革のただなかにある。こうした事情を考えると，2021年から30年の経済成長率の見通しは下方に修正せざるをえない。他方で，農業のダイナミックな変化は注目すべきことなので，**第3章**で大きく取り上げた。

◆ 情報の洪水のなかで

　1972年に日本と中国の国交が回復したが，それ以後もしばらくの間中国はきわめて情報の少ない，わかりにくい国だった。だが，2017年の時点で中国には12万人を超える日本人が住み，日本にも74万人以上の中国人が住むなど，日本と中国の間の交流は格段に

進展している。中国の情報もきわめて豊富になり，情報の不足による誤解が生じる余地は小さくなってきた。

他方で，日本ではもうかれこれ20年にもわたって，中国の脆弱性や問題点をことさらに取り上げて，中国が今にも崩壊すると主張する本が数多く出版されており，日本人の中国に対する偏見がかえって強まっているような印象も受ける。

もちろん中国がさまざまな問題点を抱えていることを認識することは重要であり，その前途を楽観できない要素もたくさんある。何よりも中国は，共産党一党支配というわれわれの社会とは異質な政治体制のもとにある。民主主義が欠如していることから来る権力の横暴，情報の統制，法の支配の不徹底などの問題は中国社会を不安定化させうるし，民間企業の健全な発展を阻害するため，経済発展にも悪い影響を与えると考えられる。

しかし，2010年に中国が日本の経済規模を追い抜いたことが雄弁に物語るように，これらの問題が存在することで中国経済の発展が大きく阻害されているとはいいがたい。中国のリスクや脆弱性が存在することは事実であるが，いつまでもそればかりを強調していたのでは，発展し強大化する中国の現実から目をそらすことになろう。中国が共産党一党支配という西側先進国からみればきわめて異質な政治体制のもとではあれ，急速な経済成長を続けているという現実を直視しなければならない。そして，日本と地理的に近接した場所に日本を上回る経済大国が出現したことは，日本にとって挑戦であるとともにチャンスである。そのことはとくに2015年以降，日本に来る中国人観光客が激増したことによって日本人が強く認識したことである。

筆者は，中国の成長というチャンスをとらえ，それを自分自身，自分の会社や組織，そして自国の発展に結びつけようとチャレンジする人が増えることを願っている。本書が読者にとって中国への関

心の扉を開けるものになることを願ってやまない。

　なお，本書の巻末には，本文のなかで言及するさまざまな歴史的事件をまとめた「中国近現代史年表」をつけたので，ご参照いただきたい。また，本書には数多くの図表が登場するが，それらの元データは本書のウェブサイトでダウンロードできる。そのウェブサイトではデータの更新も行っている。大学でのレポート作成や，さらなる研究に役立てていただければ幸いである。

　＊本書のウェブサイト（著者のページ）
　https://web.iss.u-tokyo.ac.jp/~marukawa/ccepage2.html

目　　次

はじめに　i

第1章　経済成長の過去と将来　　　　　　　　　　　　　　　I

　はじめに（2）

1　中国経済8000年の歩み ……………………………………2
　　中原（黄河流域）の王朝（2）　　長江流域の発展（4）　　銀の流
　　入で活気づいた中国経済（6）

2　中華帝国の衰亡（1840〜1949年）……………………8
　　清朝の衰退（8）　　洋務運動（9）　　中華民国期の戦乱と工業発
　　展（13）

3　中華人民共和国の経済成長（1949〜2020年）……………15
　　部門別の分析（15）　　生産要素別の分析（18）

4　これからの成長（2021〜40年）……………………………26
　　中国はアメリカを抜くか（26）　　本書初版（2013年）で行った
　　予測の検討（27）　　就業者数は減少傾向（28）　　資本とTFP
　　の伸びは緩やかに（30）　　2030年代には中国が世界最大の経済
　　大国に（31）　　中所得国の罠（33）

第2章　計画経済と市場経済　　　　　　　　　　　　　　　41

　はじめに（42）

1　ソ連の計画経済 …………………………………………42

2　社会主義と計画経済の採用 ……………………………45

3　計画経済の形成 …………………………………………46
　　民間企業の国有化・公有化（46）　　農業の集団化（48）　　計画
　　経済の制度づくり（49）

4　計画経済の機能 …………………………………………51

工業化資金を調達する仕組み（51）　　低く抑えられた農産物価格と賃金（53）　　農民と労働者のどちらが犠牲を強いられていたのか（55）　　計画経済の国家財政（55）　　自己完結的な産業構造の構築（58）

5　中国の計画経済の特徴 ……………………………………60
国防重視の経済政策（60）　　中国式社会主義と「大躍進」（61）
地方分権が実施された動機（63）　　地方ごとの自己完結的な産業構造（65）　　計画経済が統制した範囲（67）　　計画経済体制の外での取引活動（69）

6　集団農業の解体 ………………………………………70
リカードの罠（70）　　請負制の導入（72）

7　市場経済への転換 ……………………………………76
漸進的かつ部分的な市場経済への移行（76）　　15 年かかった価格の自由化（79）

8　包括的アプローチ vs. 部分的改革 …………………………81
ビジョンを持たない改革（81）　　部分的な改革（84）　　包括的アプローチの問題（86）

9　部分的改革の限界と制度の構築 ……………………………88

第3章 │ *労働市場と農村経済* 91

はじめに（92）

1　ルイス・モデルと中国 ………………………………93

2　改革開放期前半（1978〜98 年）の農業政策 ……………95

3　農村の就業拡大と郷鎮企業の成長 ……………………96

4　計画経済期の都市労働市場 ……………………………99
職業選択の自由の剝奪（99）　　労働力の非効率な利用（101）
糊塗されていた失業（103）

5　改革開放期前半の都市労働市場 ……………………104
自由な労働市場の誕生（104）　　余剰人員の問題（108）

6　国有企業からの大量解雇 ……………………………109
国有企業の余剰人員（109）　　大量解雇（111）

7 局地化する失業問題 ･････････････････････････112
　再就職の困難（112）　　失業問題の地域的な偏り（114）　　局地
的な失業問題が慢性化する理由（117）

8 変貌する農業 ･････････････････････････････118
　農業問題の転換（118）　　農業経営の大規模化（119）　　大規模
経営の担い手（121）

9 農村余剰労働力の枯渇 ･････････････････････123
　ルイスの転換点（123）　　農村の余剰労働力は枯渇したか（125）

10 人口という制約要因 ･･････････････････････126
　人口ボーナス（126）　　人口政策の変遷（128）　　立ちはだかる
高齢化の壁（129）

| 第4章 | 財政と金融 | 133 |

経済成長と資金調達

はじめに（134）

1 国家が投資を担った計画経済期 ･･････････････138
　工業化を担う国家財政（138）　　地方政府の役割（140）　　地方
政府の「予算外収入」（142）　　沿海部から内陸部への資金の移
転（143）

2 改革開放期前半 ･･････････････････････････146
　●地方と金融の役割の拡大
　財政から金融への主役交代（146）　　地方政府の財政請負制
（148）　　金融の発達（150）　　投資家としての地方政府（152）
地域間格差の拡大（154）　　不良債権問題（156）

3 改革開放期後半 ･･････････････････････････158
　●市場経済の制度構築
　財政・金融の大改革（158）　　不良債権の処理（160）　　株式市
場の役割と問題点（164）

4 リスクと財政・金融 ･･･････････････････････167
　リスクへの備え（167）　　社会保険制度の構築（169）　　国民皆
保険へ（171）

| 第5章 | 技　術 | 173 |

キャッチアップ，キャッチダウン，そして世界の先端へ

はじめに（174）

1　キャッチアップとキャッチダウン ……………………175
　後発の優位性（175）　　中間技術・適正技術（176）　　キャッチダウン型技術進歩（178）

2　中国の産業革命 ………………………………180
　●清末から 1950 年代
　欧米に大きく遅れていた清朝（180）　　イギリスと日本の産業革命（181）　　中国の産業革命（183）　　難航する産業革命：製糸業と鉄鋼業（185）　　中華民国期の技術発展（188）　　ソ連からの技術移転（189）

3　計画経済期のキャッチダウンの試み …………………191
　小規模技術の試み（191）　　孤立のなかでの技術進歩（193）

4　西側からの技術導入によるキャッチアップ …………195

5　外資導入によるキャッチアップ ………………198
　●乗用車産業の例
　技術導入以前の乗用車生産技術（198）　　外形的な技術レベルの変遷（199）　　外資系企業主導による技術進歩（201）　　自主開発を推進すべきか（202）　　新興乗用車メーカーの登場（203）

6　比較優位の形成 ……………………………205

7　「自主イノベーション」の振興 …………………209
　「自主イノベーション」とは（209）　　活発化する研究開発活動（210）

8　キャッチアップとキャッチダウンから世界の先端へ ……213
　●中国の移動通信技術
　移動通信技術の「世代（G）」（213）　　自主技術への格闘（215）技術の大衆化（217）　　世界の先端へ（219）

おわりに（221）

はじめに（226）

1 国有企業改革の構想と限界 ·······························227
　経営者の権限の拡大（227）　請負制の実施と限界（230）

2 会社制度の導入 ···233
　会社制度の意義（233）　会社制度の展開：鞍鋼集団の事例
　（235）　中央企業の改革：Sinopec と CITIC（238）

3 地方国有企業の再編と民営化 ·····························241

4 国有企業を管理する制度 ···································245
　新旧が混在していた企業制度（245）　国有企業の管理体制の矛
　盾と変革（247）　国家資本の所有権を行使するのは誰か（250）

5 産業政策の担い手としての国有企業 ·············255
　国有企業の役割の限定（255）　混合所有制改革と産業政策の新
　たな展開（256）　「中国製造2025」と米中貿易戦争（258）

6 国有企業の実力 ···260
　「グローバル500社」に入る中国企業（260）　「国進民退」の検
　証（262）　移ろいゆく「国民経済の命脈」（264）

| 第7章 | 外資系企業と対外開放政策 | 267 |

はじめに（268）

1 外貨不足の時代 ···272
　外資導入の発端（272）　外貨獲得への模索（273）　為替レー
　トの切り下げ（275）

2 二重貿易体制の意義 ···277
　幼稚産業保護政策のジレンマ（277）　委託加工の広がり（279）
　「転廠」制度の意義（280）　委託加工の貢献と限界（282）

3 外資に期待された役割 ···285
　技術移転への期待（285）　外国側と中国側の期待のズレ（286）

4 さらなる技術移転への期待 ………………………………288

「市場によって技術を獲得する」(288)　　開発能力の移転 (289)
スピルオーバー効果 (290)

5 WTO 体制のもとでの外資導入 …………………………292

サービス業の開放 (292)　　WTO 加盟の影響 (294)　　中国の
GDP における外資系企業のシェア (295)　　　　自由貿易試験区
(297)

おわりに (298)

第8章　民間企業と産業集積　　　301

はじめに (302)

1 民間企業の広がり ………………………………………303

鉱工業における民間企業の広がり (303)　　業種別の状況 (305)

2 根絶から容認へ …………………………………………307

民間企業の「社会主義改造」(307)　　民間企業の復活 (308)

3 制約から参入促進へ ……………………………………311

民間企業に対する制約 (311)　　共産党との関係 (312)　　民間
企業の参入促進 (313)

4 民間企業の活発さに関する国際間・地域間の比較 ………314

起業に関する国際比較 (314)　　民間企業の発展における地域差
(316)

5 温州における産業集積の発生 …………………………318

産業集積の発生 (318)　　産業集積の構造 (320)

6 各地の産業集積 …………………………………………323

おわりに (328)

終章　高所得国時代の課題　　　331

はじめに (332)

1 中国経済の持続可能性と所得格差問題 ………………332

持続可能性を考える枠組み（332）　　資本主義と社会主義（335）
過剰投資（337）　　所得格差（338）

2　中国経済の世界的影響 ……………………………………342
輸出大国化のインパクト（342）　　　輸入大国化のインパクト
（343）　　経済大国としての責任（345）　　二酸化炭素排出大国
としての責任（347）

おわりに（349）

あとがき　　351

引用・参考文献　　354

中国近現代史年表　　370

索　　引　　373

Column一覧 〰〰〰〰〰〰〰〰〰〰〰〰〰〰〰〰〰〰〰〰〰〰〰〰〰〰〰〰〰〰〰〰〰

① 工業の基礎知識 ……………………………………………………10
② 中国の経済統計はどれぐらい信頼できるのか ………………………35
③ 文化大革命（1966〜76年）…………………………………………56
④ 失業率の統計 ………………………………………………………105
⑤ 中国の最高権力者 …………………………………………………144
⑥ 鋳造と鍛造 …………………………………………………………181
⑦ 連続鋳造，熱間圧延，冷間圧延，電磁鋼板 ………………………197
⑧ 6.4天安門事件 ……………………………………………………232
⑨ 輸出依存度，輸入依存度 …………………………………………270

〰〰〰〰〰〰〰〰〰〰〰〰〰〰〰〰〰〰〰〰〰〰〰〰〰〰〰〰〰〰〰〰〰

＊カバー写真，章扉写真は著者撮影

経済成長の過去と将来

四川省アバ自治州の峠

➡Keywords ─────────────────────────────────

国内総生産（GDP）　　洋務運動　　就業者数　　全要素生産性
（TFP）　　中所得国の罠

本章では紀元前から 2030 年までの中国の経済発展の大きな流れを概観する。**1** では紀元前から 19 世紀半ばまでの中国の歩みを，主に経済と人口の変化を中心に追っていく。中国の近代史は，アヘン戦争によって欧米列強との経済力の差をみせつけられたところから始まるが，**2** ではアヘン戦争から中華民国時代に至るまでの中国経済の発展を，工業を中心に概観する。**3** では中華人民共和国時代の経済成長に対して就業者の増加，資本の増加，技術進歩といった要因がどの程度貢献したのか解剖する。その分析結果を使って **4** では 2040 年までの経済成長の行方を予測する。

1 中国経済 8000 年の歩み

中原（黄河流域）の王朝

中国の歴史は黄河と長江という 2 本の大河の流域で展開されてきた。紀元前 6000 年頃には黄河の流域でアワやキビの栽培が，長江の流域では稲作が始まったとされる。とりわけ黄河流域の発展が進み，中華文明の中心地となっていった。紀元前 17 世紀には今の河南省鄭州市に殷王朝が誕生した。殷が直接に支配していたのは今の河南省北部から河北省南部にかけての地域に限定されていたが，南は江西省，北は陝西省に至る地域の銅資源を殷王朝が利用していた痕跡があるという（宮宅 [2013]）。

　今日の中国につながる広い領域にまたがる国家を最初につくったのは秦だった。今の陝西省咸陽市に拠点をおく秦が，黄河流域の中原（河南省，河北省，山東省，山西省）で覇を競っていた小さな国々を次々と打ち倒し，紀元前 221 年に統一王朝をつくったのである。秦はわずか 2 代で滅んだが，漢王朝が成立してその領域を受け継い

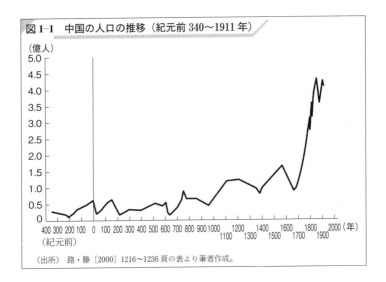

図1-1 中国の人口の推移（紀元前340〜1911年）

（億人）

400 300 200 100 0 100 200 300 400 500 600 700 800 900 1000 1200 1400 1600 1800 2000（年）
（紀元前）　　　　　　　　　　　　　　　　　　　　1100 1300 1500 1700 1900

（出所）路・滕［2000］1216〜1236頁の表より筆者作成。

だ。漢王朝のもとで農民に課税する税制が整えられ，塩と鉄を国家が独占的に販売することによって，国家の財政収入が確保された。漢王朝はそうして得られた財政収入を使って，領域をさらに拡張するための戦争を続けた。

　ところで，中国では戦国時代以来，国民から税を徴収したり，兵役や徭役を課したりするために戸籍がつくられてきた。そのため，史書に国の人口が記載されることが多い。もちろん史書に記載されているのは各王朝が支配する領域の人口なので，今日の中国の人口と直接比較することはできない。そこで，各王朝が支配していなかった領域については推計で補うことによって，今日の中国の領域の人口を推計した結果が図1-1である。

　これによると前漢の時代（紀元前206年〜8年）に中国の人口はぐんぐん増え，西暦2年には6300万人にもなったという。これは当時の世界全体の人口の4分の1ほどに相当する（Maddison［2007］p.24）。前漢と後漢の間に挟まる新の時代にいったん人口は激減す

るが，後漢に入ると再び盛り返し，西暦157年には人口が6500万人にも及んだ。しかし，後漢の末には黄巾（こうきん）の乱など内乱が起き，疫病，干害，虫害などで飢餓が蔓延し，三国時代が始まる221年頃には中国の人口は1900万人程度にまで減ってしまった。

　三国時代には中原を支配する魏，長江以南を支配する呉，内陸を支配する蜀（しょく）が並び立った。それ以降，黄河流域と長江流域が異なる王朝によって支配される時期が長く続く。その時代に長江流域を支配した呉や東晋（とうしん）（317〜420年）のもとで江蘇省や浙江省などで田畑が造成されていった。この南北朝の時代に，北魏（386〜534年）によって導入された画期的な農村制度が均田制である。これは農民1人ひとりに一定の面積の田畑を支給し，農民が老いたら国家に返還させる仕組みである。農村の階層分化を防ぐために田畑を均等に支給するという発想は，1980年代に中国の農村で採用された請負制（うけおいせい）と似た側面がある。均田制は中国を統一した隋（ずい）（581〜618年）や唐（とう）（618〜907年）の中期まで受け継がれたが，官僚には世襲できる田畑も支給されたので，官僚階層による大土地所有が出現した（丸橋［2013］；佐川［2013］）。

長江流域の発展　唐が滅亡したのちの混乱を経て，960年に成立した北宋（ほくそう）（960〜1127年）の時代には中国の人口が初めて1億人を突破した。この時代にとくに人口が伸びたのが長江流域であった。唐の時代の742年には北（中原）と南（長江流域以南）の人口比は55:45だったのが，北宋時代の1080年には35:65と南の方が多くなっている。長江下流域の江蘇省や浙江省はそれまでは低湿地や湖沼，海水がたまった海岸の平地などが広がり，農業に適さない地域が多かった。そこで，土地を堤防で囲み，その外にクリークを掘って排水を行い，海水がたまった土地に，川の水を引いてきた放水路を使って海水を押し流すなどして水田がつくられていった。国内の商業も発達し，砂糖，酒，藍，桐油，麻な

どの特産品や米の交易も活発化した。商業の発達を支えたのが国による銅貨の鋳造や手形の流通であった（古松［2013］；斯波［1997a］［1997b］）。

　12世紀に入ると中国東北部で金（きん）が勃興し，中原に侵入して北宋を滅ぼし，今の北京に都をおいた。北宋は南に逃れ，今の杭州に遷都して南宋（なんそう）（1127〜79年）となった。南宋のもとでは，帆船を使った水運が盛んになり，長江をさかのぼって西は四川へ，海へ出て南は福建や広東までが水運で結ばれて，さまざまな特産物が取引された。さらに，広州や泉州に住み着いたムスリム商人を通じて遠く東南アジア，インド，中東から香料，薬材，象牙などが輸入され，代わりに金銀，銅銭，絹織物や陶磁器が輸出された（古松［2013］）。

　金と南宋の国内では紙幣が商取引に使われた。もともと北宋の時代に手形が紙幣として使われ始めていたが，金と南宋では政府が紙幣を発行するようになった。発行当初の紙幣は，銅銭や鉄銭と交換できたので，紙幣は単なる紙切れではなくて，価値のある金属に裏付けられていたが，やがて銅や鉄との交換が停止された。しかし，それでも紙幣が単なる紙切れではなく価値を持ちつづけたのは，政府が紙幣による納税を認めていたからである（高橋［2013］）。

　13世紀に入るとチンギス・ハンのもとでモンゴルが勃興し，1234年には金を滅ぼす。モンゴルは中原を支配して1271年に元（げん）を建国した。元は1276年には南宋を征服して，中国全土を支配するようになった。モンゴル人が侵攻する過程で中原は一時無政府状態に陥り，飢饉に見舞われて人口が減少したが，元が全土を支配するようになると，税制など国家の制度が整備されて人口も回復した。モンゴル人はユーラシアをまたがる大帝国を築き，そのもとで陸路や海路を通じた交易が盛んになった。ユーラシアの交易では銀が貨幣として使われる一方，元朝は金銀との交換ができる紙幣を発行して流通させた。

元の時代に長江流域では米と麦の二毛作が始まり，インドから木綿が伝わってきて栽培が始まるなど，農業の発展もみられた。しかし，14世紀中頃になると紅巾軍の反乱が起きたり，黄河の堤防が決壊したりして，河南省や山東省などの中原地域が荒廃し，中国の人口は7000万人を割り込むほどまでに急減する（古松［2013］）。

　元の末期の混乱を朱元璋（しゅげんしょう）が制し，元を中国から放逐して明（みん）（1368～1644年）を建国した。明の政府は，戦乱の影響が小さかった長江流域や華南から，戦乱で荒廃し，人口も減少していた中原への移民を促進し，農業の回復を図った。それでも明の時代の前期は，経済の低迷からなかなか抜け出せなかった。その理由の1つは商取引を媒介するのに必要な貨幣が不足していたことである。明の政府は金や銀を貨幣として使用することを禁じ，銅銭を使うことを奨励したのだが，肝心の銅銭は銅鉱山の枯渇のため不足していたのである。そこで明政府は紙幣を発行して貨幣の不足を解消しようとしたが，人々は紙幣を信用しなかったので，その価値はどんどん下落し，15世紀末には紙くず同然となってしまった（岡本［2013］；高橋［2013］）。明代前期の経済が低迷したもう1つの理由は民間による対外貿易を禁止したことである。明の時代には民間の経済活動が低調であったため，それを補うように政府が絹織物業，窯業，製鉄業などを官営で運営していた。

銀の流入で活気づいた中国経済

ところが16世紀になると，日本との間で中国産の生糸や綿布と日本産の銀とを取引する密貿易が活発化する（岡本［2013］）。貿易禁止の命令を破る密貿易なので，取り締まりに対抗するために貿易業者は武装し，「倭寇（わこう）」と呼ばれる集団を形成するようになった。倭寇は日本産の銀を中国にもたらし，また中国人商人たちがフィリピンのマニラ経由でメキシコ産の銀をもたらした。

　こうして流入した銀は，中国国内の商業でも貨幣として使われる

ようになり，商業が活発化した。長江下流域の江蘇省南部，浙江省北部では絹織物業，綿織物業が発展し，その原料となる綿花や養蚕といった商品作物の栽培も長江下流域や華北で活発化した。商品作物の栽培に特化した地域では食料を他から購入しなければならないが，長江中流域の洞庭湖，鄱陽湖周辺の湿地帯が水田に造成されて長江下流域や都市への食糧供給を支えた（濱島［1999a］）。こうした経済発展もあって，明の時代の末期には中国の人口は1億5000万人を超えるまでになった（濱島［1999b］）。

　しかし，明から清へ王朝が代わる時期に自然災害と戦乱により多数の人命が失われ，中国の人口は再び1億人を割り込むまで減少する。清が中国全土を支配するようになって社会が安定すると，人口は次第に増勢を強め，1750年頃に2億人，90年頃には3億人を突破し，1830年前後には4億人を突破したと推計されている（何炳棣［1989］；図1-1）。つまり，清王朝の成立から200年の間に中国の人口は4倍になったわけである。

　このような人口の増加が実現したのは，第1に，貿易を通じて銀が国内に流入することで国内の商品取引が盛んになったことによる。清は1684年に貿易禁止を解き，沿海地方に貿易に対する税金を徴収するための関所（「海関」）をおいて対外貿易を公認した。清は東南アジア，インド，ヨーロッパ諸国を相手に陶磁器，茶，絹，砂糖，手工業品などを輸出し，綿花や米を輸入するかたわら，輸出品の代価として多くの銀を獲得した。とくにイギリスが茶を大量に輸入したので，福建省では輸出向けの茶栽培が行われるほどであった（濱島［1999b］；岡本［2013］）。

　人口増加の第2の要因は，新大陸原産のトウモロコシ，サツマイモ，落花生などが16世紀に中国にもたらされたことである。こうした作物は乾燥に強く，傾斜地でも栽培できるため，山地や丘陵が開墾された。また，水稲の品種改良により栽培期間がさらに短縮さ

れ，南方では二期作や三期作も行われるようになった。こうした新しい作物や農業技術を携えて，漢民族は広東省，四川省や雲南省，内蒙古，東北部などに移住し，農地を広げていった。

　こうして清の人口も経済も大きく伸び，1830年頃には清は世界の人口と**国内総生産**（GDP）の3分の1ほどを占めていたとされる（Maddison［2007］pp.24, 103）。

2 中華帝国の衰亡（1840〜1949年）

清朝の衰退

　19世紀前半が近代以前の中国の繁栄のピークであった。この頃，ヨーロッパでは産業革命が始まっており，それによって獲得された工業力はやがて軍事力に転換していく。明治維新を経た日本も近代的な工業力を急速に高め，19世紀末には日清戦争で清朝を打ち負かすに至った。一方，清朝はそうした波に乗り遅れ，相対的に国力を落とし，欧米や日本の侵略にさらされるようになる。

　その起点となったのがイギリスとのアヘン戦争（1840〜42年）である。中国から茶を大量に輸入していたイギリスは，中国に対する貿易赤字を解消するために植民地のインドで栽培した麻薬のアヘンを中国に密輸出した。アヘンは中国で蔓延し，国民の健康を損なったばかりでなく，アヘン輸入のために中国から当時中国の通貨だった銀が大量に流出することにもなった。清がアヘン密輸を厳格に取り締まり，アヘンを没収して焼却処分にしたところ，イギリスはこれに抗議するために戦火を開き，清を屈服させた。1842年には清とイギリスとの間で南京条約が結ばれ，香港島の割譲，5都市の開港，多額の戦争賠償金の支払いが決まった。翌1843年にはアメリカ，フランスなど他の列強諸国に対しても開港させられた。

南京条約による開港によって中国からの茶と絹の輸出，アヘンの輸入は活発化したが，欧米からの綿織物など工業製品の輸入は伸び悩んだ。そこでイギリスとフランスは1856年にアロー戦争をしかけ，さらなる開港を勝ち取った（濱下 [2002]）。一方，国内では太平天国の乱（1851～64年）による内戦で多くの人命が失われた。**図1-1** に示した推計では1851年に4億3000万人以上あった中国の人口は，74年には3億6000万人を割り込んでおり，短期間に7000万人以上の人口が失われたとしている。

洋務運動

太平天国の乱は，清の正規軍によってではなく，地方官僚が組織した義勇軍によって平定された。平定の過程で力をつけた地方官僚たちは，清の軍事力の弱さに危機感を持ち，ヨーロッパの技術を導入して近代的な兵器工業や繊維工業，製鉄業などの発展を目指す**洋務運動**を始めた。しかし，洋務運動はほぼ同じ時期に日本の明治政府が始めた殖産興業ほどの成果をあげるには至らなかった。

　たとえば，洋務運動を推進した地方官僚の代表格である李鴻章の監督のもとで設立された上海機器織布局という企業の例をみてみよう。この企業は，開港とともに中国の沿海部に流入し始めたヨーロッパ製の綿布に対抗するために，ヨーロッパから紡績・織布（*Column*①）の機械を購入して工場を設立し，中国産の綿花を使って綿糸と綿布を生産するという目的で1878年に設立された。この企業の形態は，官僚の監督のもとに，民間の商人からの出資を募り，経営も民間人に任せる「官督商弁」というものであり，そこには民間資本を育てようとする意図があった。つまり，民間資本を主体とする近代資本主義へ向かう可能性を秘めていた。しかし，上海機器織布局は，途中で経営陣が集めた資金を他に流用してしまったため出資者から見放され，それをきっかけに官僚の関与が強くなって実質的には「官営」の色彩が濃くなってしまった。結局，設立から工

Column ① 工業の基礎知識 🔲🔲🔲🔲🔲🔲🔲🔲🔲🔲🔲🔲🔲🔲🔲🔲🔲🔲🔲🔲🔲🔲🔲

紡績・織布・縫製

繊維工業は，綿，羊毛，カイコの繭，合成繊維などの繊維原料を撚り
あわせていって糸をつくる**紡績**，糸を織って布をつくる**織布**，そして布
を縫いあわせたり，ボタンやジッパーなどを縫いつけて服をつくる**縫製**，
という 3 つの部門で構成される。1764 年頃にイギリスのジェームズ・
ハーグリーブスが 8 つの紡錘で同時に糸をつむぐことのできるジェニー
紡績機を発明した。続いて 1785 年にイギリスのエドモンド・カートラ
イトが蒸気機関を動力として高速で杼を動かして布を織る力織機を発明
した。さらに 1790 年にはイギリスのトーマス・セイントが裁縫のため
のミシンを発明した。こうして，紡績における機械の発明が織布や縫製
での発明を刺激し，相互に生産性を高め合うことで産業革命が起きた。

銑鉄・粗鋼・鋼材

鉄（Fe）は地球に大量に存在するが，自然界では酸化鉄（Fe_2O_3）の
状態（つまり錆びている状態）でしか存在せず，そのままでは使えない。
酸化している鉄鉱石から酸素（O）を取り除き（つまり還元し），Fe を
取り出す作業を製銑といい，できあがった鉄のかたまりを**銑鉄**という。
製銑は，鉄鉱石と炭素（昔は木炭，今はコークス）を混ぜて高温にする
ことで，鉄鉱石中の酸素と炭素が結合して二酸化炭素（CO_2）を排出し，
溶けた鉄を残す，という作業である。しかし，できあがった銑鉄はまだ
純粋な Fe ではなく，炭素など不純物が含まれているためもろい。銑鉄
はたとえばバーベルに使うおもりをつくるのには使えるが，鉄道のレー
ルやビルの鉄筋にはもろくて使えない。

銑鉄に含まれる炭素を少なくしていくと，鉄は強さと粘り気を持つよ
うになる。これを鋼といい，銑鉄から鋼をつくる工程を製鋼という。銑
鉄に含まれる炭素を取り除き鋼をつくる方法として，日本で昔行われて
いたのは，鉄を熱してたたく，という方法であった。現代の製鉄業で用
いられている方法は，高温で溶けた状態の銑鉄に少量の鉄スクラップを
加えたうえで，酸素を吹き込みながら揺するという方法である。こうす
ることで，銑鉄中に含まれる炭素は酸素と反応して燃焼し，二酸化炭素
となって出ていく。できあがった鋼を鋳型に入れて固めた状態を，鋼片
または**粗鋼**という。粗鋼の生産量は，鉄鋼業の規模を測るうえで重要な
指標であるし，中国では国力を測る物差しとして重視された時期もあっ
た。

鋼片に圧力を加えて伸ばし，レールや鉄筋，板や管などさまざまな形に加工する作業を圧延という。またそうしてできたものを**鋼材**という。

〰〰〰〰〰〰〰〰〰〰〰〰〰〰〰〰〰〰〰〰〰〰〰〰〰〰〰〰〰〰〰〰〰〰

場の操業開始まで 12 年もの時を要し，中国における近代的な綿紡織工業の起爆剤としての役割を果たせなかった（鈴木 [1992] 第 2 編）。

また，1890 年には中国初の近代的な製鉄所である漢陽製鉄所が設立された。漢陽製鉄所は 1894 年から銑鉄（*Column①*）を生産しだしたものの，技術選択の誤りもあって生産コストが高く，経営が軌道に乗らなかった。中華民国の時代になってから経営が次第に悪化し，1925 年には経営難により生産停止に至った（久保 [1995] 41〜43 頁）。一方，日本政府が鉄鋼の輸入代替，とくに軍需用の鉄鋼の確保を狙って設立した官営八幡製鐵所は，操業開始は 1901 年と漢陽製鉄所よりも遅かったものの，その後は着実に生産を拡大した。1910 年の段階では銑鉄の生産量が 12 万 7000 t，粗鋼生産量が 21 万 t と，同年の中国全体の生産量（銑鉄 11 万 9400 t，粗鋼 5 万 t）を上回った（坂本 [2005]）。なお，この頃八幡製鐵所での製鉄に必要な鉄鉱石のうち 6 割前後は，漢陽製鉄所にも鉄鉱石を供給していた大冶鉄鉱山で採掘されたものであった（佐藤 [2003]）。これは漢陽製鉄所の再建に必要な資金を日本政府が清朝政府に融資し，その返済を現金の代わりに鉄鉱石と石炭によって行うという契約に基づいて提供されたものだった。つまり，日本と中国は同じ頃に近代的な鉄鋼業を立ち上げようとしたが，20 年ほどの間に，日本はアジア最大の鉄鋼生産国となり，中国は原料の鉄鉱石を供給する国へと運命が分かれていったのである。

洋務運動はこうして中国に近代的工業を根付かせることには失敗し，清は衰亡へと向かう。近代工業の樹立がうまくいかなかった中国は，世界最大の人口を抱えながらも，1 人当たりの生産力では工

業化の成功によって力をつけた欧米や日本にどんどん差をつけられていった。マディソンの推計（Maddison［2007］）では、1890年代に中国はGDP世界一の座をアメリカに奪われている。

ただ、清朝政府が弱体化し、欧米や日本など中国への進出を狙う各国からの圧力によって外国資本の進出に国を開いたことが、かえって中国の近代工業の発展をもたらした。すなわち、清朝は日清戦争（1894～95年）に負けた後、下関講和条約のなかで外国人が開港都市に工場を開設することを認めたが、その結果、外国資本による工場設立ラッシュが起き、その動きは中国資本による工場設立をも刺激した（久保ほか［2008］15頁）。

清朝末期から中華民国の時期にかけて中国で活躍した外国企業の代表例として、ブリティッシュ・アメリカン・タバコ（BAT）が挙げられる。1881年にアメリカでシガレットの巻き上げを自動で行う機械が発明されたことをきっかけとして、アメリカとイギリスではタバコメーカーどうしの合併による寡占化が急速に進み、それぞれの国内のタバコ市場をほぼ独占する企業（いわゆる「トラスト」）が1890年代に誕生した。この両者が共同してアメリカ、イギリス以外の世界市場を攻略するために1902年につくったのがBATである。BATの初期の主たる進出先は日本と中国であった。

BATの進出に対する日本と中国の反応は対照的だった。日本政府は国内のタバコメーカーではBATにとうてい太刀打ちできないと考え、日露戦争の戦費を調達するためにタバコを国家の財源にしたいという考えもあって、1904年に専売制を導入して、国家がタバコの生産と販売を独占した。BATは補償金と引き換えに日本から追い出されてしまった。

一方、中国では、BATは各地に販売本部と工場を設置し、中国の商人のネットワークも利用して販売網を広げ、山東省では葉タバコの栽培を指導するなど深く根を張った。BATに対抗しようとす

る中国系タバコメーカーもあったし，中国の国民がアメリカやイギリスへの反感からBATのタバコをボイコットする運動を起こしたこともあった。しかし，BATはそうした危機を巧みに乗り越えて1920年代から40年代に至るまで中国のシガレット市場で60〜80％もの高いシェアを保持しつづけた。日本軍が中国東北部を侵略し，のちに満州国を建国するなかで，日本系タバコメーカーが満州国政府と結びついてBATの市場を奪おうとしたが，それでもBATは東北部でも高いシェアを維持しつづけた（Cox［2000］；丸川ほか［2021］）。

中華民国期の戦乱と工業発展

辛亥革命（1911年）によってついに清朝は倒れ，1912年に中華民国の建国が宣言された。しかし，北京につくられた中央政府は弱体で，軍閥が独自の財政力と軍事力を持って各地方を支配していた。北京政府はそうした軍閥どうしの危うい連合の上に立っており，政情は安定しなかった。当時は通貨も，中央政府が発行するもの以外に，地方の軍閥が発行する紙幣も流通していた（梶谷・加島［2013］）。全国統一を目指す国民党が国民革命（1924〜28年）を起こし，北伐（1926〜28年）を経て，1928年に南京を新たな首都と定めて国民政府を樹立し，ようやく全国統一が成った。

　国民政府のもとで，中華民国は清朝の時代に欧米によって奪われていた関税自主権を回復する。関税率は平均30％ほどに引き上げられ，国民政府の財政収入の半分以上を支える柱となった。地方の軍閥が国内での商品流通にかけていた税が廃止され，地方が発行していた紙幣も整理されて中央政府発行の通貨への統一が行われた。しかし，ようやく全国が統一されたと思った矢先の1931年に，日本軍が満州事変を引き起こして中国の東北地方を侵略し，翌年，日本の息がかかった満州国を建国した。一方，国内では共産党勢力が反乱を起こし，国民政府はその鎮圧のために力を注がなくてはなら

なかった。日本は引き続き華北地方への勢力拡大を目指したため1937年に国民政府との戦火を開くに至り、戦線は華北から華中など全国に広がった。

　以上のように、中華民国の時代は内乱と戦争が続く時代だったが、それにもかかわらず中国の近代工業はこの時期に急速に発展している。久保 [2009] がさまざまな工業製品の生産量のデータをもとに計算した工業生産指数によれば、1912年から日中戦争開戦前夜の36年までに中国の工業生産は6倍以上、年平均8.2%のペースで成長した。海外市場向けに生糸をつくる製糸業、国内市場向けの綿紡織、タバコ、製粉、マッチ、石鹸などの工業が上海、天津、広州など沿海部の都市に発展した。綿紡織業は日本資本と中国資本が競い合うように生産を伸ばした。ただ、中華民国期の工業の発展は軽工業に偏ったものであり、重化学工業では永利化学公司（ソーダ灰、苛性ソーダ）、天原電化廠（塩酸）など化学工業では注目すべき中国資本の企業が現れたものの（田島編 [2005]）、それ以外に目立った発展はなかった。鉄鋼業では、日本の国策会社である満鉄によって建設された鞍山製鉄所（1919年操業開始）や日本の大倉財閥によって建設された本渓湖製鉄所（1915年操業開始）が当時の中国で最大規模の製鉄所であった。

　1937年に日中戦争が開戦し、国土が戦場になったことによって中国経済は大きな打撃を受けた。久保 [2009] の工業生産指数をみると、1937年以降工業生産は伸びなくなり、44年には36年に比べて3割余りも生産が減少している。1945年に日本の敗戦によって戦争が終結した後も、国民党と共産党の内戦が始まり、経済は停滞した。日本が満州国に築いた工業の基盤は、戦争によって破壊され、さらに侵攻したソ連軍が工業設備を持ち去り、戦後も生産力を回復することができなかった。

3 中華人民共和国の経済成長（1949～2020年）

部門別の分析 中華民国の時代（1912～49年）を振り返る
と，前半（1912～28年）は軍閥による割拠
と北伐，後半（1931～49年）は日本による東北部への侵略と日中戦
争，そして国共内戦と，国内が統一されて安定していた時期はせい
ぜい数年間しかなかった。

　1949年に中国共産党が国民党との内戦に勝利して中華人民共和
国を建国した。中華人民共和国の時代にも台湾に逃げ込んだ国民党
（中華民国）との対立は続いたし，中国大陸のなかでも主に共産党内
部の対立に起因する政治経済の動揺が続いた。しかし，中華民国時
代とは違って，外国との本格的な戦争や内戦は起きておらず，経済
成長にかなりの力を傾けることができた。中華人民共和国期におけ
る工業を中心とした経済発展の様相については第2章以下で詳しく
分析するとして，ここではマクロ経済の変動だけを分析する。

　1953年から2019年のGDPの推移に注目すると（**図1-2**），大き
な上下動が続いた1953～78年の時期と，GDPのマイナス成長がな
く，高度成長が続いた1979～2019年の時期とに二分できる。前者
の時期の経済を運営するメカニズムは計画経済システムだったので，
この時期を「計画経済期」と呼ぶことにする。後者の時期にも，少
なくとも1979年から93年までは計画経済システムは機能していた
が，この時期には市場経済の要素も徐々に取り入れられ，1994年
以降は市場経済システムによる経済の運営が中心になった。
1979年以降の時期のことを本書では「改革開放期」と呼ぶ。

　計画経済期にはGDPは年平均6.1%で伸びたが，1人当たり
GDPは年平均4.0%の伸びにとどまった。改革開放期にGDPの成

図1-2　中華人民共和国期のGDP成長率

公式統計のGDP成長率

GDP成長率
（筆者推計）

（出所）　国家統計局国民経済核算司編［2007］；国家統計局編［2020］。

長率は年平均9.4%に加速し，1人当たりGDPは年平均8.4%で伸びた。つまり，1人当たりGDPの成長率が倍になったのである。

　計画経済期における経済成長は，その時々の政治によって大きく振り回されてきた。1958年には当時の最高指導者であった毛沢東がいきなり鉄鋼生産を1年で2倍にすると言い出し，それにあおられて全国でさまざまな工場が急に建てられた。そのあおりで農業が大きなダメージを受け，1960年と61年にマイナス成長に陥ってしまった。1966年には毛沢東が既存の官僚システムを打ち倒す「文化大革命」を呼びかけ，そのために政府機関や工場などの機能が麻痺し，67年と68年にマイナス成長に陥った。1976年には毛沢東に忠誠を誓うグループと，政府の機能を立て直そうとするグループとの争いが起きた。9月に毛沢東が死去し，1カ月後に前者のグループの人々が逮捕されるまで混乱が続いたため，経済は再びマイナス成長になった。このように政治的な内紛が起きると経済がダメージを受けるというのが，計画経済システムの特徴である。その点については第2章でより詳しく説明する。

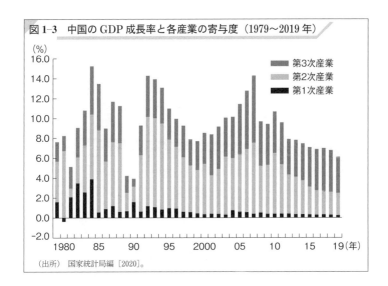

図1-3 中国の GDP 成長率と各産業の寄与度（1979～2019年）

(%)

第3次産業
第2次産業
第1次産業

(出所) 国家統計局編［2020］。

　一方，1979年以降は少なくとも公式発表の GDP 成長率にみる限りは一度もマイナス成長に陥ることなく，おおむね順調に高度成長の歩みを続けてきた。それを可能にしたのは経済改革と対外開放政策（両者をまとめて改革開放政策と呼ぶ）である。もちろん詳しく検討すると，いろいろな失敗もあったし，成功した部分もあったが，それについては**第2章**で述べる。

　ここではもっぱら統計によって改革開放期の経済成長を分析する。その目的は今後の経済成長のゆくえを展望することである。

　図1-3は1979年から2019年までの GDP 成長率を，第1次産業，第2次産業，第3次産業の寄与度に分解してみたものである。ここから次のことが読み取れる。

　第1に，2014年までのほとんどの年で第2次産業（鉱工業と建設業）が GDP の成長に対して最大の寄与をしているし，GDP 成長率全体の動きを決めているのも第2次産業である。ただ，第2次産業の寄与度は1990年以前は激しく増減しているが，91年以降は年ご

との変動が緩やかになった。1990年以前，工業はほとんど国有企業によって担われており，国有企業の生産活動は政策の変化によって大きく振り回されてきたが，91年以降は，外資系企業や民間企業の割合が高まり，製品の販売市場も海外に広がったため，国内の政策の動揺の影響を受けにくくなったと考えられる。

　第2に，1981〜84年の4年間に限っては第1次産業（農林水産業）がGDP成長に対して2〜3%ポイントも寄与している。この時期には，計画経済期に実施されていた集団農業の解体という大きな変革があり，そのことが経済成長に貢献していることがわかる。しかし，1985年以降，第1次産業の経済成長に対する寄与度は小さくなっていった。

　第3に，第3次産業（サービス業，公共サービス）の寄与度は2010年までは第2次産業の寄与度とかなり相関していた。両者の相関係数を計算してみると0.53という高い値である。つまり，中国の第3次産業は，工業が発展することによって，それにともなって商品の輸送や販売，工業企業への金融が盛んになる，というように，工業に付随して発展してきた。しかし，2011年以降，第2次産業の寄与度は下落傾向が顕著だが，第3次産業の寄与度はあまり変わらない。第3次産業の寄与度が第2次産業を恒常的に上回るようになった2014年以降はサービス産業が経済成長の主役となり，もはや工業に付随するものではなくなった。

生産要素別の分析　次に，さまざまな「生産要素」が中国の経済成長にどのように貢献してきたかをみてみよう。一般に経済成長とは，労働者数や労働時間の増加，生産設備（資本）の増加，および技術進歩などの生産効率の向上によって成し遂げられる。たとえば，10人が農作業するよりも20人が農作業した方が農作物は増えるだろう。つまり，労働者数は経済成長に貢献する生産要素の1つである。中国の全産業の**就業者数**は1952

年には2億3902万人だったのが2018年にはその3.2倍の7億7586万人に拡大しており，それが経済の規模を拡大させた一因である。しかし，同じ期間にGDPは実質的に173倍にも拡大している。ということは，1人の就業者が生み出すGDPは54倍（＝173/3.2）になったということになる。

　なぜこれほど労働生産性が高まったのだろうか。

　まず生産設備の機能が格段に高まり，その数も増えたことが挙げられる。布を織る作業を考えてみると，伝統的な機織りの場合は一台の機械に1人の労働者がついて作業する必要があるが，18世紀末にイギリスのカートライトが発明し，その後改良が進められた力織機だと，縦糸に横糸を通す速度が手織りの2〜3倍に高まり，しかも1人の労働者が2台以上の機械を運転できるようになる（清川[1984]）。さらに1980年代に実用化されたウォーター・ジェットルーム（水で横糸を飛ばす織機）やエアー・ジェットルーム（空気で横糸を飛ばす織機）となると，横糸を通す速度が20〜30倍に高まるだけでなく，ほぼ無人で運転できる。となると，労働者1人が生産できる織布の量は伝統的な機織りの何百倍にも増える。

　このように労働生産性を飛躍的に高める生産設備がさまざまな産業で導入されれば，労働生産性が54倍になるということも起こりうる。もっとも力織機のように労働生産性を4倍以上に高める機械もあれば，導入しても労働生産性を1割しか高めない機械もあろう。主流派の経済学ではそうした違いを無視して，導入された機械や建設された建物などの金額を合算してそれを「資本」と呼び，資本が経済のなかにどれぐらい存在するか（すなわち「資本ストック」），それが生産性の上昇にどれぐらい貢献したかを測る。

　資本ストックがどれぐらいあるかを調べるには，毎年の投資によって増えた資本の金額を積み上げていくことで推計する。ただし，資本は壊れたり摩耗したりするはずなので，存在する資本は毎年

3% ずつ摩損していくと仮定する（Mankiw, Romer and Weil [1992]）。なお，最初の年である 1952 年にどれぐらいの資本があったかを示す統計はないので，1800 億元あったと仮定した。これは第 1 次 5 カ年計画期（1953〜57 年）の間，投資が確実に産出の増加につながり，資本産出比率（資本／GDP）が安定していたはずだ，という推測に基づいて推計した数値である。これらの仮定に基づいて計算すると，1952 年から 2018 年に資本の投入額は実質的に 387 倍にも拡大しており，経済成長を大きく促進したと考えられる。

　工場に立派な機械を備えた。働き手も雇った。でも機械がうまく動かせなければ生産はできない。逆に，機械を上手に使って質のよいものを大量に生産できるかもしれない。このように，資本ストックと労働者数以外の理由で生じる生産性の変化のことを「**全要素生産性**（Total Factor Productivity）」，あるいはその英語の頭文字をとって **TFP** と呼ぶ。つまり，TFP とは，資本ストックの増加と労働者数の増加によって経済成長率を説明したのちの「余り」であり，次の式の ΔA である。

$$\Delta Y = \alpha \Delta L + \beta \Delta K + \Delta A$$

　ΔY は GDP の成長率，ΔL は就業者の増加率，ΔK は資本の増加率を表す。α は就業者数が 1% 増加した時に GDP が何 % 増加するか，すなわち「労働の生産弾力性」を表す。β は資本ストックを 1% 増加した時に GDP が何 % 増加するか，すなわち「資本の生産弾力性」を表す。就業者と資本ストックを両方とも x 倍した時には GDP も x 倍になるように，$\alpha + \beta = 1$ と仮定する。

　ミクロ経済学の教科書には，労働の生産弾力性が労働分配率（一国の付加価値のなかで賃金として労働者に分配される割合）に一致する，ということが書かれているであろう。計画経済時代の中国にミクロ経済学のような市場経済を前提とする理論が果たしてどれほど当てはまるのか疑問ではあるが，資本が稀少である間は労働分配率は低

く，労働が稀少になってくると労働分配率が高くなるという法則は中国にも当てはまると考え，労働分配率を調べてこれをαに当てはめることにする。

労働分配率はGDPのうち「雇用者報酬」に配分される割合として計算できるが，中国では2004年に第1次経済センサスが行われて，その結果に基づいて1993年まで遡及して「雇用者報酬」のデータが得られるようになった。しかし，1992年以前についてはこのデータはない。そこで民間消費のデータから労働分配率を推計した。1993〜99年の労働分配率（雇用者報酬／GDP）と民間消費／GDPを比較すると，前者は後者＋3〜5％という関係がみられた。1992年以前の中国の人々は93年以後よりも貧しく，もらった給料の大半を消費していたと考えられるので，92年以前については労働分配率は民間消費／GDP＋3％だったと仮定する。

以上の計算によって，1952年から2018年までの中国の資本の増加率，就業者の増加率，労働分配率を算出したうえで，前述の式に当てはめることによって，TFPを求めた。そして，就業者の増加，資本の増加，TFPの増加がGDP成長に対してどの程度寄与したのかを求め，**表1-1**のようにまとめた。なお，時期区分は中国の5カ年計画に合わせてあり，たとえば1953〜57年は第1次5カ年計画の時期である。

この表から読み取れることをまとめよう。

第1に，労働分配率は1950〜60年代には高く，次第に下がっていって1990年代から2000年代が底で，最近は少し上昇し始めた。1950〜60年代の中国などはいかにも人が余っていそうに思えるが，意外にも労働が稀少だったことが窺える。この点については**第3章**でより詳しく論じる。

第2に，TFP成長率は第1次5カ年計画の時は高かったが，第2次5カ年計画（1958〜62年）にはその成果を完全に打ち消してし

表 1-1　経済成長の要因分解

（単位：%）

期　　間	GDP成長率（年平均）	資本増加率（年平均）	就業者増加率（年平均）	TFP成長率（年平均）	成長に対する寄与率				労働分配率（推計）
					TFP	うち労働移動の効果	資本	労働	
1953～57年	9.2	8.6	2.8	4.6	49		31	20	67
1958～62年	−2.0	9.7	1.7	−6.8	—		—	—	62
1963～65年	15.1	4.5	3.4	11.3	75		11	15	65
1966～70年	6.9	6.8	3.7	2.0	29		39	33	61
1971～75年	5.9	8.6	2.1	0.9	15		66	19	55
1976～80年	6.5	7.8	2.1	1.8	27	10	55	17	54
1981～85年	10.6	8.2	3.3	5.2	49	28	34	18	56
1986～90年	7.9	9.5	2.4	2.3	29	38	55	16	54
1991～95年	12.3	10.0	1.0	6.8	56	40	40	4	51
1996～2000年	8.6	9.9	1.2	3.2	37	7	56	7	51
2001～05年	9.8	11.0	0.7	4.1	42	18	54	4	52
2006～10年	11.3	13.5	0.4	4.2	37	19	62	2	48
2011～15年	7.9	12.6	0.4	1.4	18	14	80	2	50
2016～18年	6.7	9.7	0.1	2.0	30	−13	70	0.4	52
1953～78年	6.1	7.9	2.6	1.5	24		50	26	61
1979～2018年	9.4	10.5	1.3	3.7	40		53	7	52
1979～2002年	9.6	9.3	2.0	4.2	44		45	11	54
1998～2007年	10.0	10.8	0.8	4.3	43		53	4	51
2008～2017年	8.2	12.5	0.3	1.8	22		76	2	50
1979～2002年*1	9.4	8.9	2.0	4.1	43		46	11	52
1998～2007年*2				3.5					
2008～2017年*2				1.6					

（注）　期間が「1953～57年」という意味は，その期間の前年（1952年）を起点とし，期間の最終年（1957年）までの5年間の年平均成長率を意味する。

（出所）　国家統計局国民経済核算司編［2007］；国家統計局編［各年版］をもとに筆者計算。
　　　　＊1はイスラーム・戴［2009］，＊2はWorld Bank Group and DRC［2019］p.19。

まうほどのマイナスとなり，調整期（1963～65年）にはかなり回復した。その後の第3次5カ年計画（1966～70年），第4次5カ年計画（1971～75年），第5次5カ年計画（1976～80年）はずっと低迷していた。計画経済期（1953～78年）の全体でみると，年平均1.5%の伸びであった。

一方，改革開放期（1979～2018年）はTFPが年平均3.7%も伸びており，まさに目覚ましく生産性が上昇したのである。これが何を意味しているかというと，全く同じ数の労働者と同じ金額の資本を使って，2018年には1978年より4.3倍（＝1.037^{40}）も多くの生産を行えるということを意味する。

なぜそんなことが可能なのか。そもそもTFPが高まるのはなぜか。まず，機械設備を使いこなす技術が高まればTFPが高まる。文化大革命の時期（1966～76年）には，生産現場では，生産そっちのけで暴力沙汰や幹部のつるし上げが行われていた。そんな時には，当然TFPは下がるし，争いが収まり，経営者の指揮のもとで従業員が高い意欲を持って生産に取り組めばTFPは高まる。さらに，個々の労働者の技能や熟練の上昇もTFPを高める。

中国の場合，TFPを高める要素としてとても重要なのは生産要素の移動である。改革開放期に農村では集団農業が解体され（**第3章**），そのことによって農民の生産意欲が高まった。そのこと自体もTFPを高める要因であるが，農業の生産性が高まったため，農村で労働力が余り，その人たちが都市の工場へ出稼ぎに行くようになった。つまり，農村では余剰であった労働者が都市の工場に移動することによって生産に寄与するようになるので，TFPが高まる。

表1-1では，農村から都市などへの労働移動が経済成長にどれだけ寄与したかを推計した結果を示した。まず5年間の間に，農村から都市の第2次・第3次産業，および農村内の第2次・第3次産業への労働供給がどれだけ増えたかを推計する（その結果は**第3章**参照）。この人々が移動することによって，「第2次・第3次産業の就業者1人当たり付加価値」－「第1次産業の就業者1人当たり付加価値」だけ経済成長に貢献したと考え，それを移動人数に乗ずる。こうして労働移動によって増加した付加価値額を推計し，それを5年間のGDPの実質増加額で除したものが表1-1の「労働移動の効

果」である。ここから読み取れるようにとくに1981〜95年の間，労働移動の効果は非常に大きく，TFPによる成長への貢献の半分以上を占めていた。とりわけ，1986〜90年の期間には労働移動の効果の寄与率がTFPの寄与率を上回っている。ということは，TFPの上昇をもたらす労働移動以外の要素，たとえば技術進歩はこの期間にはマイナスであったことを示す。1996年以降，労働移動の効果は下がっているが，なおTFP上昇の重要な要素となっている。しかし，2015年以降，農村からの労働供給が減少に転じたため，成長に貢献しなくなった。

　また，生産設備をたくさん持っているが宝の持ち腐れになっていたような企業が倒産したり，合併されたりして，その設備が経営の優れた企業に移動することも生産の増加に寄与する。

　論者のなかには，アメリカの経済学者ヤングのように，そうした生産要素の移動や労働者の技能・熟練の上昇などは真のTFP上昇ではない，技術の向上だけをTFPの上昇とみなすべきである，という立場で推計を行い，1979〜98年のTFPの伸びは年率3.0％だと主張する人もいる（Young[2003]）。ただ，生産要素の移動によるTFP上昇は中国の改革開放政策の成功をもたらした重要な要素であり，今後も重要だろうと予想されるので，筆者はTFPの上昇に含めるべきだと思う。

　また，表1-1ではイスラーム・戴[2009]による1979〜2002年についてのTFP上昇率の推計結果（＊1），および同じ期間の筆者自身の推計結果を並べて示した。その結果は年4.1％と，筆者の推計結果（4.2％）とほとんど変わらない。数字が異なるのは，おそらく中国のGDP成長率がこの間に多少修正されているためであろうと思われる。イスラーム・戴[2009]は，この期間に労働者の教育水準が上昇し，資本の質も高まったので，それらの要素を除き，純粋に技術の向上と生産要素の移動によるTFP上昇を推計すると，

年率 1.01〜2.95％ だという。また，表 1-1 では最近刊行された世界銀行と中国国務院発展研究中心のレポート（World Bank Group・Development Research Center [2019]）での 1998〜2007 年および 2008〜17 年の TFP 上昇率（年 3.5％ と年 1.6％）と筆者の同じ期間の推計値（年 4.3％ と年 1.8％）を比較している。1998〜2007 年の期間の推計値が違うのは，この期間の GDP 成長率として使っているデータそのものが違うためだと思われる。

　表 1-1 から読み取れる第 3 の点は，資本増加率が常に高いことである。中国の労働分配率は他の国と比べて低いが，これは要するに労働者への賃金を抑制して国家や企業に資金を集中し，それを生産設備に投資するという経済システムが計画経済期から改革開放期に至るまで続いていることを意味する。この点については第 4 章で詳しく論じる。

　第 4 に，成長に対する労働（就業者増加）の寄与率は低く，とくに 1991 年以降は 1 桁で，直近ではほとんどゼロに近い。1990 年代から 2000 年代前半までの中国の印象はとにかく労働力の供給が豊富だということであったが，それは農村から都市の工業や第 3 次産業に大量に移動してきたからそういう印象を与えたのであって，都市と農村とを合計した労働力の総数は実はあまり増えていなかったのである。

　第 5 に，最近の TFP の成長率が 2011〜15 年は 1.4％，16〜18 年は 2.0％ とだいぶ低くなっていることである。この点は今後の経済成長のゆくえを展望するうえで重要である。

4 これからの成長（2021〜40年）

中国はアメリカを抜くか

今後，中国はどのように経済成長をしていくのだろうか。2010年に中国のGDPが日本を抜いたが，アメリカを抜いて世界一になるのはいつだろうか。

　実は，見方によっては，中国の経済規模は2017年にはすでにアメリカを抜いているのである。国際経済について最も多くの情報を持っている世界銀行と国際通貨基金（IMF）という国際機関がいずれもそのように分析している。一般に，国どうしの経済規模を比べる時は，それぞれの国の自国通貨で計算されたGDPを，市場で決まる為替レートによってドルに換算して比べる。その方法によって中国とアメリカの2017年のGDPを比べると，中国はまだアメリカの63%にすぎない。だが，1ドル＝6.75元という同年の為替レートを換算に使うことが果たして合理的なのかという疑問がある。というのは，アメリカで1ドルで買えるものと中国で6.75元で買えるものとを比べると，後者の方がかなり多いからである。

　そこで，両国の物の値段を調べ，量的・質的に同一のものが買えるような為替レートはどれぐらいかを計算すると，2017年については1ドル＝4.18元という結果が得られる。この為替レートを「購買力平価」と呼ぶ。そして購買力平価によって中国とアメリカのGDPを換算すると，2017年以降，中国がアメリカを上回っており，19年の中国のGDPはアメリカの110%であった，ということになる。国際金融論では，為替レートは長期的には購買力平価によって決まるという説があるが，その説が正しいとすると，市場為替レートで換算しても中国のGDPがアメリカのそれを上回るのは時間の

問題だということになる。

本書初版（2013年）で行った予測の検討

2013年に刊行した本書の初版では11〜20年のGDPの年平均成長率を7.7%，21〜30年は7.1%と予測していた。2011〜19年の実績は年平均7.3%だったので，そこまでは筆者が予測した値とわりに近い。ただ，それがどのように達成されたのかをみると，筆者の予測とはかなり異なっていた。まず，就業者数は年率マイナス0.3%と予測していたが，実際にはプラス0.2%だった。大きく外れたのは資本増加率で，筆者は年率8.0%で伸びると予測したが，実際には年率11.5%で伸びた。逆に，TFPは年率3.5%で伸びると予測していたのが，実際には年率1.6%しか伸びなかった。

これらの数字が何を意味するかというと，まず生産設備などに対する投資は筆者が予想した以上に活発だったが，技術の向上や生産要素の移動によるTFPの上昇は予想したほどではなかったということである。つまり，資本がどんどん積み上がっていくが，生産性の伸びは低下するという成長の上滑りが起きていたのである。

表1-1をみると，資本の増加率が高いのは1990年代から2010年代にかけてであるが，この時期は労働分配率が最も低いことがわかる。その分，GDPのうち企業の利益や国家の税収として分配される割合が高いということである。企業や国家はこうして得た豊富な資金を投資する。また，労働者に分配された部分も，労働者たちは老後などに備えて貯金する。銀行に預けられたその貯金は，融資を通じて投資に回る。こうして投資に回せる資金が社会全体で豊富に生み出されることによって，資本のハイペースでの増加が可能になっている。

しかし，2011年以降にTFPが低下しているということは，資本が増えても，それに対する収益が減ってきていることを示唆する。中国は今や資本が多すぎるので，投資しているお金の一部を削って

消費に回した方が国民の経済厚生が増す「資本過剰経済」の状況にあると考えられる（梶谷［2018］）。

中国で，資本が増えていくと投資に対する収益がだんだん低下する状況は，中国の高速鉄道のことを考えるとわかりやすい。2008年に最初の路線である北京・天津間166 kmが開業したが，これによって2つの大都市が40分足らずで結ばれて，大勢の人が利用するようになった。その後の10年間に高速鉄道の建設は目覚ましい勢いで進められ，2019年12月には中国の高速鉄道の総延長は3万5000 kmと，日本の新幹線の総延長（2765 km）の12倍以上となっている。しかし，北京―天津間や北京―上海間といった大都市どうしを結ぶ路線が整備された後は，より小さな都市どうしを結ぶ路線がつくられるようになったので，路線開設によって増大する利便性は次第に小さくなるであろう。

就業者数は減少傾向

以上の検討を踏まえたうえで2021年から40年にかけての中国の経済成長を展望してみよう。労働，資本，TFPという3つの生産要素ごとに検討する。

まず労働である。1人当たりの就業時間は一定だと仮定すれば国全体の労働の量は就業者数によって決まるので，今後の就業者数のゆくえを推計する。国連の人口予測（United Nations［2019］）によれば，中国の人口は2031年に14億6442万人でピークに達し，その後は次第に減少する（**図1-4**）。しかも，いわゆる「労働年齢人口」，すなわち15〜64歳の年齢層の総数は2015年の10億2157万人がピークで，すでに減少が始まっている。

労働年齢人口のうち，実際にどれぐらいの人たちが働くのかを示すのが「労働力率」で，就業者数／労働年齢人口と計算される。中国の労働力率は1964年から2002年までずっと80%を超える高い水準にあった。中国では専業主婦になる女性がきわめて少なかった

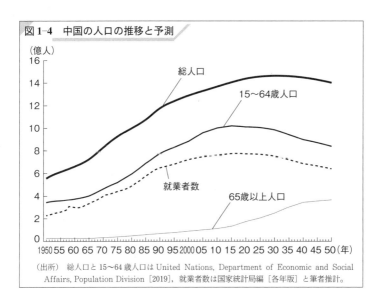

図1-4 中国の人口の推移と予測

（億人）

総人口

15〜64歳人口

就業者数

65歳以上人口

1950 55 60 65 70 75 80 85 90 95 2000 05 10 15 20 25 30 35 40 45 50（年）

（出所）　総人口と15〜64歳人口はUnited Nations, Department of Economic and Social Affairs, Population Division [2019]，就業者数は国家統計局編［各年版］と筆者推計。

こと，若者の高校や大学への進学率が低かったことを反映している。21世紀に入ってから労働力率はかなり下がり，2015年には75.8%まで落ちた。これは10歳代後半から20歳代前半の世代が高校，専門学校，大学などに通う割合が高まったためであろう。

　しかし，労働力率は2015年に底を打って上昇を始め，2019年には76.3%へ上がった。これは，労働力不足や人口の高齢化の趨勢を踏まえ，法定退職年齢を引き上げる動きが出ていることと関連している。法定退職年齢とは公的な年金を受領できる年齢であり，2020年現在，男性は60歳，女性は幹部55歳，労働者50歳と定められている。これを徐々に引き上げていって男女とも65歳とする方針が提起されている。上海など高齢化が進んでいる地域では独自に退職年齢を引き上げる動きもある。このように，これまでは引退していた高年齢層が今後は労働力になるだろう。一方，大学や専門学校の進学率は今後も上昇するだろうから，若年層の労働力率は下

がるであろう。結局，高年齢層における労働力率の上昇と，若年層における下落とが相殺しあって，2020年以降も19年並みの労働力率が続くと予想する。すると，中国の就業者数は図1-4に示したように，2017年の7億7640万人をピークとして徐々に減少していく。まとめると，2021年から30年は年平均でマイナス0.3%ずつ就業者が減り，31年から40年は年平均マイナス0.9%で就業者が減る，と予想した。

資本とTFPの伸びは緩やかに

次に，資本については，1990年代以降10%ないしそれ以上の高い伸びを続けてきたし，中国の貯蓄率は依然として高いので，ハイペースで投資を続けることは可能であろう。しかし，2011～15年に年率12.6%で資本が増加したものの，TFPの伸び率が年率1.4%に低下した（表1-1）ことが示しているように，過剰な投資はかえって生産性の低下を招く。中国政府も過剰投資とその裏側で膨張する債務を問題視するようになり，2016年から投資の伸びを抑えるようになった。

　今後も過剰投資を避けるため，投資はさらに抑制されると予想される。そのうえ，今後中国で人口の高齢化が進展することによって，社会全体として投資に回せる資金の割合が下がっていくであろう。中国の人口のうち65歳以上の高齢者が占める割合は2020年には12.0%であるが，**図1-4**の作成に用いた国連の予測によれば，これが30年には16.9%，40年には23.7%と高まり，中国は高齢社会になっていく。一般に人々は現役時代には老後に備えて貯蓄に励み，退職後は貯蓄を取り崩しながら生活するであろうし，年金制度を通じて現役世代から退職世代への所得（ないし貯蓄）の移転が制度的に行われる。高齢者の割合が高まると貯蓄の多くが高齢者の生活維持に使われるようになり，投資に回せる割合が少なくなっていくであろう。以上のような理由から，2021年から30年の資本の増加率

は年平均 8.0%, 31 年から 40 年は年平均 7.0%, と予想した。

　TFP について予想すると，改革開放期の TFP 上昇をもたらした主要な要因の 1 つである生産要素の移動についてはあまり楽観できる要素はない。**第 3 章**で詳しくみるように，農村の過剰労働力は今やあらかた枯渇しているし，非効率な国有企業の淘汰も 1990 年代後半にかなり進展したので，効率のよい企業に移動できるような過剰な労働力や資本はもうあまり残っていないだろう。他方で，中国の各産業と先進国との間にはまだある程度技術レベルのギャップがあり，技術の導入によって生産性を向上する余地がある。また，**第 5 章**で論じるように，中国政府は 2006 年から「自主イノベーション」を重要な国策として掲げるようになり，実際にいろいろな分野で技術革新が起きている。内発的な技術進歩による TFP 上昇はかなり期待できる。以上を勘案して 2021〜30 年は TFP が年率 1.5% で上昇すると予測した。2030 年になると，中国のほとんどの産業が先進国へのキャッチアップを終えているだろうから技術の導入による TFP 引き上げはできなくなり，自前の技術進歩のみに頼ることになるので，TFP の上昇率は年率 1.0% に減速すると予想した。

　労働分配率については，労働の希少性の高まりによって 2011 年以降緩やかに上昇する傾向がみられるが（**表 1–1**），この傾向が今後も続くため，21〜30 年は 55%，31〜40 年は 60% と予想した。

> 2030 年代には中国が世界最大の経済大国に

以上のように予測値を積み上げることによって，今後の GDP 成長率を予測したのが**表 1–2** である。2021〜30 年は年率 5.0%，31〜40 年は年率 3.2% で成長するとみられる。「成長に対する寄与率」で示したように，労働は今後成長に対するブレーキとなる。最も大きく貢献するのは引き続き資本であるが，TFP も 3 割程度の寄与をするだろう。

　この予測結果を IMF と経済協力開発機構（OECD）による予測と

表 1-2　中国の今後の成長の予測

(単位：%)

	GDP 成長率 (年平均)	資本増加率 (年平均)	就業者増加率 (年平均)	TFP 成長率 (年平均)	成長に対する寄与率			労働分配率
					TFP	資本	労働	
2021〜30 年	5.0	8.0	−0.3	1.5	30	73	−3	55
2031〜40 年	3.2	7.0	−0.9	1.0	31	86	−17	60

(出所)　筆者推計。

図 1-5　中国の GDP 成長率の予測（2020〜40 年）

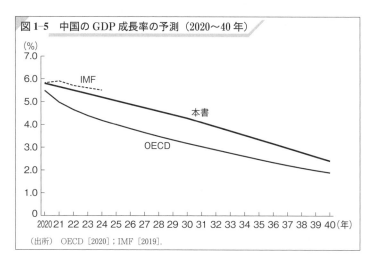

(出所)　OECD [2020] ; IMF [2019].

比較してみよう。IMF は 2024 年までの毎年の GDP 成長率を，また OECD は 60 年までの実質 GDP を推計している（**図 1-5**）。筆者は表 1-2 に示したように 10 年間の年平均値を予測した。図 1-5 では，その平均値をもとに期間中に成長率がなだらかに下降するように作図した。本書の予測は IMF よりやや辛め，OECD よりかなり甘めである。

OECD の長期予測によると，日本とアメリカは 2021〜30 年はそれぞれ年平均 1.0% と 1.7%，31〜40 年はそれぞれ年平均 1.3% と 1.8% で成長すると予測されている。中国については表 1-2 で示し

た筆者の予測を採用する。すると，2021年4月現在の為替レートによって評価したGDPにおいて，中国がアメリカを追い抜いて世界一になるのは2030年で，40年にはアメリカの115%となる。一方，2020年時点で中国のGDPは日本の2.9倍だったが，30年には4.5倍，40年には5.5倍になる。ただし，これは為替レートが現状のままであることが前提であるが，長期的には購買力平価の方へ収斂していくとすれば，中国がアメリカを追い抜くのはもう少し早くなる。

ただ，その先中国がアメリカをどんどん引き離すという展開にはならないだろう。**図1-4**でみたように2030年代には中国の人口は減少に転じるし，就業者人口はさらに急速に減少する。一方，アメリカは現状では3億3000万人余りの人口が今後も増加しつづけ，2040年には3億6657万人になると国連（United Nations [2019]）は予測している。人口の高齢化のペースも中国より緩やかで，2040年時点での65歳以上の人口の割合は21.6%と予想されている。つまり，2040年の時点では，中国は人口減少と高齢化に見舞われるのに対して，アメリカはなお人口が増加し，人口の年齢構成も相対的に若くなるのである。となると，21世紀中頃にはアメリカと中国が2大経済大国として並び立つ時期が長く続くと考えられる。

| 中所得国の罠 | 2007年に世界銀行の研究グループが刊行した報告書（Gill and Kharas [2007]）のな |

かで「**中所得国の罠**」という問題を初めて提起した。世界銀行の別の報告書（World Bank/DRC [2012]）によれば，1960年の時点で中所得国だった101カ国・地域のうち，2008年の時点で高所得国に昇格できたのは日本，韓国，イスラエル，香港，ギリシャ，台湾，シンガポールなど13カ国・地域にすぎず，残る88カ国・地域は中所得の状態から抜け出せていないという。つまり，これらの国々（たとえばブラジル，アルゼンチン，マレーシア，タイ，イランなど）はま

るで罠にはまってしまったかのように長い期間にわたって中所得国の地位にとどまっているのである。

　ちなみに，「中所得国が何であるか」については世界銀行独自の定義がある。2019年7月現在の分類によると，1人当たり国民総所得（GNI）が1026ドル未満の国は低所得国，1026～3995ドルの国を低位中所得国，3996～1万2375ドルを高位中所得国，1万2376ドル以上の国を高所得国としている。中国は2001年に世界銀行の当時の分類によって低所得国から低位中所得国になり，12年には高位中所得国になっている。世界銀行の方法で計算された中国の1人当たりGNIは2019年には1万410ドルになった。

　中所得国の罠が生じる理由について，エックハウトとジャバノヴィッチは，グローバル経済のなかで高所得国は自国の労働者の優れた技術や技能を生かせるし，低所得国は非熟練労働者を大量に使う労働集約型の産業で強みを発揮できるが，中所得国はそのどちらにも優位を発揮できないため，経済成長率が相対的に低くなるのだと主張する（Eeckhout and Jovanovic [2007]）。また，蔡昉は，所得分配の不平等や，既得権益層によって不平等な社会制度の改革が阻まれることによって，中所得国の罠がもたらされると主張する（蔡[2019]）。

　中国は2000年代前半には労働集約型産業で圧倒的な強みを発揮して「世界の工場」とまで呼ばれていたが，その後の労働力不足と労賃の上昇により，そうした強みを失いつつある。また，**終章**でも検討するように所得分配の不平等や，それをもたらす不平等な社会制度も存在する。しかし，2019年まで中国は1人当たりGNIを毎年高めており，中所得国の罠にはまっている様子はない。2019年の時点で，すでに北京市，天津市，上海市，江蘇省，浙江省，福建省，広東省の1人当たりGDPが1万3000ドルを超えている。つまり人口3億5000万人を抱えるこれらの地域はすでに「高所得国」

の仲間入りをしている。**表 1–2** に示した筆者の予測に基づけば，中国の 1 人当たり GDP および GNI は 2024 年には 1 万 2600 ドル程度となり，世界銀行の分類における高所得国の仲間入りをする。その後に中所得国に舞い戻ることも考えにくい。「中所得国の罠」という議論は，所得分配の不平等の弊害に対する認識を高めたり，労働集約的産業に代わる新たな比較優位産業をみつけなければならないという危機感を高めたりする効用はあったのかもしれないが，客観的事実としては中国には当てはまらない。

Column② 中国の経済統計はどれぐらい信頼できるのか 🀰🀰🀰🀰🀰🀰

本書の**表 1–1** で行った分析や**表 1–2** の予測は，すべて中国の国家統計局が発表する GDP 成長率などの統計を使っている。つまり，これらは国家統計局が出してくる統計が正しいということを前提としている。

だが，中国の統計の信憑性に対しては中国の内外からたびたび疑問が提起されてきた。最初に中国の GDP 成長率に対して系統的な批判を行ったのがロースキーである（Rawski［2001］）。1998 年にアジア経済危機が中国を襲った。ちょうどその時，中国は国有企業の大リストラ（**第3 章**）を行っていたが，そこへアジア経済危機の影響で輸出の大幅な減少が起き，中国経済はかなり厳しい状態におかれた。中国政府は「成長率 8% を死守せよ」と地方にハッパをかけた。ロースキーによれば，そのために，地方政府による成長の誇大報告がはびこった。結局，1998 年の GDP 成長率は 7.8% と，何とか面目を保ったが，同年のエネルギー消費量は前年に比べて 4% 減っているので，経済がそんなに成長しているなどということはありえない，とロースキーは主張する。彼は航空旅客輸送量の伸び率を根拠に同年の成長率は高く見積もっても 2% 程度であっただろうとみている。

ロースキーは 1998 年についてのみ過大報告の疑惑を指摘したが，ヤングは中国の経済統計の作成方法のなかに恒常的に過大報告をもたらす要因があると主張した（Young［2003］）。国家統計局は 1990 年代末まで企業に対して生産額の報告を求める際に，現在の価格による生産額と，過去の特定の年の価格で評価した生産額の両方を報告させていた。つまり，物価上昇の影響を取り除いて実質的な生産額の伸び率を計算する作

業を企業に任せていたのだが、企業がその作業をきちんと行わない結果、とくに物価上昇率が高い時に生産額の伸び率を過大評価してしまうのだという。そこでヤングは物価上昇の影響を取り除く作業を独自に行った結果、1979～98 年の GDP 成長率は公表数字では年平均 9.1% であるが、本当は 7.4% だと主張した。なお、ヤングがこの分析を行った後に中国国家統計局は過去にさかのぼって成長率を修正したため、1979～98 年の平均成長率は 9.8% となる。これをヤングの方法で修正すると 8.0% になる。

ただ、その後、国家統計局は物価の影響を取り除く作業を企業に任せるのではなく独自に行うようになったため（梶谷［2018］序章）、ヤングの指摘した理由で過大報告が生じることはなくなった。また、ロースキーが指摘したエネルギー消費量の伸びと GDP 成長率の矛盾も、2000年以降はエネルギー消費量が結構ハイペースで伸びるようになったので、あまり目立たなくなった。

ところが、2015 年になって再び中国の GDP 成長率の信頼性が大きく揺らいだ。その前年の秋から景気が悪くなってきて中国政府は金利や預金準備率を何度も引き下げたり、公共事業を積み増すなどして景気を刺激する政策をとってきた。しかし、2015 年の 6 月から 7 月にかけて中国の株価指数が急落し、政府が株価維持のために企業に株を買い支えさせる一幕もあり、不調の兆候は明らかであった（梶谷［2018］第 1 章）。2015 年上半期にはセメント、粗鋼、乗用車、携帯電話、パソコンなど主要な工業製品が減産となり、発電量も前年の上半期に比べて 0.6% の微増にとどまった。ところが、2015 年上半期の GDP 成長率は 7.0% と発表され、政府が目標としていた「7% 前後」という成長率の目標にピッタリと収まったので、この数字は政治的に操作されたものではないかという疑惑が高まったのである。

2015 年に限らず、12 年以降の中国の GDP 成長率は、まるで「8% 以上の高度成長から、6% 前後の中程度の成長が常態となる段階へ移行する」という中国政府のシナリオをなぞるかのように緩やかに下降しており（図1-2）、果たしてこんなにも景気変動が少ないということがありうるのか、2015 年に政府が必死に景気下支え策をとったという現実と合っていないではないか、という疑念がある。

こうした疑念の高まりを背景に、日本では、中国の GDP は大幅に過大評価されており、日本を抜いて世界第 2 位の経済大国になったという

のも嘘だ，という荒唐無稽な主張をする論者さえ現れた。だが，そうした論者は GDP 統計をつくる意義をはき違えており，批判のポイントがずれている。そもそも GDP はオリンピックのメダル数とは違って各国の優劣を競うためにつくるものではない。仮に中国が GDP を誇大に報告した結果，世界銀行の分類における高所得国に昇格したとすれば，世界銀行から借入を行う際により高い利子率を適用されるし，IMF などの国際機関への分担金も GDP に応じて増やされる。気候変動をめぐる国際交渉のなかでも温室効果ガスをもっと削減するよう求められるだろうし，低所得国からは援助も求められるだろう。国際的な制度は所得の低い国を優遇するように設計されているので，対外的に GDP を誇大報告することによって経済的に得をすることは何もないのである。論者たちは，中国が日本を追い抜いた，もうすぐアメリカも追い抜くぞと空威張りをしたいから GDP を誇大報告していると思っているようである。中国の学者のなかに空威張りをする人が全くいないとはいえないものの，中国政府がそうした非理性的な感情に突き動かされているとは考えにくい。

　GDP 統計をつくる最大の意義は，経済の体温を総合的に測ることである。つまり，経済が順調な成長な軌道に乗っているのか，過熱しているのか，不況に陥っているのかを判断し，適切な経済政策へつなげていくことが GDP 成長率を計算する目的である。極端な話，仮に GDP 成長率がかさ上げされているとしても，そのかさ上げの程度が一定であれば，それは景気判断の指標として有効である。2012 年以降の中国の GDP 統計の問題は，過大評価だという以上に，景気判断の指標という機能を果たせなくなっていることにある。

　ただ，幸いにも中国政府は非常に多くの統計を作成している。GDP 成長率が政治の影響を受けていることが疑われるとき，ロースキーのように航空輸送量やエネルギー消費量，あるいは発電量や貨物輸送量など，他の統計指標との整合性をみることで GDP 成長率の信憑性を検証する方法がある。筆者がこれまで数多くの統計にふれてきた印象からいえば鉱工業製品の生産量はかなり信頼性が高く，かつ四半期の GDP 速報と同時に発表されるので，GDP とすぐに照らしあわせることができるというメリットがある。それを使って GDP の構成要素の 1 つである鉱工業の成長率を検証することができる。そこで，鉱工業製品の生産量の変化から鉱工業成長率を推計し，他の産業（サービス業や農業）について

は国家統計局の発表どおりだったと仮定して，2015年のGDP成長率を推計したところ，公式発表の6.9%よりもだいぶ低い4.8%となった。**図1-2**ではこの方法によって推計したGDP成長率を点線で示している。これをみると，2015年に景気が落ち込み，翌年は回復するが，その後再び下降するという波を打っていることがわかる。

中国のGDP統計におけるもう1つの重大な問題は地方政府によるGDP（正確にはGRP＝域内総生産と呼ぶべきだが，中国での慣習に従ってGDPと呼ぶ）の水増しである。地域のGDP成長率は，かつては地方の幹部の出世を左右する重要な指標だったため，地方政府の幹部はGDPを強く意識してきた。GDPを業績審査の基準としないことを中央政府が明言したのちも地方政府はなおもGDP成長率を重視しつづけた。その結果，地方政府によるGDP成長率の誇大報告が蔓延するようになった。この問題がとくにひどかったのが2009年から13年の期間で，たとえば13年には全国の31の省・市・自治区のすべてが全国のGDP成長率以上の成長を記録するという珍現象が起きた。地方による水増しが続いた結果，31の地方のGDPを合計した額が全国のGDPを大きく上回るようになり，ピークの2012年には両者の差は11%にもなった。

ちなみに，日本でもたとえば2016年度の場合，都道府県の県民総生産の合計は日本全体のGDPより2.7%ほど多い。複数の地域で活動する企業による生産の一部が各地域の県民総生産に重複して算入されているためだと推測される。ただ，地方自治体による県民総生産の計算は，各自治体の行政上の必要に基づいて行われているものなので，他の地域との重複をどうしても避けなければいけないというものでもないだろう。同様に，中国でも仮に地方のGDPの合計が全国を上回ったとしても，各地方がそれぞれの地域の経済状況を客観的に反映する統計をつくっているのであれば，大きな問題ではない。問題は地方政府がGDPを実績競争の道具としてゆがめていることであり，その結果，地方の景況を測るというGDP統計の本来の機能が失われてしまっていることにある。

この問題に対して中央政府が打ち出した対策は，省・市・自治区のGDPを算出する権限を地方から取り上げ，中央の国家統計局が算出する，というものであった。国家統計局は2015年からこの新制度を実施するとアナウンスしたが，その後延期され，結局20年から実施されることになった。その間に，地方のGDP計算方法を中央と合致させる調整が行われた結果，これまで蓄積されてきた地方のGDPの水増し分が

かなり除去された。

　2016年にはまず遼寧省でGDPから23%の水増し分（筆者の推計による）が除去され、経済の低迷も相まって、14年まで全国の省・市・自治区のなかで7番目の規模であった遼寧省のGDPは全国14番目にまで後退した。2017年には内蒙古自治区で21%の水増し分が取り除かれた。極めつけは2019年で、天津市では実に33%もの水増し分が除去された。天津市は2011年から15年まで1人当たりGDPが北京市、上海市よりも高く、全国トップだったのだが、それはGDPを大幅に粉飾していたためだったということが暴露された。修正の結果、天津市の1人当たりGDPは全国7番目まで落ちてしまった。また、吉林省では28%、黒龍江省では24%、山東省では16%の水増し分が取り除かれた。他方、雲南省と安徽省は逆に過去にGDPが過小評価されていた分がかさ上げされた。以上の調整により、2019年は地方のGDPの合計が全国のGDPとほぼ一致するようになった。こうして、地方政府によるGDPの誇大報告にようやく終止符が打たれたようである。

河北省白溝の雑貨市場。郷鎮企業が生産した安価な製品を卸す（1992年）

→ Keywords ─────────────────────────

計画経済　　自己完結的な産業構造　　国有企業　　農業集団化

人民公社　　大躍進　　リカードの罠　　請負制　　部分的改革

> **はじめに**　第1章の後半では 1949 年から 2019 年までの経済成長を分析したが，1978 年までの中国と，今日の中国では全く別の国といってもいいぐらいに経済の仕組みが異なっている。本章の前半では，1978 年以前の経済運営の仕組みである計画経済がどんなものであったのか，なぜそのような体制が築かれたのかを考える。後半では，1979 年以降，中国が計画経済の体制を改革し，市場経済の体制に転換していったプロセスを，ロシアなどほぼ同時期に市場経済への移行を目指した国と比較しながら跡づける。この転換の成功が今日中国を世界第 2 位の経済大国の地位へと押し上げた原動力であるが，中国の市場経済移行にはどのような特色があったのかを検討する。計画経済は今日ではすでに過去のものとなったが，それでも現代中国経済を理解するうえではその基盤にあった計画経済体制のことを知ることが不可欠である。なぜなら，第 1 に，中国には今でも 10 万社を超える国有企業が存在し，5 カ年計画が作成されつづけるなど，計画経済時代につくられた経済運営の枠組みがなお残っているからである。第 2 に，市場経済にどんな特徴があるのかを理解するうえでも，それとは対照的な体制である計画経済やそこからの移行過程を知ることが有益であるからである。

1 ソ連の計画経済

　中国の計画経済体制は，ソビエト連邦（ソ連）の全面的な協力のもとでつくられた。そこで，まずソ連の**計画経済**について簡単に紹介する。

　1917 年にロシア革命が起き，22 年にソ連が誕生したが，計画経済の体制はソ連において 20 年代から 30 年代にかけてつくられた。

その源流は帝政ロシアの末期に推進された国家主導による工業化にある。1892年に大蔵大臣に就任したヴィッテのもとで，政府による鉄道の建設，政府の出資による企業の設立，優先分野の企業に対する融資などを通じて工業化が推進された（鈴木［2017］）。これは日本の殖産興業や中国の洋務運動（**第1章**）が実施されたのと同じ時期であり，当時の後発資本主義国はいずれも国家主導の工業化に取り組んだのである。さらに，第1次世界大戦（1914～17年）に際しては，戦争のために必要な食料や兵器を調達するために経済に対する国家の統制が強められた。この統制経済の経験がロシア革命後の計画経済の実現へとつながっていった。

1917年の革命から22年までは国内で反革命勢力との内戦が続き，統制経済が続いた。しかし，内戦が終了してから1927年までは疲弊した農村を回復させるために市場経済を生かす「ネップ」と呼ばれる政策がとられた（浅岡［2017］）。共産党は政権をとってからしばらくの期間は他のヨーロッパ諸国でも社会主義革命が続いて起こることを期待していた。しかし，革命から月日が経つにつれてそうした期待はしぼみ，周囲を敵対的な国々に囲まれるなかで，スターリンによる「一国社会主義論」が優勢となった。それは，急速な工業化を実現することによって自国内で設備や機械，工業の基礎資材を生産できるようにし，資本主義国からの輸入に依存しない**自己完結的な産業構造**を目指すものであった。

1929年には第1次5カ年計画（1928～32年）が採択され，ソ連は計画経済体制による急速な工業化に乗り出していく。国家の投資によって各産業の**国有企業**が設立され，その生産計画は国家計画委員会（ゴスプラン）から下達され，生産資材も国家から配分された。ただ，工業化を進めるには機械や技術を外国から購入するための資金が必要だが，その資金をどうするかが問題であった。そこで，ソ連が採用したのは「社会主義的原始蓄積」という方法であった（上

垣［2017］)。すなわち，農村から食糧を低価格で調達することで食糧価格を抑え，それによって浮いた資金を工業への投資に回すとともに，穀物を海外に輸出することで機械などを輸入する外貨を稼ぐのである。要するに，工業化を進めるための資金を農業を利用して稼ぐのである。ところが，農業が自営農によって営まれている限り，政府が思うような安い価格で穀物を購入することは難しい。なぜなら，穀物の値段が安ければ農民たちは穀物を売り惜しみ，場合によっては農業をやめてほかの仕事をするだろうからである。そこで，農民たちを強引に政府の支配に服させる政策がとられた。すなわち，1928 年から 29 年にかけて，農民に対して強制的に穀物を低価格で供出させ，さらに農民たちをコルホーズと呼ばれる集団農業に組織した。こうした政策に従わない農民はクラーク（富農）というレッテルを貼られて遠隔地に追放されたり，処刑されたりした。1938 年には農民の世帯のうち 93.5% がコルホーズに属するまでになったが，集団化の強行によって農業が著しいダメージを受け，32 年から 34 年には天候不順も相まって 400 万～500 万人もの餓死者が出たといわれる（グレゴリー＝スチュアート［1987］；松井［2017］；日臺［2017］)。

　それでもソ連は工業の発展においては大きな成果を上げた。工業生産は第 1 次 5 カ年計画（1928～32 年）の時期には年平均 10.4%，第 2 次 5 カ年計画（33～37 年）の時期には年平均 15.8% で伸びた。第 2 次世界大戦でソ連は多大な人的・物的な損害を被ったが，戦後再び急成長を遂げたため，1960 年は 28 年に比べて工業生産は 10.3 倍にもなった。これは同じ期間のアメリカ（3.4 倍）やイギリス（2.4 倍）を大きく上回り，ソ連と同じく第 2 次世界大戦で打撃を受けたのち戦後に回復した日本（7.8 倍）をも上回った（栖原［2014］)。こうした工業の著しい発展があったからこそ，戦後の東西冷戦のなかで社会主義陣営の盟主として覇を唱えることも可能になったのであ

る。

2 社会主義と計画経済の採用

　第2次世界大戦の終結後，中国では共産党と国民党の内戦が再発し，これに勝利した共産党は1949年10月に中華人民共和国を建国した。その直前に共産党が発表した政権構想では，「資本家たちの経済的利益と私有財産を保護し，新民主主義の人民経済を発展させる」と公約していた。「新民主主義」とは中国共産党独特の言葉で，政治においては共産党が指導し，他の勢力や党派とも連携した政権をつくることを指し，経済においては国民党がつくった企業や外資企業を政府が没収して国有企業とするが，一般の民間企業には従来どおりの事業活動を認めることを意味していた。

　新政権は，農村では地主から土地を没収し，それまで小作農や農業労働者として働くしかなかった貧しい農民たちにその土地を分配する土地改革を断行した。こうした農村における土地所有制度の改革は第2次世界大戦後に社会主義国だけでなく日本でも実施された。連合国の占領下にあった日本でも農地改革が断行され，大地主の農地が強制的に買い上げられ，小作人たちに安く売り渡された結果，農民たちが自作農になった。こうした改革の目的は中国でも日本でも，農村の貧困問題を解決し，農業の生産力を上げることであった。

　もっとも，地主の農地を小作人に分ける手法は日本よりも中国の方が過激であった。中国の土地改革では地主の土地は無償で没収され，小作人や貧農に分け与えられた。しかも土地改革は小作人や貧農の地主に対する闘争という形で行われたため，改革が暴力をともなうこともあり，処刑された地主もいた（宇野・小林・矢吹 [1986]）。

　このように，当初共産党がつくろうとした経済体制は，政府が運

営する国有企業と，民間企業や自作農が併存する混合経済であった。しかし，1953 年から中国共産党は一転して社会主義による国づくりを始めることを決めた。こうした急旋回を促したのが，東西冷戦の深まりである。第 2 次世界大戦の終結後まもなくアメリカとソ連との間の東西冷戦が始まったが，それが決定的な深まりをみせたのが 1950 年の朝鮮戦争の勃発である。アメリカが国連軍を組織して韓国を支援し，北朝鮮を中国と朝鮮の国境付近にまで追いつめたため，中国は義勇軍を派遣する形での参戦を余儀なくされた。こうしてアメリカとの戦争に巻き込まれた誕生間もない中国は，必然的に冷戦のもう一方の極であるソ連の側に身を寄せることになった。しかも，米軍との戦いのなかで自らの装備の貧弱さを思い知らされた中国は，近代的な軍需産業とそれを支える重化学工業を持つ必要性を痛感した（久保［2011］）。そこでソ連から重工業・軍需産業の技術を導入するとともに，そうした産業を運営する仕組みであるソ連の計画経済を丸ごと導入することとなり，1953 年からの第 1 次 5 カ年計画（1953〜57 年）でその作業に取りかかった。

3 計画経済の形成

民間企業の国有化・公有化

1953 年に中国共産党は社会主義への移行を進める方針を決め，矢継ぎ早に経済体制の変革を進めていった。

　第 1 に，鉱工業においては民間企業の国有化と公有化が進められ，1950 年代末までに民間企業は自営業者も含めてすべて国有企業や公有企業に再編された。**図 2–1** にみるように 1952 年の段階では鉱工業生産の 55％ を民間企業（「その他の企業」と「自営業」）が占めていたが，57 年には 27％，62 年にはゼロと急速に消えていった。共

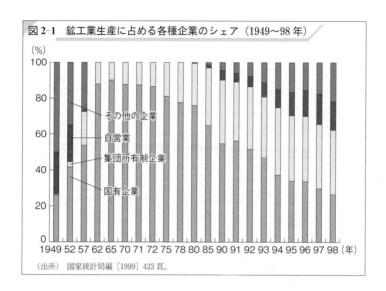

図2-1 鉱工業生産に占める各種企業のシェア（1949〜98年）

(%)

その他の企業
自営業
集団所有制企業
国有企業

1949 52 57 62 65 70 71 72 75 78 80 85 90 91 92 93 94 95 96 97 98 (年)

（出所）国家統計局編［1999］423頁。

産党は資本家層を味方につけるために，いったんは民間企業の国有化をしない「新民主主義」を標榜したのだが，わずか4年でその方針を転換した。共産党が政権をとれば財産を没収されると恐れた資本家が，すでに上海などから香港や台湾に逃亡し始めていた。

そこで，中国政府は民間企業の国有化と公有化に際しては資本家の利益に配慮しながら進めた。まず民間企業に対して政府が材料を供給し，企業がつくった製品を買い上げる「加工・発注」が行われ，民間企業による流通活動に制限が設けられた。続いて経営陣のなかに官僚が派遣されて経営の実権を持つ「公私合営」が行われ，もとの資本家の経営権は次第に失われて，やがて利益の配当を受け取るだけとなり，最後は国有企業に改組された。また自営の製造業者については，グループにまとめて原料の購入や販売を共同で行う仕組みをつくり，やがて工場としてまとめられて集団所有制企業に改組された。

| 農業の集団化 | 　第2に，農村では**農業集団化**が急速に進められた。1954年までは20〜30戸ほどの農 |

家の間でグループをつくって農作業が忙しい時に仕事を手伝いあう「互助組」がつくられるにとどまっていたが，55年から56年のわずか2年のうちに，まず20〜30戸の農家を束ねて，共同作業によって農業を営む初級合作社がつくられ，さらに200〜300戸の農家を束ね，土地も共同所有にして集団で農業を営む高級合作社への組織化が一気に進められた。

　ソ連では農業の集団化に対する農民の抵抗があったが，中国でも土地改革によって農民が自ら農地を保有できるようになったばかりだったので，土地や牛馬を集団に拠出することに対して農民たちは強く反発した。中国共産党のなかでも，ソ連が農業集団化を強行して大勢の餓死者を生み出した教訓を汲んで慎重に進めるべきだという意見も強かった。しかし，農業集団化によって一気に社会主義化を推し進めたい毛沢東ら急進派の主張が共産党のなかで優位を占めた。集団化を強行した主要な動機は，やはりソ連と同じく，第1次5カ年計画での急速な工業化を進めるため，都市の労働者に提供する安価な食糧を調達することであった（なお，「食糧」とは主食となる穀物やイモ類，すなわちコメ，小麦，トウモロコシ，こうりゃん，粟，豆類，ジャガイモ，サツマイモなどを指す）。政府が食糧調達を拡大しようとしたところ，農民からさまざまな抵抗を受けたため，集団化によって農業の根本から国家のコントロールのもとにおこうとしたのである（中兼［1992］第6章）。集団化を進めたもう1つの理由は，土地改革によって大量の自作農を創出したのち，そのなかで豊かになる農民と貧しくなる農民が分化してきたため，社会主義のイデオロギーにそぐわなくなったからでもあった。

　農業の集団化は1956年に高級合作社がほぼ全国に広まったことで完成をみたが，58年にはさらに高級合作社をいくつか束ねて

「人民公社」と称する組織がつくることが決定され，その後1カ月のうちに中国全土の農村が2万余りの人民公社に組織された（中兼［1992］第7章）。人民公社とは実質的には末端の地方行政組織である「郷」の看板を掛け替えたものであり，行政組織としての機能を持ち，小学校などを運営する一方，集団農業や工場の運営，農産物や農業用資材の流通も行った。要するに農村の政治，経済，社会をすべて統治する組織であった。

計画経済の制度づくり　　　第3に，計画経済の制度がソ連の指導のもとで整備されていった。まず計画経済の中枢機関である国家計画委員会が1952年に設立され，国家計画委員会と中央政府のその他の官庁が主要な財の生産と流通をすべてコントロールする計画経済の制度が50年代の間に整えられていった。食糧については1953年から，農民が自分で消費する以外の食糧はすべて政府に売り渡すことが定められ，政府は買い上げた食糧を国家機関を通じて都市部の住民たちに配分した。食糧の流通から民間商人が排除された。国有企業および国有化された旧民間企業においても，政府が企業の生産量，生産額，雇用数などを指令するようになり，経営者が自主的に経営できる余地がほとんどなくなった。

　以上のように，計画経済の体制づくりは1953年から数年の間に急ピッチで進められた。ただ，もともと中華人民共和国が成立した時点で，計画経済の体制をつくるのに適した素地があったことも指摘しておかなくてはならない。それは図2-1にみるように，民間企業の国有化や公有化が始まる前の1952年の段階ですでに国有企業が鉱工業生産の42％を占めていたということである。これは中華民国時代から引き継がれた遺産である。もともと中華民国を統治した中国国民党も，中央執行部への権力の集中や，党が指導する軍隊を保持する点などソ連共産党の組織方法を取り入れており，中国共産党とは共にソ連共産党を父とする「異母兄弟」とでもいえるよう

な関係にあった（天児［2004］；樹中［2005］）。とりわけ，日本が中国東北部を侵略して満洲国を建国するなど中国に迫るなかで，国民党政府は日本に対する抗戦力の基盤となる重工業を発展させるために，政府主導で多数の国有企業を設立するなどソ連流の計画経済に似た手法をとったのである。

国民党は1935年に資源委員会という組織を設け，その下に鉄鉱山，製鉄，石油精錬，化学，機械などの国有企業を設立した（石島［1978］）。資源委員会はその名が示すとおり，中国に埋蔵量が多いタングステンとアンチモンという鉱産物の採掘を独占し，これをアメリカやドイツなどに輸出することで資金を稼ぎ，その資金を国有企業の建設に投資する組織であった。タングステンは非常に硬い金属なので，砲弾や切削工具の材料として軍需産業にとって欠くことのできない資源であり，戦争が深まるなかで需要が高まっていた。

日中戦争が始まり，国民党政府が内陸に移転すると，資源委員会は戦時体制を強化するためにますます多くの産業を傘下に取り込んだ。さらに戦後東北部や台湾に日本が残していった企業も接収したため，国民党政府は非常に多くの国有企業を抱えるに至った。国民党政府は他方で銀行に対する統制も強化した。そうした国民党政府時代の国有企業を共産党政権が受け継いだのである。工場や銀行ばかりでなく，もともと資源委員会で国有企業の運営に当たっていた官僚たちの一部も共産党政権に入って経済運営に携わった（田島［1998］）。

4 計画経済の機能

工業化資金を調達する仕組み

中国が計画経済を採用した理由は，ソ連と同様に工業化を推進するためであった。では計画経済は工業の発展に対してどのように機能するのであろうか。中国の例に即して具体的にみていこう。

計画経済のもとでは，農村から工場への物の流れや，工場から消費者への物の流れはすべて政府の指令に基づいて行われるのであるが，お金が廃止されるわけではなく，物は必ずお金と交換されることで流通する。だが，お金や価格というものの持つ意味が市場経済とはかなり異なる。

市場経済の世界では物の価格は，資源配分を調整する重要な役割を果たしている。たとえば，ある商品に対する人気が沸騰し，その商品の値段が上がるとしよう。すると，その商品をつくっている企業の儲けが多くなるので，その企業はもっと多くの労働者を雇ったり，設備を増やしたりして生産を拡大するし，他の企業もそれにあやかろうと類似の商品をつくるようになる。こうして人気商品を生産する産業へ資源（資本や労働者）が移動し，その商品の供給が増えて値段も通常の水準に戻る。これが市場経済のなかで価格が果たす資源配分のメカニズムであるが，こういうメカニズムは計画経済のもとでは働かない。なぜなら，計画経済の世界では，人気商品をつくって儲けようとする企業が存在しないからである。逆に不人気の商品を作りつづけて売れなくても，その企業は倒産しない。つまり，企業に利益が出ても出なくても無関係であるため，価格による資源配分のメカニズムが働かない。

では，計画経済のもとでは価格は全く無意味かというとそうでは

なく，価格は所得分配を調整する役割を持っていた。計画経済下の中国ではソ連と同様に農産物の価格が低く抑えられていた。それは要するに農民の所得を生存水準ぎりぎりに抑えるためであり，さらにその農産物を消費する労働者の賃金も低く抑えるためである。一方，工業製品の価格は相対的に高く設定されていた。賃金が低い一方で，製品価格は高いので，国有企業に多額の利潤が生じた。国有企業の利潤はそのまま政府の収入となるので，結果的に政府の支配できる資金が増え，工業への投資に最大限の資金を回すことができる。

　一般に，低所得国が工業化を進めようとする場合，工業化への資金をどうやって捻出するかが課題である。外国政府や国際機関から援助してもらったり，外国の金融機関から借金をするのは1つの方法であるが，借金はいずれ返済しなければならない。かつて韓国，ラテンアメリカ，東ヨーロッパの国々は外国からの借金で工業化を推進したが，借金の返済に行き詰まって経済危機に陥った。ある程度の借金は発展を加速するのに役立つが，借金に頼りすぎると債務危機に陥るリスクが高まる。

　したがって，低所得国であっても，工業化に必要な資金の多くは国内で調達した方がいい。かつて低所得国の政府の多くがとった手段は，国民に貯蓄をするように促し，その貯蓄を受け入れる公的な金融機関を設立することであった。公的金融機関は預金の受入や債券の発行によって社会の資金を集め，その資金を鉄道の建設や国有の工業企業などに融資する。そうしたことが，19世紀末のロシア，明治期の日本，そして1950年代以降の韓国，台湾，タイ，マレーシアなど東アジアの国々でも行われた（Gerschenkron［1962］；末廣［2000］；浜野ほか［2009］）。

　このように政府が積極的な手段を講じて工業化を進めることを「開発主義」と呼ぶが，計画経済は「開発主義」を極端にまで推し

進めたものと理解することができる。政府が農産物の価格や賃金を
コントロールすることで労働者や農民たちが貯蓄をする余裕がない
ほど所得を低く抑え，国有企業の利潤という形で直接に社会の余剰
資金を集めてしまう。国民の手にはほとんど貯蓄が残らないが，計
画経済のもとでは，企業から老後の年金が支給され，住宅や教育も
きわめて安く供給されるため，国民が貯蓄をする必要性もあまりな
い。計画経済とは，いわば政府が国民に代わって貯蓄を行う体制で
あった。

低く抑えられた農産物
価格と賃金

中国の計画経済体制は，農産物価格を低く
抑え，工業製品の価格を高く設定すること
で政府と国有企業が急速に資本蓄積をする
体制だったと考えられるが（南［1990］），このことを実証すること
は容易ではない。なぜなら，農産物価格が安く，工業製品価格は高
く設定されていたと論じるためには本来あるべき価格水準を示す必
要があるが，そのような価格は現実には存在しなかったからである。
袁堂軍はこの問題に関して，農産品と工業製品の国際市場価格こそ
が本来あるべき価格水準であると考え，国際市場における農産品対
工業製品の価格比を計算し，それと計画経済時代の中国における価
格比とを比較することで，中国では農産品に不利な価格付けがなさ
れていたと結論付けている（袁堂軍［2010］）。彼によれば，中国で
は1957〜84年の平均で国際価格に比べて48.2％も農産品の価格が
低かった。

　一方，賃金が相対的に低く抑えられ，その分国有企業の利潤が多
く上がる仕組みがあったことはいくつかの点から立証できる。**図
2–2**では都市部の平均賃金の動きと，国有鉱工業企業における労働
生産性を比較している。まず賃金の動きをみると，1957年までは
急ピッチで上昇しているが，この年に人々の就業を完全に政府が決
めてしまう仕組みが完成するや賃金は下落し始めた。翌1958年は

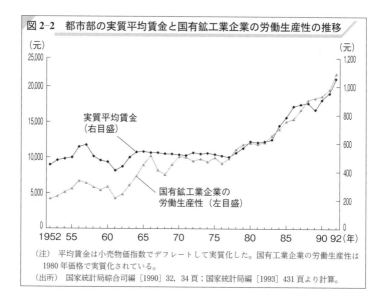

図 2-2 都市部の実質平均賃金と国有鉱工業企業の労働生産性の推移

（注）　平均賃金は小売物価指数でデフレートして実質化した。国有工業企業の労働生産性は1980年価格で実質化されている。

（出所）　国家統計局綜合司編［1990］32, 34頁；国家統計局編［1993］431頁より計算。

鉱工業で働く労働者が前年に比べて一気に 3 倍以上も増えている。本来これほど急に労働需要が拡大したら賃金も急上昇するはずであるが，実際には賃金は 1958 年にはむしろ下がっている。人々の職業選択の自由がなくなり，政府が思ったとおりに人々をさまざまな労働に動員できるようになったため，賃金が労働の需給を反映しなくなったのである。1961 年まで賃金は急落し，都市部の労働者が生活に困窮するような状況に追い込まれたため，その後賃金は引き上げられたが，それでも結局 77 年の平均賃金は 57 年に比べて 5.5% 下がった。この間に小売物価は 11% 上昇しているため，労働者が賃金によって実際に買うことのできる物の量（すなわち実質賃金）は 15% 下落している。一方，労働生産性の動きをみると，同じ 20 年間に実質で 55% も上昇している。つまり，労働の効率は上がったのに賃金は下がったわけである。そうなると，その分国有企業の利潤は膨らむことになる。国有鉱工業企業の付加価値のうち労

働者に賃金として分配された割合は1957年の31%から77年の22%に下落し（丸川［2002］23頁），国有企業の利潤や税金として政府が吸い上げる割合が高まった。

農民と労働者のどちらが犠牲を強いられていたのか

以上のように農民と労働者の両方が低い所得水準に抑えられていたことがわかるが，どちらがより多くの犠牲を強いられてきたかについては，食糧買上価格と賃金を比較することによって推測できる。1952年の賃金／穀物買上価格の比率を100とすると，57年までは賃金が急ピッチで上昇し，57年には123になった。つまり，この時代には農民がより多くの犠牲を強いられていた。農産物の自由な取引が1953年以降行われなくなったのに対して，賃金の方は57年までまだ自由に決まる部分があったためであろう。

ところが，その後は賃金が下落する一方，食糧買上価格は1961年に後述する「**大躍進**」後の危機的な食料不足を打開するために20%引き上げられたので，61年には賃金／穀物買上価格は76まで下がった。その後賃金が引き上げられて，1964年には95まで戻したが，66年に食糧買上価格が再び15%引き上げられたため，78まで下がった。これは政府のなかで農業をいっそう重視すべきだという意見が台頭した結果である（松村［2011］）。これ以降1977年まで75前後が続く。つまり，文化大革命（*Column③*）の10年間は労働者の方がより強い犠牲を強いられていたことがわかる。計画経済時代の中国はもっぱら農業から余剰資金を絞り出してそれを工業化に必要な資金としていたという主張もある（古澤［1993］）が，それはやや一面的な見方だといえよう。

計画経済の国家財政

以上の仕組みによって国有企業の利潤や税金という形で国民から吸い上げた資金を政府がどのように使っていたのか，1975年の国家財政を例にみてみよう（**表2-1**）。国家財政収入は815.6億元で，これは同年の中国の

　「大躍進」が大惨事をもたらしたことにより，中華人民共和国の成立以来，最高権力者の座にあった毛沢東の力にかげりがさし，代わりに国家主席の劉少奇や，共産党総書記の鄧小平といった実務を重視する指導者たちの力が強まった。文化大革命は，毛沢東がそうした指導者たちに対して巻き返しを図るため，最初は文芸批判の形を借りて始めた権力闘争である。毛沢東は，中高生や大学生によって構成された「紅衛兵」と呼ばれる組織に対して，権力者をつるし上げるよう焚きつけ，劉少奇，鄧小平をはじめ，多くの共産党や政府の幹部が失脚し，投獄されたり，殺害された者も少なくなかった。やがて紅衛兵どうしの武力衝突が起こるようになったため，1968 年からは軍が介入して鎮圧し，それ以後，軍の政治に対する影響力が強まった。なかでも毛沢東とともに文化大革命を推進してきた林彪の力が強まり，1969 年には党副主席となって毛沢東の後継者とされた。しかし，林彪は 1971 年に毛沢東の暗殺を企図して失敗し，ソ連に向けて逃亡する途中で飛行機事故により死亡した。その後，やはり毛沢東とともに文化大革命を進めてきた毛沢東夫人の江青ら「四人組」の力が増したが，1976 年に毛沢東が死去した 1 週間後に「四人組」が逮捕され，10 年の長きにわたって中国の政治，経済，社会を混乱に陥れてきた文化大革命は終わった。

GDP（3013 億元）の 27% に相当する。日本の場合，2018 年度の国家財政収入は GDP の 19% だったので，それと比べても，1975 年の中国は国全体が貧しいなかで，国家にきわめて大きな資金を集中していたことがわかる。財政支出の内訳をみると，一般の国家財政のように「文教・衛生」や「国防」に支出する面がある一方，まるで投資会社のように「企業の流動資金の補給」や「新製品試作」，「地質探査」，「工業・交通・商業事業」などの事業活動にも支出していることがみてとれる。**表 2-1** の財政支出のうち点線よりも上の部分は，資本主義国であれば民間企業が行うような経営活動への支出で，点線より下の部分が政府としての公共サービスの提供に関わる支出である。日本の財政支出のなかで 3 分の 1 を占める社会保障

表 2-1　中国の国家財政収支（1975 年）

（単位：億元）

財政収入		財政支出	
合　計	815.6	合　計	820.9
企業収入	400.2	基本建設	327.0
工業	329.0	企業の流動資金の補給	41.8
農林水産気象	−8.5	新製品試作	24.6
交通・通信	45.3	地質探査	14.2
商業・銀行	22.4	工業・交通・商業事業	12.8
その他	11.9	「五小」企業補助	6.9
税収	402.8	農業支援	42.5
工商税	348.0	都市維持	10.4
塩税	10.3	文教・衛生	81.3
関税	15.0	公的扶助	12.9
農業牧畜業税	29.5	都市住民下郷補助	10.2
その他	12.6	国防	132.1
		行政管理	38.8
		対外援助	40.9
		国家物資備蓄	7.0
		その他	17.5

（出所）　国家計画委員会統計組［1976］827，828 頁。

費に当たるものはわずかに「公的扶助」があるのみである。

　なお，財政支出の最大項目であった「基本建設」というのは，日本でいう公共投資と，企業の設備投資の両方を含んだ計画経済独特の用語である。1975 年の基本建設投資 392 億元（国家財政のほか，地方政府や国有企業の自己資金による投資も含む）のうち 238 億元は鉱工業企業の設備投資であった。さらに内訳をみると，軽工業向けはわずか 17％ であり，残りは化学工業（18％），金属工業（14％），電力工業（12％）など重工業や鉱業に対する投資であった。

　一方，財政収入では国有企業などから上納された利潤を意味する「企業収入」が約半分を占めている。税収も国有企業などから納められる「工商税」がほとんどを占めており，個人からの所得税や消費税のようなものは見当たらない。国有企業からの収入が政府財政収入のほとんどを占めていた。

以上のように，計画経済の国家財政とは，税金を集めて教育，社会保障，国防，公共投資などの公共目的に支出するという一般の市場経済国の国家財政と共通する面もある一方で，国有企業の収益を集め，それを国有企業の事業に投資するという投資会社のような活動も同じぐらいの重要性を持っていたことがわかる。

自己完結的な産業構造の構築

低所得国が経済発展を実現しようとした時，まずは衣服縫製業や玩具製造業のような労働力を多く必要とする軽工業を育成し，そうした製品の輸出を通じて外貨を稼ぎ，その外貨を利用して機械設備を輸入して重工業などより高度な産業へ移行していくケースが多い。韓国や台湾がまさにそうであったし，カンボジアやバングラデシュなども衣服の輸出を通じた経済発展を進めている。それは労働力が豊富な国は，軽工業のような労働集約的産業に比較優位を持つからである。林・蔡・李［1994］によれば，中国も本来の比較優位は労働集約的産業にあったはずなのに，中国政府は無理をして重工業を発展させようとした。彼らは重工業に無理やり資源を回すためには計画経済の制度が必要だったと主張する。

　だが，国家の投資によって鉄鋼業などの重工業を発展させるというのは，官営八幡製鐵所を建設した明治の日本や，国家の投資で浦項製鉄所を建設した1960年代の韓国など，開発主義をとった国で共通してみられたことである。したがって，重工業を発展させるためにどうしても計画経済を採用する必要があったとまではいえない。

　中国が計画経済を必要としたのは，1920〜30年代のソ連と同じく，中国も「一国社会主義」のモデルを追求したからである。つまり，主に国内の資金に頼って，生産財も国内で供給できる自己完結的な産業構造をつくりあげようとしたので，そのために農民や労働者への報酬を生存水準ギリギリまで引き下げて国家に資金を集中させる体制が必要だった。

中国がそうした体制を築くことに対して，ソ連も協力的だった。ソ連は東ヨーロッパ諸国に対しては，ソ連に経済的に従属させるために各国を特定の産業に特化させて，社会主義圏の国際分業をつくったが，中国に対しては一国で完結できるように全面的な技術援助を行ったのである（Ellman [1989] pp.272-274）。それは中国の人口規模やソ連の中心的な産業地域からの輸送距離を考えると，中国をソ連に依存した衛星国にするよりも，自立可能な同盟国にする方がソ連の利益にかなうと考えたからであろう。

　中国自身ももちろん自己完結的な産業構造を築くことを希望した。貿易に大きく依存する状態のままでは，外国との関係が悪化した時に重要な物資が手に入らなくなるリスクがあるからである。あろうことか，そのリスクが最大の友好国であったソ連との間で表面化した。スターリン亡き後ソ連の最高権力者（第一書記）となったフルシチョフは，1956年のソ連共産党第20回大会でスターリンを批判する演説を行ったが，それ以降，中国とソ連の関係が次第に悪化していった（石井 [1990]）。フルシチョフはアメリカとの平和共存路線を打ち出し，軍縮を始めたが，中国はそうした方針に反発して1958年には台湾の国民党政権が占拠する金門島と馬祖島を砲撃し，国民党政権やそれを支援するアメリカとの緊張関係をつくりだした。

　また，同じ1958年には無謀な「大躍進」運動（後述）が始まり，中国の工場などに技術援助のために派遣されていたソ連の専門家たちが軽視されたり，批判されたりするようになった（ボリーソフ=コスロコフ [1979] 141〜145頁）。それに怒ったソ連は1960年に中国に派遣されていた1390名の専門家をいっせいに引き上げ，そのために建設途中だった200余りの技術援助プロジェクトも中断された（丸山 [1988]）。中国は「大躍進」運動の失敗によって生じた飢餓を，ソ連の援助中断のせいだといって非難したため，中ソ関係はますますこじれた。

この事件によって，中国とソ連との間の密接な関係に終止符が打たれた。ソ連との貿易や外交関係が完全に停止されたわけではないものの，中国はアメリカとソ連という二大超大国のいずれとも敵対する孤立状態に陥った。そのため，経済面では貿易に依存しないような自己完結的な産業構造をつくらざるをえなくなったし，国防面では軍備の拡張に最大の努力を傾注するようになった。

5 中国の計画経済の特徴

国防重視の経済政策　中国は 1960 年のソ連との決別以来，国防に大きな力を割かざるをえなくなった。表2–1 から 1975 年の時点でも国家財政支出の 16%（同年の GDP の 4.4%）を国防費に費やしていることがわかる。中国がまず取り組んだのが核兵器の開発であった。中国はもともとソ連から中国に核兵器やミサイルの製造技術を移転してもらうつもりで，1957 年にソ連と協定を結んでいた。しかし，アメリカとの平和共存を目指すソ連は，アメリカとの対決姿勢を鮮明にし，ソ連のいうことも聞かなくなった中国に核兵器を持たせるわけにはいかないと判断し，1959年に協定を一方的に破棄した（毛里 [1989] 55〜65 頁）。それ以来，中国は自力で核兵器の開発を進め，1964 年には原爆実験を，69 年には地下核実験および水爆実験を成功させ，70 年には人工衛星も打ち上げた。

　国防のための政策としてもう 1 つ特筆すべきは，1964 年から 70年代にかけて進められた「三線建設」である。これは中国の沿海部や東北部などの主要な工業地帯が敵の攻撃を受けて壊滅しても抗戦能力を維持できるように，四川省，貴州省，陝西省，湖北省西部などの内陸地域に，炭鉱や鉄鉱山，鉄鋼業，化学工業，軍需産業に至

るまでの重工業を築き上げるという壮大なプロジェクトである。この地域には，もともと鉄道さえろくに通っていなかったため，8本の幹線鉄道，道路，発電所と送配電網などのインフラから建設する必要があり，1964年から72年に至るまで，三線建設に国全体の投資の4割以上を注ぎ込むほどであった。沿海部から380カ所の工場や施設が内陸に移転され，数百万人の従業員およびその家族もそれにともなって移住させられた。

　三線の工場は空襲への備えを意識して，「山に寄せ，分散し，隠蔽する」という方針に基づいて内陸部の広い地域に散らばっている。そのため，原材料の搬入や製品の運び出しに多くの時間と労力が必要であったり，工場の排気ガスが谷間にこもって公害問題が起きたりした。また，山あいに建てられた工場の周りには野菜を買える自由市場や映画館などの娯楽施設もなく，工場のなかで野菜や娯楽なども自給せざるをえなかった。総じて三線の工場の経営効率は非常に悪かったが，計画経済の時代にはそうした工場でもみかけ上は利益が出るように価格が設定されていたため，問題が顕在化しなかった。しかし，1980年代になると，効率の悪さから生産が停止する工場が相次ぎ，劣悪な生活条件に対する従業員の不満もたびたび爆発したため，内陸部のなかで都市に移転したり，工場を閉めて従業員を沿海部に帰還させたりした（丸川［1993］；［2021］）。

中国式社会主義と「大躍進」

中国が国防を極端に優先した経済政策をとらざるをえなくなった根源は，ソ連との対立である。ソ連と対立したのは，ソ連に従属する立場に甘んじたくないというナショナリズムもあるが，同時に中国がソ連式の社会主義では飽き足らなくなり，独自の社会主義を追求し始めたからでもある。

　中国式社会主義がソ連と最も大きく異なる点は，中央政府の統制が弱く，地方分権的であるということである。ソ連の中央集権的な

モデルに対して，毛沢東は1956年に行った「十大関係を論じる」という演説のなかで違和感を表明し，もっと地方政府や大衆の自発性を生かすことが必要だと主張していた。こうした構想をさっそく実践に移したのが1958年から60年にかけての「大躍進」であった。

　1957年11月にモスクワで64カ国の共産党の代表者が集まった会議で，フルシチョフが15年のうちにソ連はアメリカを追い越す，と述べたのに対抗して毛沢東は「15年で中国（の工業力）はイギリスを追い越す」とぶち上げた。これ以降，毛沢東ら中国共産党の指導者たちが急速な経済発展を煽り立て，功名心に駆られた地方や末端の役人たちが強引な投資や生産拡大を進めた。農村では農民を動員してダムや水路などの水利施設の建設が行われ，でたらめな農法によって穀物の収穫高が何倍にもなったという虚偽の報告が各地から指導者たちのもとに次々に届いた。この「成果」に酔いしれた毛沢東は1958年8月になって，同年の鉄鋼生産を前年に比べて2倍に増やすという方針を打ち出した。

　計画経済は本来5年の単位で鉄鋼などの生産を増やす計画を立て，それを各年や各企業の計画へ落とし込んでいくものであるが，1年もすでに半ばを過ぎた8月に，突然鉄鋼生産を2倍にするというのは計画経済の手続きのいっさいを飛び越えて，末端の役人たちを扇動することによって生産目標を達成しようとする無謀な方針だった。

　こうしたことを可能にする制度的基礎として1958年に，それまで中央政府に所属していた国有企業をほとんど地方政府に移管するとともに，経済計画の作成と実行，投資の実施といった権限も大幅に地方に移管する地方分権化が行われた。自由裁量権を得た地方政府は鉄鋼業だけでなくさまざまな産業の企業をむやみに設立した。

　その労働力は農村から動員された。穀物の生産性が飛躍的に高まったのだから，農民の一部を工業に動員しても大丈夫だろうと錯覚したのである。1957年から58年にかけて農業の労働力が2割減ら

されるかたわら，第2次産業（鉱工業と建設業）の労働者数は57年の2115万人から，58年には7034万人へ一気に増加した。この無謀な労働力の動員が恐ろしい結果をもたらした。穀物の生産は1959年から61年まで激減してしまい，中国全体が深刻な食料不足に陥り，多数の餓死者が出た。この時期に飢餓などの不正常な死を遂げた人の数は2300万〜4500万人と推計されている（ディケーター[2011]）。

　中国の人口統計を用いて筆者も「大躍進」によって失われた人口を推計してみた。1957年と70年の出生率と死亡率を用いて，その間は一定のペースで出生率と死亡率が変化したと仮定し，毎年の人口の自然増加率（＝出生率−死亡率）を推計する。すると，1959〜61年は2.4％前後と推計されるが，実際の人口増加率はこれを大幅に下回っている。推計自然増加率−実際の人口増加率に前年の人口を乗じると，この3年間で合計4887万人となる。つまり，これだけの人々が不正常な死を迎えたり，あるいは貧困と飢餓によって生まれることができなかったと推定される。

　「大躍進」が悲惨な飢餓をもたらしていることは，1959年には明らかになっていたが，毛沢東が「大躍進」批判を行った国防大臣の彭徳懐らを失脚させたため，政策の転換が遅れた。ようやく1960年11月になって農業に市場経済的な要素を導入することによって農民に増産を促す措置がとられた。また，1961年には地方政府に移管された企業を再び中央政府に戻すなどの中央集権が行われた。

地方分権が実施された動機

しかし，1970年にも再び1万社以上あった中央政府直属の国有企業を，わずか500社ほどを残して残りはすべて地方政府に移管するという極端な地方分権が実施された（周太和編[1984]）。第4章でみるように，1980年や85年にも財政における地方分権が行われている。このように，「大躍進」の失敗にもかかわらず，その後

も中国で繰り返し地方分権が行われた。

　ここで注意したいのは，中華人民共和国における地方分権は，日本など西側の民主主義国における地方自治とは似て非なるものであることである。日本では地方自治体の首長が中央政府で支配的な政党とは政治的な立場を異にすることはしばしばあることだが，中国では中央から地方の末端まで中国共産党が政権を握っている。したがって，地方に権限を委譲しているとしても，政策的な方向性はその時々の共産党の政策によって規制されている。中国で地方分権が行われる理由は，地方政府をそれぞれの地域住民の意思に従って行動させるためではなく，「工業化」や「共産主義社会の実現」といった党の建てた目標の達成をめぐって各地方に成果を競い合わせるためである。「大躍進」の惨劇は，まさに地方政府が偽りの成果を競い合うことで生み出された。

　さらに，1970年の地方分権には中兼［1999］が「根拠地の思想」と呼ぶ，毛沢東独特の戦略も反映されている。すなわち，戦争によって中国の大きな部分が壊滅したとしても，生き残る部分をつくりだして，そこから国を立て直すという戦略である。こうした戦略は国土全体が戦場となった日本との戦争や国共内戦を経るなかで形成されたものである。「三線建設」はこの戦略に基づき，内陸部だけで自己完結的な産業構造を構築し，核戦争さえ戦える態勢をつくることを目指した。1970年には全国を10の地域に分けてそれぞれが自己完結的な産業構造と軍事力を形成する政策が進められた。

　地方分権化という手法は改革開放期の中国でも採用され（田島［1990］），地方政府がより多くの財政収入を獲得しようと競争し合うことで国全体として経済発展が促進された（Montinola, Qian and Weingast［1995］）。しかし，地方政府がまるで企業グループのように行動することにより，地域間の格差拡大や重複投資など，さまざまな問題も噴出したので，1994年から中央への集権を強める改革

が行われた（**第4章**）。それでもなお，地方政府は持てる権限を最大限に使って地元の経済発展を促進しようと取り組んでいる。周黎安はGDP成長率などの客観的な指標によって地方幹部の昇進が決まるようになったために，地方官僚の間で昇進競争が起き，それが国全体の経済発展につながったと主張する（周黎安［2007］）。「大躍進」の時には大惨事をもたらした昇進競争が，改革開放期の中国では一転して経済発展をもたらしている理由は，昇進の基準となる指標が「大躍進」の時には鉄鋼生産量など生産効率を考慮に入れないものだったのに対して，改革開放期には生産効率をも反映するGDP成長率になったことが重要である。ただ，**第1章** *Column②*で指摘したように，GDPが政治的成果の指標という側面を強く持ってしまったために水増しが横行することにもなった。

> **地方ごとの自己完結的な産業構造**

地方分権が行われた結果，中国ではソ連と大きく異なる産業構造が形成された。ソ連では1種類の製品をつくる工場は原則として全国に1つしかないのが通例であるが，中国では同一の製品をつくる工場が各省に1つずつあったり，ものによっては各県（省より2つ下の行政区分で，全国に約2900ある）にそれぞれ工場があったりもする。

　自動車産業の例をとると，1950年代にはソ連からの技術援助によって巨大な国有自動車メーカーが1つだけ建設された。ところが，「大躍進」の時期に全国で100社以上の「自動車メーカー」が名乗りを上げ，トラックや乗用車のようなものをつくり始めた（中国汽車工業史編審委員会［1996］）。そのほとんどは生産を続けられなかったが，なかには自動車メーカーとして存続しつづけたものもある。その後も地方分権化が行われるたびに自動車メーカーが増えつづけ，1980年時点では自動車メーカー数が全国に73社にのぼり，そのほとんどが全く同一の車種をつくっていた（**第5章**）。鉄鋼や機械など

表 2–2　さまざまな商品の省内自給率（1975 年）

（単位：%）

商　品	自給率	商　品	自給率
歩行型トラクター	96	綿毛シャツ・ズボン	68
トラクター	96	綿　布	67
農業用動力機械	95	ホーロー洗面器	65
石　鹸	93	ゴム靴	61
酒	91	シャツ	55
化学農薬	91	ポリエステル布	51
化学肥料	84	毛　糸	48
綿　糸	79	絹　布	48
洗濯粉	78	ミシン	42
亜鉛メッキ鉄線	75	混紡布	37
化繊布	72	自転車	30
ホーローコップ	72	腕時計	20
衛生シャッズボン	68	トランジスタラジオ	19

（出所）国家計画委員会統計組［1976］771〜806 頁より筆者計算。

　他の産業でも似たような状況にあった。ソ連では各産業で特定の企業による独占が起きていたが，中国は対照的に非常に「競争的な」産業組織になったのである。

　ただ，意外にも自転車は上海の「鳳凰」「永久」，天津の「飛鴿」などごく少数のメーカーに生産が集中し，そこから全国に配給されていた。どのような産業が全国各地に分散し，どのような産業が少数の地域に集中していたかは**表 2–2**から窺える。この表は 1975 年の 1 年間に，各省で販売されたさまざまな「商品」のうち平均で何 % が同じ省のなかで調達されたか（自給率）を示したものである。なお，「商品」とは計画経済独特の用語で，消費財および農業用の生産財を指す。一般の生産財は「物資」と呼ばれる。

　たとえば，「歩行型トラクター」については，1975 年に約 17 万台国内で販売されたのに対して，各省が省外から調達したのはわずか 6541 台にすぎず，各省のなかでほぼ自給自足されていた。省内で歩行型トラクターの調達ができなかったのは，販売もゼロだった

チベット自治区と山東省だけであった（なお，農業が盛んで人口も多い山東省で歩行型トラクターが生産されていないとは思えない。おそらくこれは統計作成の際のトラブルに起因するものであろう）。各省でのトラクター生産台数は数千台から多くても2万7000台にしかすぎない。本来，トラクターのような機械は，ベルトコンベアを使って連続的に組み立てることによって生産効率を高めることができる製品であるが，年に数千台，つまり1日に数十台という生産規模ではベルトコンベアが使えず，生産効率が悪い。地方ごとに自己完結的な産業構造がつくられた代償として，工業生産における規模の経済性が犠牲にされたのである。

表2-2から農業の生産財でとくに地方の自給率が高かったことがわかる。このうち化学肥料については，一般には大規模な化学工場でしか製造できないものであるが，中国では各県で小規模な化学肥料工場が設立され，県内での自給が行われた（第5章）。一方，自転車，腕時計，トランジスタ・ラジオなどの耐久消費財の省内自給率は低かった。自転車の場合，全国で547万台販売されたうち68%は上海市と天津市で生産されて全国に販売されたものであったし，腕時計も上海市に全国の生産のほぼ半分が集中していた。これらの生産能力は限られていたため，人々にはなかなか配給されず，入手が困難だった。計画経済期の中国が生産財をつくる重工業にばかり傾斜し，自転車や腕時計さえ入手しにくいほど消費財生産が軽視されていたことがわかる。

計画経済が統制した範囲

中国では地方分権化がなされる一方，中央政府の国家計画委員会が統制していた部分はソ連などに比べて小さかった。計画官僚であった薛暮橋によれば，1970年代末時点で「国家計画委員会が直接管理している生産物は数百種しかなく，そのうち本当に正確に計算されたものはほんの数十種」でしかなかったという（薛暮橋

［1983］157～158頁）。中兼和津次は，中国の計画経済はソ連に比べて中央集権が弱い「緩い集権制」だったという（中兼［1999］）。では国家計画委員会は具体的にどのような製品を掌握していたのであろうか。

表2–1と表2–2を作成するのに用いた国家計画委員会作成の統計（国家計画委員会統計組［1973］；［1976]）には「極秘」と刻印されており，出版当時は一般の中国国民は決してみることができなかった。これらは政府が国民経済の現状を把握して計画を作成する参考にするためにつくられており，とくに「物資」（＝一般の生産財）と「商品」（＝消費財と農業用生産財）の生産量，配分先，在庫量の詳しいデータが載っている。つまりここに挙がっている財こそが，薛暮橋のいう国家計画委員会が管理する生産物だったと推察される。

国家計画委員会統計組［1973］には物資30品目，商品76品目の合計106品目に関して1972年の生産量や在庫量が記載され，国家計画委員会統計組［1976］には，物資としては石炭，コークス，鋼材（重軌条，薄板，シームレスパイプなど13種類），ゴム，セメントなど33品目，商品としては表2–2に載せた品目以外に食糧，植物油，豚，ゴム靴，電気メーター，テレビ，ボールペン，ムシロ，ゴザなど124品目，合計157品目のデータが載っている。

1975年という年はまだ文化大革命（*Column③*）が続いていた時期ではあったが，鄧小平が副首相として文化大革命によって破壊された計画経済の制度の再建に辣腕を振るっていた時期であり，「大躍進」以後の激動の中国現代史のなかでは比較的安定していた年である。そんな年でも，国家計画委員会が統制していたのはたかだか157品目の財にしかすぎなかったのである。

実際に国家が国民や工場に配給できたのはこの157品目でしかなかったことは，「上海小三線」における労働者たちの生活について調べた筆者の研究（丸川［2021]）からも確かめられる。「上海小三

線」とは前述の三線建設の一環として上海市政府が内陸の安徽省の山間部に築いた兵器工業基地のことである。そこには上海から6万人以上の労働者が送り込まれたが，彼らが生きていくための消費財は上海市から配給された。食品や日用品では穀物，肉，魚，タバコ，砂糖，洗剤，石鹸が配給されたのだが，これだけでは足りないので，従業員たちは工場の周りの荒地を切り開いて野菜を栽培したり，食堂の残飯を利用して養豚や魚の養殖をした。さらに，周辺の農民たちから野菜，卵，鶏を購入したり，配給されたタバコ，砂糖，石鹸と交換したりした。

計画経済体制の外での取引活動

「上海小三線」の事例が示すように，計画経済体制はそれだけでは人々の生活を支えていくこともできず，必ずその外部での取引活動が存在した。それは中国よりも精緻な計画経済が運営されていたソ連でも同様であった（志田 [2017]）。

　実際，たかだか157品目の配給では国民の生活を維持できないだけでなく，工業製品を計画に従ってつくっていくことさえ困難である。たとえばトラックは細かく分ければ数千種類の部品を組み立ててつくられる。もしそれらの部品をすべて自動車メーカーのなかでつくれるのであれば，国家計画委員会は自動車メーカーに鉄鋼やゴム，ガラスなどの基本的な素材を配分すれば済む。しかし中国のように中小規模の自動車メーカーが多数存在すると，部品を何でもかんでも社内でつくるのは無理である。必然的にタイヤ，ベアリング，メーター，キャブレターなど主要なユニット部品は専門のメーカーによって製造されるようになった。しかし，国家計画委員会は自動車部品の配分まではカバーしていない。

　では計画経済期の自動車メーカーはどうやって部品を調達したかというと，部品メーカーから普通に購入していたのである（丸川 [2003]）。もっとも，それは政府からの指令という裏付けのない生

産・販売であったので，企業間の売買関係は不安定であった。そうした不安定性を克服するために，自動車メーカーは複社発注（同じ種類の部品を購入する先を複数にすること）を行うことで部品供給が途絶するリスクに備えた。

　また，地方政府のもとに自動車メーカーと部品メーカーが揃っている場合は，そのもとで部品の取引が盛んに行われていた。たとえば，北京市では 1973 年に市内の自動車・自動車部品メーカー 90 社ほどを統括する北京市汽車工業公司という役所がつくられ，この役所が傘下の企業の間の取引関係を指示していた。北京市では各部品に特化した専門メーカーの間で細かい企業間分業が行われ，1970 年代には自動車生産台数が全国で 2 位だった。

　以上のように，国家計画委員会が運営する計画経済体制で不十分だった部分を，企業間の直接取引や地方政府による差配が補っていた。そうした補完がなければ企業は生産を続けていくことさえ難しかったであろう。そして，こうした計画外の取引関係がもともと豊かに存在したために，改革開放期に計画経済の役割を縮小しても経済が混乱に陥ることなく，市場経済にすんなりと移行できたのだと考えられる。

6 集団農業の解体

リカードの罠　　　重工業を急速に発展させるために設計された中国の計画経済体制は，1970 年代になると行き詰まりが顕著になってきた。工業化とは，農業従事者の割合が減り，工業従事者の割合が高まることであるが，1970 年代半ばの中国はすでに 20 年以上にわたって全力で工業化を進めてきたにもかかわらず，なお就業者の 75% 以上が農業に従事していた。

なぜ農業従事者の割合を減らせないのかというと，農業従事者の割合を減らせば「大躍進」のようにたちまち食料不足になって飢餓が生じるからである。つまり農業の生産性が低いために，工業化が制約されていたのである。

　1970 年代の中国の指導者たちが直面していた制約を簡単な数値例を用いて説明しよう。仮に農業就業者 1 人が 1.5 人分の食料を生産できるとする。そうすると，農業就業者が 2 人いれば工業就業者 1 人分の食料を提供できる。だが，農業の生産性がこの水準のままであれば，農業就業者 2 人に対して工業の就業者を 1 人以上に増やすことができない。もし増やそうとすれば食料不足が発生してしまう。実際，1969 年から 72 年にかけて工業への投資が急に膨張し，都市の就業者数が急増したが，当時の周恩来首相はこの事態に強い危機感を持ち，投資の引き締めを行った（丸川［2002］38〜39 頁）。

　農業の生産性が上がらないために工業化が制約される状況は開発経済学では「**リカードの罠**（Ricardian Trap）」と呼ばれる古典的な問題である（速水［1995］79〜80 頁）。リカードはこの問題を解決する方策として穀物輸入の自由化を主張したが，世界最大の人口を抱える中国が穀物を外国に依存するというのは食料安保の点からいっても，また，そもそもそんなに大量の穀物を生産できる国があるのかという点からみても無理がある。

　つまり中国の場合には国内の農業の生産性が上昇しないことには，工業化も進められない。ところが，**図 2-3** に示したように，中国の農業の生産性は 1950 年代から 70 年代後半までの二十数年間全く上昇していないのである。たとえば農業就業者 1 人当たりの食糧生産量は 1953 年には 963 kg だったのが 77 年には 960 kg と微減してしまった。また，食糧以外の農業，つまり野菜や果物などの生産も含んだ農業生産は，1977 年は 53 年に比べて実質で 5% 増えたのみである。

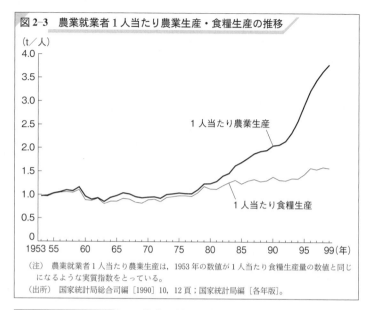

図2–3　農業就業者1人当たり農業生産・食糧生産の推移

(t／人)

1人当たり農業生産

1人当たり食糧生産

1953 55　　60　　65　　70　　75　　80　　85　　90　　95　　99(年)

(注)　農業就業者1人当たり農業生産は，1953年の数値が1人当たり食糧生産量の数値と同じ
になるような実質指数をとっている。

(出所)　国家統計局総合司編［1990］10, 12頁；国家統計局編［各年版］。

請負制の導入　　　　　　農業の停滞を打破するヒントは「大躍進」
の危機を脱出するために1960年に実施さ
れた一連の改革にあった。「大躍進」が始まった1958年には人民公
社という大規模な集団に農村が編成されたが，60年の改革はこれ
を大幅に元に戻すものであった。集団農業を行う単位は「生産隊」
という農家を20戸ほど集めた組織にまで下ろされた。ちなみに，
人民公社は今日の「郷」と「鎮」に相当し，人口1万人ぐらいの領
域を統治する行政単位という色彩が強い。その下には今日の「村」
に相当する生産大隊がおかれ，生産隊はさらにその下の組織であっ
た。

　また，それぞれの農家が自由に利用できる「自留地」が設けられ，
そこでは野菜を栽培したり，鶏を飼うなどの副業が営まれた。そし
て，その自留地で生産した野菜や卵などを売る自由市場が設けられ
た。さらに一部の地域では集団農業をやめて，農地を農家ごとに区

分けし，各農家が別々に農業を営む「請負制」も実施された。

　これらの改革によって 1961 年以降農業生産が徐々に回復し，何とか飢餓から脱出できたのである。こうした改革の試みを当時中国共産党の総書記だった鄧小平が「白い猫でも黒い猫でもネズミを捕る猫がよい猫だ」と肯定したのは有名な話である。だが，集団農業の解体を意味する請負制に対しては毛沢東が強く反対したため，1962 年で中止されてしまった。

　1978 年末の中国共産党第 11 期中央委員会第 3 回総会から改革開放の時代が始まるが，真っ先に取り組まれたのが集団農業の改革であった。最初は集団農業の枠組みを維持しながら特定の農作業を農家に請け負わせて，その成果に応じて報酬を決めるといったタイプの請負制も広く実施されたが，やがて各農家に土地を配分し，農家は国家に一定量の食糧を販売したり農業税を払いさえすれば，それ以外は土地を使って何を栽培しても誰に販売しても自由という「農家経営請負制」が広まり，1984 年末までに 99％ 以上の農村で採用された。こうして 1950 年代に農業集団化が強行されたのと同じぐらいのスピードで集団農業が解体されたのである。これと平行して国家の食糧買上価格は 1979 年以降大幅に引き上げられ，85 年には 78 年よりも 2 倍も高くなった。

　こうして請負制という制度の導入と価格の引き上げという二重のインセンティブが農家に与えられた 1979 年以降，農業生産は大いに発展した。**図 2-3** にみるように，1979 年以降，食糧の生産性と農業の生産性がともに高まっている。食糧の生産性は 1984 年までの急上昇の後，伸びが緩やかになっているが，これは中国国民の食生活が穀物中心から肉，野菜などの比重を高める方向に変化したことが影響している。

　表 2-3 は中国と日本の 1 日 1 人当たりの食料供給の状況をカロリー量で示したものである。これは供給量であって，フードロスもあ

表2-3　中国と日本の1人当たり食料供給

年	中国・総カロリー（kcal/日）				日本・総カロリー（kcal/日）			
		植物性（%）		動物性（%）		植物性（%）		動物性（%）
			食糧				食糧	
1961	1,439	96	82	4	2,525	90	71	10
1970	1,859	94	82	6	2,737	85	56	15
1980	2,161	92	80	8	2,798	81	49	19
1990	2,515	88	72	12	2,948	79	46	21
2000	2,814	81	62	19	2,899	79	45	21
2010	3,044	77	53	23	2,685	80	45	20
2013	3,108	77	52	23	2,726	80	45	20

（注）「食糧」の定義は本章 **3** を参照。日本も中国の定義に基づいて計算している。
（出所）FAO, FAOSTAT（http://www.fao.org/faostat/en/#home）より筆者作成。

るから，これがそのまま人々の摂取量ではないものの，ここから中国と日本の食料事情を窺うことができる。1980 年以前の中国はカロリーの9割以上を植物性の食品から，8割以上を食糧（穀物，豆類，イモ類）から摂取しており，カロリー摂取量も日本より大幅に少なく，かなり貧しい食生活であったことがわかる。成人の必要摂取カロリーは女性で1日 2000 kcal，男性で 2500 kcal とされるから，「大躍進」による食料不足が続いていた 1961 年には人々が飢えていたことがこの表からもわかる。一方，1961 年の日本の食生活も決して豊かとはいえなかった。

　しかし，2000 年には中国のカロリー摂取量および動物性食品からのカロリー摂取割合で日本とほぼ肩を並べており，10 年以降はむしろ日本を上回るようになった。中国の食生活が日本と同程度以上の豊かなものになったことがわかる。なお，**表2-3** は国民1人当たりの平均値なので，人口の年齢構成の影響を受けることは考慮しておかなければならない。すなわち子どもや高齢者の比率が高ければ，必要なカロリー摂取量の平均値は下がるはずである。

　1979 年以降の農業の生産性上昇をもたらしたのは集団農業を解

体して請負制を導入したことの効果だという解釈（Lin［1992］）が主流だが，実は計画経済期からの投資と技術進歩の効果もあるという見方もある。「大躍進」の時期に農民たちが水利施設の建設に動員されたことは前に述べたが，それ以外の時期にも水利建設が続いた結果，灌漑面積は1953年から78年までの間に2.1倍に広がった。また，1960年代にはコメやトウモロコシの高収量品種が開発され，普及した。高収量品種は化学肥料を多く与えることで収穫が増加するが，1970年代までは化学肥料の不足により高収量品種の潜在力が発揮できなかった。それが1980年代になって化学肥料の増産と輸入によって施肥量が増加した。こうして灌漑，高収量品種，化学肥料という「緑の革命」の3要素が1980年代になって揃ったことが農業の生産性の向上をもたらしたというのである（Naughton［2007］Ch.11）。

たしかに，集団農業から請負制へという制度の変革は1984年にほぼ終了し，その後30年間にわたって請負制という農業の制度の大枠には変化がない。にもかかわらず，図2-3にみるように生産性の上昇は1984年で終わることなく，その後も継続しているのである。これはすなわち，農業に対して継続的に投資が行われ，技術進歩が続いたことで，農業の生産性が持続的に向上したことを意味している。制度変革の意義は，農民たちに技術進歩を積極的に取り込む意欲を与えたことであった。

農業の改革が成功したことは大きな意義があった。第1に，中国の工業発展を制約していた食料供給の制約が緩められた。中国はいずれ食料供給の制約に直面して経済発展に限界が来るのではないか，あるいは中国が発展しつづけると大量の食料輸入が必要になり，世界の食料危機を招くのではないかという指摘はその後もたびたびなされてきたが（たとえばBrown［1994］），少なくとも中国においては食生活が着実に豊かになり，それによって経済発展が制約されても

いない。**第1章の図1-4**でみたとおり，中国の人口は2030年頃にはピークに達すると見込まれていることから，今後食料需要が激増する可能性も低く，将来食料問題が起きるとは考えにくい（**第3章**）。第2に，農業の改革が成功したので，鉱工業など他の産業や政府の運営でも改革を進めようという動きにつながった。

7 市場経済への転換

漸進的かつ部分的な市場経済への移行

鉱工業などでの改革については**第3章**から**第8章**で分野別に詳しく述べるとして，以下では中国の改革の全体的な特徴について論じたい。

1978年に集団農業の解体が始まったところから中国の市場経済への移行に向けた改革が始まったが，では改革はいつ終わったのかというと，本書執筆の時点（2021年）に至ってもまだ終わっていない。中国の社会主義計画経済への移行は1953年に始まって，4年後の57年には農業集団化と国有企業を中心とする計画経済の体制づくりがほぼ完成する急進的なものだったのに比べると，市場経済への移行はとても漸進的である。

中国の市場経済移行のもう1つの特徴は，それが部分的だということである。もし「市場経済」が純粋な資本主義経済を意味するのだとすれば，中国はなかなかそこへ到達しないし，そもそも純粋な資本主義経済を目指して進んでいるわけでもないようである。

中国の市場経済移行が漸進的で部分的であることを農業の例で説明しよう。中国の農業は1950年代に集団化が実施される以前は農地を自ら所有する自作農が，自由に耕作を行っていた。前項で述べたように，1978年から84年の時期に集団農業が解体されたが，そ

れによって中国の農業は集団化以前の自作農中心の状態に戻ったわけではなかった。農地は農民たちの所有物とならず，村による「集団所有」とされ，個々の農家には農地の「請負権」という曖昧な権利だけが与えられた。農家が請け負っている土地を又貸しして地代を受け取ったり，請負権を抵当に入れて借金もできる点は所有権に近いが，土地を売る権利はないのである。

　そのため，たとえば工業団地や住宅団地の建設のために農地を買収する話が持ち上がると，土地の所有権を持つ村が売却を決めてしまい，農家自身は買収交渉のテーブルにつくこともなく，一方的に土地を奪われてしまうことも多い。買収された土地は地方政府が持つ国有地とされた後，開発業者などにその使用権が売却される。農地が住宅団地などに転用されるとその価値が大きく上昇するが，その売却益は地方政府や開発業者や村がそのほとんどを受け取り，農民には売却益の5〜10％程度の補償しか与えられない（大島[2008]）。このように「請負権」と所有権との間には大きな隔たりがある。

　また，前述のように，請負制のもとで農家は一定量の食糧を国家に対して販売する義務を負い，売り渡し義務を超過した部分の農産物はより高い値段で自由市場などへ売ることができるようになった。国家の食糧買上価格は次第に引き上げられて，1990年代後半にはむしろ生産過剰になった食糧の値崩れを防ぐために政府が買い支える格好となったが，農家の食糧販売が完全に自由化されたのはようやく2001〜04年になってからである（池上[2012]）。つまり，請負制が始まってから農家が請負地で完全に自由に農業ができるようになるまで，20年を要したのである。

　また，資本主義経済では，公共サービスを除き，ほとんどの産業において民間企業が優勢であるが，中国はまだそのような状態には至っていない。図2−1および図2−4にみるように，国有企業が鉱工

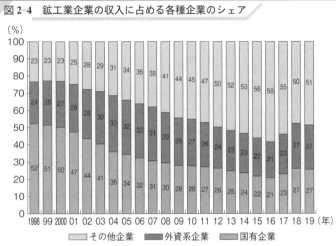

図 2-4　鉱工業企業の収入に占める各種企業のシェア

(注)　2006 年まではすべての国有企業と収入 500 万元以上の他の企業，2007～10 年は収入
　　　500 万元以上の企業，11 年からは収入 2000 万元以上の企業のみが調査対象となっている。
　　　なお，17 年以降は統計の対象となる企業を毎年入れ替えているため，前年との比較が難し
　　　い，と『中国統計年鑑』に注記がある。
(出所)　国家統計局編 [2020]。

業生産に占めるシェアは 1970 年代以来，下落しつづけてきた。し
かし，2016 年に底を打ったのち，上昇しているようにもみえる。
しかも，中国政府は国有企業が国民経済のなかで基幹的な役割を担
うべきだと考えている。つまり，中国は経済改革の最終的な着地点
は欧米・日本のような資本主義経済を想定しておらず，むしろ国家
の関与が強い市場経済の方が望ましいと考えているようである
（Bremmer [2010]）。

　経済計画や価格といった経済の制度においても，中国の市場経済
への移行は非常に時間をかけて行われている。中国は第 1 次 5 カ年
計画（1953～57 年）以来，5 年計画で投資プロジェクトを進める計
画経済をとってきた。計画経済体制は 1990 年代には終わったが，5
カ年計画はその後もずっと作成されつづけ，2021 年には第 14 次 5

カ年計画（2021〜25年）がスタートした。

ただし，5カ年計画の内容や性格は大きく変化した。第9次5カ年計画（1996〜2000年）までは，食糧や鉄鋼など具体的な製品の生産量の目標が5カ年計画の中心的な内容であった。しかし，その後は生産量の拡大は5カ年計画の主眼ではなくなり，数値目標は大幅に減り，目標を言葉で表現することが多くなった。まだ残る数値目標は，「GDP 1単位を生み出すのに必要なエネルギーを15％削減する」とか，「農村の貧困人口5575万人を貧困から脱却させる」など，資源や環境に関わる指標や国民の福祉に関する指標が中心となっている。第7次5カ年計画（1986〜90年）からGDP成長率が重要な目標として掲げられてきたが，次第に重要性が下がり，第14次5カ年計画ではついに目標値がなくなった。

また，5カ年計画の中国語での名称も，第11次5カ年計画（2006〜10年）から「計画」から「規画」に変わった（本書では両者を区別せず，すべて「計画」と呼ぶことにする）。5カ年計画を作成する官庁の名称も，国家計画委員会から「国家発展改革委員会」に変わった。しかし，5カ年計画は依然として最も重要な経済政策の基本文書であるし，国家発展改革委員会は大型の投資プロジェクトの許認可権を握る有力官庁である。

15年かかった価格の自由化

1970年代末の段階では，ほとんどの製品の価格は政府が決めていた。モノの流通も，政府の機関を通じて企業や消費者に配給が行われ，市場で自由に流通するものは限られていた。消費財の配給は，配給キップを通じて行われた。配給キップは職場を通じて市民に配られ，たとえば食糧であれば1人1カ月18kg分のキップというように配分される。食糧を買う時はお金とともに必ず配給キップを出す必要があった。都会に出稼ぎに来た農民や外国人には配給キップが与えられないので，彼らは規則のうえでは金を出しても食糧

を買うことはできなかった。ただし，野菜や卵を売っている自由市場の片隅で配給キップの闇取引が行われていたので，出稼ぎ農民はそうした場所で配給キップを手に入れて食糧を購入した。

自転車やテレビなどの耐久消費財も，配給キップがなければ買うことができなかった。自転車やテレビともなれば職場に回ってくる配給キップの数は限られており，それを各家庭の事情を勘案して配分するのは職場の上司の役割であった。

こうした価格や流通に対する政府の統制は1980年代以降徐々に撤廃され，市場で価格が決まる割合が高まっていったし，モノの生産量のうち政府が企業などに配分する割合も低下していった（**表2-4**）。食糧については政府による配分が最後まで残ったが，1993年に食糧キップ（「糧票」）が廃止されて流通が自由化された。また生産財では鋼材の配分が最後まで残ったが，これも1994年に廃止された。つまり，1994年をもって価格と流通に関してはほぼ市場経済化が完成したとみてよい。

ちなみに，2020年の時点で中央政府が価格を決めているものとしては送配電料金，石油・天然ガスのパイプライン利用料金，中央企業が運営する鉄道の運賃，競争的条件のない航空路線の運賃，大型水利施設の用水利用料，郵便料金，銀行の手数料，麻酔薬など一部の薬品の価格に限られている（20年の「中央定価目録」による）。食塩の価格は日本から20年遅れて2017年に自由化された。このように，今では政府が決める価格はほんのわずかである。

1994年が価格自由化がほぼ完成した年だとすると，改革開放政策の開始からここまで15年もかかっている。ポーランドは市場経済へ移行する際に，1990年1月に価格を一気に自由化したし，ロシアも92年1月に価格を一気に自由化したが，それらと比べた時，中国の価格自由化がいかに漸進的なものであったかがわかる。改革開放期がすなわち市場経済の時代というわけではなく，少なくとも

表 2–4　価格と流通における計画と市場

（単位：%）

年	鋼材の政府買付比率	生産量のうち政府配分の比率					生産財			工業消費財		
		鋼材	ソーダ灰	タイヤ	苛性ソーダ	自動車	政府決定価格	政府指導価格	市場価格	政府決定価格	政府指導価格	市場価格
1978							100	0		97	3	
1979			85	77	67							
1980			87	79	67	93						
1981		52	84	99	70							
1982		53	82	59	66	92						
1983	58	58	87	60	61	80						
1984	56	56	82	73	63	58						
1985	52	51	79	51	60	39						
1986	49	48	73	65	56	36	64	23	13	45	23	32
1987	44	43	68	52	45	37						
1988	41	40	61	36	39	34						
1989	38	34	54	31	34	22						
1990	33	31	51	24	34	20	45	19	36	30	17	53
1991	45	29	53	23	34		36	18	46	21	10	69
1992	35	21	46	15	32	15	19	8	74	6	1	93
1993	22						14	5	81	5	1	94
1994	7						15	5	80	7	2	90

（注）　鋼材の 1988 年の政府配分量において原出所（『中国統計年鑑』）に誤植があるとみられるため推計に基づいて修正した。

（出所）　原田編 [1995] 73 頁；国家統計局編 [1991, 1993]；国家計委価格管理司編 [1996]；中国汽車貿易指南編委会 [1991]；冶金工業部発展規画司 [各年版]；Ishihara [1993]。

その最初の 15 年間は，市場経済と計画経済が並立する時代であった。

8　包括的アプローチ vs. 部分的改革

ビジョンを持たない改革

中国が市場経済移行に長い時間をかけたが，実はそこに中国の市場経済化が成功したカギがある。中国とは対照的に，一気に価格

を自由化し，国有企業も一気に民営化してしまったロシアと比べると，両者の市場経済化の成果は天と地ほどに違う。中国は**図1-3**でみたように，1979年から2011年まで年平均9.8%で経済成長を続け，2010年には日本を抜いて世界第2位の経済大国へ躍進した。一方，ロシアは1992年に一気に市場経済に移行しようとしたが，経済の激しい落ち込みに見舞われ，98年のGDPは89年に比べて4割以上減少し，貧困世帯の割合が急上昇し（武田［2011］），生活苦から平均寿命も89年の69歳から94年の64歳へ短期間のうちに5歳も短くなってしまった。その後，2000年代にロシアの主要輸出品である石油・天然ガスの価格が急騰したため，ロシアのGDPも急激に拡大し，1人当たりGDPも1万ドルを超えるようになった（田畑［2008］）。しかし，2018年時点でロシアのGDPは中国の8分の1弱で，1人当たりGDPでも中国が近い将来にロシアを追い抜くとみられる。

　ポーランドやロシアに対して，価格自由化を一気に行って急速に市場経済へ移行するようにアドバイスしたのは，アメリカの経済学者サックスや国際通貨基金（IMF）であったが，その成果は惨憺たるものであった。サックスらは，中国は市場経済化が成功したから成長したのではなく，もともと中国が後進的な農業国だったのが工業化したから成長しただけだと主張する（Sachs and Woo［1994］）。しかし，本章でみてきたように中国は1950年代から70年代にかけて文字どおり身を削って工業化への努力をしてきたのに貧しいままだったのが，80年代に農業に市場経済を導入したことで食料供給の制約を取り除くことに成功し，工業化も軌道に乗った。やはり市場経済化は中国の成長をもたらした最も重要な要素である。

　アメリカの主流派経済学で武装して市場経済化に臨んだロシアやポーランドと違って，中国の経済改革は何らかの経済理論に基づいていたのではなく，経験主義的に進められていった。しかし，前者

が惨憺たる結果に終わり，後者の方が成功したという事実は重く受け取られる必要がある。

中国の改革の第1の特徴は，とくに改革開放期の前半には，将来築くべき経済体制について明確なビジョンを持たずに進められたという点にある（Naughton［2007］Ch.4）。より正確にいえば，改革のビジョンは現実の展開とともに次々と変化していった。1982年の中国共産党大会で定められた改革の目標は「計画経済を主，市場調整を従」とする体制であった。しかし，1984年になると目標は「計画的商品経済」に改まり，さらに87年になると「国が市場を調節し，市場が企業を誘導する」体制というように，次第に市場経済に寄っていった。結果からみれば，中国政府は最初から市場経済を目指していたようにもみえるが，改革の過程で最初から市場経済ないし資本主義を目指すという明確なビジョンを持っていた人物が政府や共産党のなかにいたようには思えない。

1992年に「社会主義市場経済」が改革の目標と定められたことで，ようやく中国の改革は明確なビジョンを持つようになったが，その時点ですでに93％の工業消費財の価格が自由化され（表2-4），鉱工業生産に占める国有企業の割合も52％にまで低下しており（図2-1），市場経済化はすでに相当に進展していた。つまり，改革のビジョンが明確になる前に，現実が市場経済の方向に進展していたのだ。

最初から理想の体制モデルを決めるのではなく，改革を実践しながら次第に目標とする体制を明らかにしていくという中国の改革の道は大きなメリットを持っている。それは，ソ連と中国の農業集団化やロシアの市場経済化がたどった道とは対照的である。農業集団化は何も農民を苦しめるために実施されたのではなく，集団化すれば生産性が飛躍的に高まるというビジョンに基づいて実施されたのである。ところが現実には農民の抵抗に遭い，悲惨な飢餓さえもた

らしたのに，集団化を進めた共産主義者たちは当初のビジョンに固執し，一時の困難を乗り越えれば必ず成功に至るはずだと思い込み，失敗を失敗として認めなかった。ロシアの急進的な市場経済化も，文字どおり人々の命を縮めるほどの失敗であったにもかかわらず，それを推進した政治家や学者たちは失敗だと認めなかった。

　中国の経済改革においては，重要なのはビジョンを実現することではなくて成果をあげることだという原則が根底にあった。その原則を説きつづけたのが，1978年末の改革開放の開始から90年代初めまで最高実力者であった鄧小平である。彼が1992年に行った談話のなかでこう述べている。「（ある制度の善し悪しを判断するのは）社会の生産力の発展に有利かどうか，総合国力を増強するのに有利かどうか，人民の生活レベルの向上に有利かどうかで判断すればよい」。この意見は，経済改革によって社会主義が資本主義に変質してしまうのではないかという批判に対して述べたものであるが，鄧小平の立場は，結果がよければ何主義であっても構わないということであった。

| 部分的な改革 |

中国の改革の第2の特徴は，改革が部分的に進められていったことである。部分的な改革の最も顕著な現れは，1つの財に対して複数の価格がつくようになったことである。たとえば，農業の場合，農家は一定量の穀物を国家に計画価格で販売する義務を負ったが，それを超えて生産した部分は市場価格で販売できた。つまり，穀物の計画価格と市場価格という2つの価格が生じ，後者は前者より何倍も高かったのである。国有企業の場合も，政府からの指令に基づいて生産する製品は計画価格で販売しなければならないが，それを超えて生産された製品は市場価格で販売でき，やはり両者の間には大きな差があった。

　ロシアや東欧に対して一気に価格を自由化するようアドバイスした経済学者たちは，中国のように部分的な改革で二重価格が生

じるような状況に激しく反対した（Murphy, Schleifer and Vishny [1992]）。もし二重価格の状況にあれば，生産財を生産する企業は計画価格で販売などせず，製品をなるべく市場価格で販売しようとするだろう。計画経済のルートを通じて計画価格で供給される生産財を当てにしている国有企業には生産財が回ってこなくなるので，生産ができなくなってしまう。だから，二重価格があると工業生産が縮小してしまう，と彼らは主張した。

　実際，中国でも計画価格と市場価格が併存していた 1980 年代には，計画価格で配給された物資が市場に転売される事件がたびたび起こった（石原 [1991]）。しかし，転売によって生産量の縮小が起きたかというと，そうではなかった。財をたくさん生産すれば市場価格で販売できるという刺激に突き動かされて，企業や農民が積極的に生産を拡大し，生産拡大のための材料が計画価格で手に入らなければ，輸入したり市場価格で買うなりして，何とか入手しようとした。

　1980 年代に生産量が大きく伸びた製品の 1 つがカラーテレビである。当時，カラーテレビの生産量や価格は政府が計画経済によって厳格に統制しており，国民は職場で配られる配給キップを入手しなければ購入できなかった。ところが，その配給キップやテレビそのものがヤミに転売され，高い市場価格で売られていた。高い市場価格が存在することでテレビメーカーの増産も刺激され，テレビメーカーは増産のためにブラウン管を密輸入までして入手しようとした（丸川 [1999] 第 1 章）。つまり，二重価格は生産の縮小ではなく，拡大をもたらしたのである。

　部分的改革が行われ，そのチャンスに対して農民や企業が生産拡大という形で積極的に反応したことにより，中国の改革は増分主義（incrementalism）と呼ばれる特徴を備えるようになった（林・蔡・李 [1994]；中兼 [2010]）。すなわち，従来の計画経済を破壊

して市場経済をつくるのではなく，むしろ計画経済は温存したうえ
で市場経済の部分をそれに上乗せした。その計画外の部分，すなわ
ち市場経済が大きく成長し，ついには計画経済を圧倒するようにな
った。このように現状部分は維持しつつ，増加した部分（増分）で
改革を行ったことから「増分主義」，あるいはノートンの表現を
借りれば「計画経済の外への成長」という特徴を示すことになった
（Naughton［1995］）。

　ただ，「増分」は農民や企業が**部分的改革**に対して積極的反応を
みせたことから生まれた結果であり，部分的改革を始める時点では
どれぐらいの「増分」が生み出されるかどうかは未知数であった。
1982年の改革目標「計画経済が主，市場調節が従」が示すように，
市場経済の部分が計画経済を圧倒するほど大きく成長するとは予測
されていなかった。予想外に市場経済の部分が成長したから改革の
目標を現実に合わせて修正したのである。このように，「増分主義」
はこれを戦略と呼ぶにはいささか成り行き任せのところがあり，他
の国がモデルとするには限界がある。2003年に始まった日本の
「構造改革特区」は地域を限定して規制を緩和する部分的改革を実
現するものであるが，特区で成長した産業が特区以外の産業を圧倒
するという展開にはなっておらず，増分主義とはいいがたい。むし
ろ，当初の改革のビジョンに囚われず，現実が好ましい方向に向か
っているのであれば，ビジョン自体を修正することを厭わない柔軟
性こそ中国の改革から学ぶべき点である。

包括的アプローチの問題

　中国が部分的な改革でも大きな成果をあげ
ることができたのは，市場経済に強い生命
力があるからである。ロシアや東欧諸国に
対して価格自由化や国有企業の民営化を一気に自由化するようアド
バイスしたサックスらは，このことを理解していなかった。彼らは，
市場経済というシステムは一気に築き上げないとバランスを崩して

倒れてしまうと考えていた。それゆえに，改革には「包括的アプローチ」が必要だと考えていた。計画経済は慢性的な物不足にあるが，商品の価格は低く統制されているし，生産者は国有企業だから生産拡大に対する積極性がない。仮に価格だけ自由化してみても，国有企業は生産拡大をするインセンティブがないので単に値上げするだけで，激しいインフレになってしまう。そこでまず緊縮財政を行って需要を抑え込み，同時に価格の自由化と国有企業の民営化を行わなければこの悪循環から抜け出せない，と彼らは主張した（Lipton and Sachs [1990]）。このように，計画経済のさまざまな問題は相互に絡み合っており，そのすべてを変革する必要性を認識すべきだ，というのが「包括的アプローチ」である。

　サックスはその後アフリカの貧困問題に対しても発言を続けているが，そこでも「包括的アプローチ」を貫いており，その立場に批判的なイースタリーは「彼はすべてのことがすべての他のことに依存していると確信している」と表現している（Easterly [2005]）。

　だが，市場経済というシステムはもともと共同体と共同体の間に生まれ，封建制など異質な経済システムと共存してきた（岩田 [1964]）。計画経済さえ計画外の市場取引に支えられていたことは**5**で述べたとおりである。市場経済のそうした生命力の強さはロシア革命を指導したレーニンも認識していた。彼は「小規模生産が，資本主義とブルジョアジーを，たえず，毎日，毎時間，自然発生的に，大規模に生み出している」と警告し（レーニン [1959]），たとえ自営業であっても，その発展に任せていけば資本主義に戻ってしまうと警告していた。目指す体制は正反対とはいえ，急進的市場化をアドバイスしたサックスらも，経済体制の「不純物」を許容しないという点では実はレーニンと共通している。

　こうした経済観を哲学者のポパーは「全体論的もしくはユートピア的社会技術」と呼んで批判し，彼が提唱する「漸次的社会技術」

と対比した（Popper［1957］）。ポパーは社会主義のことを全体論的社会技術と呼んだのだが，皮肉にもロシアと東欧は，脱社会主義を目指す時に再び全体論的社会技術に身を委ねたのである。もし彼らがレーニンのように市場経済の生命力の強さを認識していたとしたら，まずは「小規模生産」を公認して奨励するという部分的改革を採用していたであろう。そして，当面の課題である慢性的な消費財不足の克服に全力で当たるべきであった。

9 部分的改革の限界と制度の構築

　中国における部分的改革は，食料や消費財の不足という1970年代末に人々が直面していた当面の課題の克服に大きな効果をあげ，その後1990年代前半に至るまでの間に商品の価格と流通の自由化が進展した（**表2-4**）。しかし，こうした「増分主義」の改革を積み重ねるだけでは現代的な市場経済体制を構築することはできない。資本主義の長い発展の歴史を経て，現代の資本主義では単にモノだけでなく，土地，労働力，資金，著作権や技術などの知的財産権，企業の株式など，さまざまな権利までもが市場で取引されているようになっている。市場を通じて単にモノを配分するだけでなく，生産要素（**第1章**）を効率的に配分しようと思ったら，土地，労働力，資金，およびさまざまな権利を取引する市場を整備しないとならない。

　しかし，これらを取引する前提として財産権を確定する作業が必要である。たとえば土地を売買するにはまず土地の所有者が誰かを確定しなければならないし，技術の使用権を取引するにはまず特許の制度を導入して，技術の保有者が誰かを確定しなければならない。中国は，経済改革を開始した1979年に外国企業に対して中国企業

との合弁を設立するという形での進出に門戸を開き，また深圳など4都市に経済特区を設立した。外国企業に安心して進出してもらうため，土地や技術の取引に関わる制度を整えていった。たとえば1987年には深圳で土地使用権の売買が可能になり，また84年には特許法が制定されて，外国企業も中国で特許を取得すれば制度上は中国企業による技術の無断利用を規制できるようになったのである（小島編［1988］第1章，第9章）。

　しかし，そうした部分的な法制度の整備では不足であり，現代的な市場経済の制度を体系的に整備する必要があった。1992年に中国共産党は「社会主義市場経済」を改革の目標に定めたのは，それまでの部分的改革の道から，全面的な市場経済化を目指すことを宣言する意味があった。翌1993年に中国共産党は「社会主義市場経済体制確立についての若干の問題に関する決定」を行い，そのなかで50項目にわたる改革の課題を列挙して，市場経済体制の詳細なビジョンを初めて描いた。それは，端的に欧米・日本の資本主義国に存在する制度と同じものを構築していこうとするものであった。

　たとえば，国有企業を含めて企業には雇用と解雇の自由を与えていく一方で，労働者の権益を保護するために1994年に労働法が制定された。また，失業者のための社会的セーフティ・ネットなど，計画経済が支配的な社会においては必要のなかった市場経済の弊害に対処するための制度も構築しなくてはならない。労働者の退職後の年金や医療は従来は企業が提供してきたが，それでは企業の経営が悪化した時に労働者は老後の保障や医療まで失うリスクにさらされるので，社会保障制度をつくる必要もある。

　また，企業制度に関しては，日本の会社法を参考にして株式会社や有限会社の制度をつくるとともに，すでに実験的に開設されていた証券取引所を整備して株の本格的な流通を実現した。金融においては，従来の国有銀行を，商業銀行と政策銀行に分けて金融市場を

整備するとともに，外為市場も開設された。国家財政も，計画経済時代のように国有企業から上納される利潤に頼る構造を改め，公平な課税を行う仕組みをつくる必要がある。このように，現代的な市場経済を形成するためには政府はさまざまな制度を構築する必要がある。1993年はそうした市場経済の制度を構築する起点となった年である。その内容については，次章以降でより詳しくみていこう。

東莞市の職業紹介所で労働者の募集広告をみる出稼ぎ労働者たち

→Keywords ──────────────────

無制限労働供給　　食料問題　　人口ボーナス　　戸籍　　失業

余剰人員　　一時帰休　　失業の地域的な偏り　　農業調整問題

大規模経営　　ルイスの転換点　　高齢化　　一人っ子政策

第1章で述べたように改革開放期の中国経済は毎年平均で9%以上の急成長を続けてきたが，なかでも第2次産業の貢献が大きかった。改革開放期の中国の経済的成功は工業化の成功がもたらしたものであった。しかし，むしろ計画経済期の方が国民生活を犠牲にしてしゃにむに工業化を推進してきた。長年の犠牲によって国民が疲弊しているから，工業化のペースを落として労働者や農民の収入を増やす，というところから改革開放政策が始まっているのである（第4章）。計画経済期から続けられてきた工業化努力が改革開放期になって大きく実を結ぶようになったのはなぜか。それは，第2章6で述べたように，それまで中国の工業化の前に立ちはだかってきた食料供給の制約が，農業の成長によって緩められたことによる。

改革開放期に農村は都市に食料を供給しただけではなかった。農村は工業やサービス業で働く労働力も供給した。計画経済期に中国の労働市場は都市と農村とに人為的に分断されたが，1978年の改革開放の開始から40年をかけて徐々に融合が進んでいった。都市・農村を隔てる壁を越えて，農村の労働力が第2次・第3次産業に徐々に吸収されていき，2018年時点では，第2次・第3次産業で働く人々の約半分の2億8836万人が農村出身である。農村にたまっていた膨大な労働力というエネルギーが徐々に「放水」され，経済成長の「発電タービン」を40年にわたって高速で回しつづけたのである。

しかし，都市と農村という二重経済を徐々に融合することによって成長のエネルギーを引き出すやり方は本書執筆現在（2021年）ほぼ限界を迎えているとみられる。二重経済が完全に解消されたとはいいづらいものの，融合の最終段階に来ているとみられるからだ。

本章では改革開放期に展開した二重経済の形成と融合という壮大なドラマの過程を跡付ける。3億人近い人々が農業と農村から第2

次・第3次産業に移るというダイナミックな変化のなかで，都市部の労働者たちも大きく揺さぶられ，農業もまた大きく変化した。本章は農業の生産性を高めながら多くの労働力を送り出すことを可能にした農業の変化，農村からの労働力が押し寄せることで国有企業からの人員削減と失業問題が顕在化した経緯，そして人口の趨勢からみた今後の労働供給の見通しについて分析する。

1 ルイス・モデルと中国

改革開放期の中国経済を分析するうえで，アーサー・ルイスが1954年の論文（Lewis［1954］）で展開した「**無制限労働供給の理論**」は非常に示唆的である。まずこの理論を簡単に紹介しよう。

ルイスは発展途上国の経済を伝統的な農業の世界と，近代的な資本主義の世界という2つの世界からなっているとする。前者（農業セクター）には必要以上の労働力があふれていて生産性が低いが，ほかに仕事がないので，人々は田畑からの生産物を平等に分け合って何とか生きている。後者（資本主義セクター）は，企業が利潤を最大にできるような数までしか労働者を雇用しない。もし資本主義セクターの賃金が農業セクターで人々が受け取ることのできる収入を多少とも上回れば，農業セクターの人々は喜んで資本主義セクターに移って働こうとするだろう。こうして資本主義セクターは農業セクターから低賃金で労働力を雇い入れ，利益が上がったら再投資してさらに多くの労働者を雇う，というように農村から際限なく労働力を引き出して成長を続けることができる。

つまり，農業セクターと資本主義セクターの二重構造を持っている発展途上国は，資本主義セクターが農業セクターにたまった余剰労働力を，あたかもダムにたまった水のように利用できるという，

経済成長にとってとても有利な条件を備えているのである。

　しかし，現実にはルイスが描いたように成長できる途上国ばかりではなく，なかには成長が停滞してしまう国もある。その理由をルイスのモデルに即して考えると，まず農業セクターの労働力の識字率が低いなどの理由で資本主義セクターでの労働に適さない場合がある。その場合，資本主義セクターで働く能力を持った労働力が農業セクターから無制限には供給されてこないので，資本主義セクターは必要な労働力を得るために賃金を引き上げざるをえない。すると資本主義セクターの企業の利潤率が低下し，企業の拡大が止まってしまう。あるいは，資本主義セクターでの雇用機会に惹かれて農業セクターから都市へ過剰に人々が移動してしまい，職にあぶれた人が大量に都市に滞留するケースもある（Todaro［1969］）。

　さらに，ルイスの描いたシナリオに沿って農業セクターで余っている労働力が資本主義セクターに吸収されていくとした場合，最初のうちは資本主義セクターに移った労働力の食料を農業セクターから供給できるが，農業従事者が減り始めるとやがて食料生産も減少するであろう。第2章でみたように計画経済期の中国はこうした食料供給の制約にたびたび直面したが，これはどの発展途上国も直面しうる問題である。アメリカやオーストラリアのように広大な土地がある国であれば，農業の従事者が減っても，耕地を広げて食料供給を減らさない方策もあろうが，中国や日本のように人口密度が高い国ではそうもいかない。

　この問題に直面した19世紀のイギリスがとった方策は工業製品（綿織物）を輸出し，大陸ヨーロッパから穀物を輸入することだった。第1次世界大戦後の日本も農産物価格の騰貴に直面したが，植民地だった朝鮮と台湾から安いコメを輸入してしのいだ（南［1970］）。そして，第2次世界大戦後の日本，およびその後の韓国や台湾は工業製品を輸出する代わりに食料を輸入することで食料供給の制約を

乗り越えた。

　しかし，改革開放政策が始まる時点で10億人近く，2019年末には14億人を超える人口を抱える中国が同じ方法で食料供給の制約を乗り越えることはできない。中国が大量の食料を輸入する事態になれば，中国自身の食料供給のリスクが大きくなるだけでなく，世界の食料価格の上昇を通じて中国より貧しい国々の生存を脅かす。

2 改革開放期前半（1978〜98年）の農業政策

　そこで中国の農業政策では一貫して国民が必要な穀物を自給することを重視してきた。改革開放政策が始まった1979年にさっそく行われたのが政府による食糧の買上価格の大幅引き上げである。農村（生産隊）には食糧の販売任務が計画経済期から与えられてきたが，その部分については買上価格を20％引き上げ，任務を超過した部分については50％の割り増し価格で買い上げることにした。また，任務以上に生産した食糧を政府の出先機関に売らず，自由市場で販売することも可能になった（宝剣［2017］第1章）。

　これらの政策によって食糧生産は急増し，国内の食糧需要を十分まかなうだけでなく，かなりの余剰を生じるようになった。一方で食糧の販売においては，計画経済期と同じように都市住民には食糧キップが配られ，人々はキップを出せば穀物を安く買うことができた。そのため，農民からの買上価格は上昇したのに都市住民への販売価格が安いまま，という「逆ざや」の状況になったので，食糧配給を担う国有企業は赤字になり，政府財政から赤字分を補填せざるをえなくなった。

　そこで1985年に政府は食糧買上の量を大幅に削減し，買上価格も実質的に引き下げることで食糧生産の過剰と財政からの赤字補填

を削減しようとした。農民にとっては政府から下達される穀物の販売任務が削減されたが、その分、自由に耕作して販売する余地が高まったため、1980年代後半には野菜や果物の生産が大きく伸びた。

さらに、1991年からは食糧の流通も自由化され、政府は食糧備蓄制度をつくって、穀物の生産が過剰になれば政府が買い上げて備蓄し、生産が足りない時は備蓄した穀物を放出することによって、穀物の需給を間接的にコントロールする仕組みを導入しようとした。都市住民への食糧配給キップの配布も1993年に廃止された。

しかし、食糧流通の完全な自由化は時期尚早だったようで、1993年から95年にかけて穀物価格の急騰が起きた。そこで政府は1994年に農民に対する食糧の販売任務を復活させ、食糧の供給の確保を図った。これが功を奏して1996年には食糧生産が大幅に増えたが、今度は供給過剰となってしまい、政府が過剰分を買い上げて食糧備蓄を増やさざるをえなくなった。

以上をまとめると、1978年の段階では、中国は増大する人口が必要とする食料を国内では十分に供給できない「**食料問題**」に直面していたが、①食糧買上価格の大幅な引き上げ、②集団農業の解体と請負制の導入、③農家が自由に生産して販売できる部分を拡大することによる増産への刺激、という3つの手段を通じて、1990年代後半までには食料問題を解決した（池上［2009］）。

3 農村の就業拡大と郷鎮企業の成長

前節でみた農業政策の変遷のなかで、農村からの労働力の供給がどのように変化したのかを**図3-1**でみてみよう。まず注目したいのは、第1次産業の就業者が1978年の3.3億人弱から91年の3.9億人へ2割も増えたことである。改革開放期の当初、農村に大勢の過

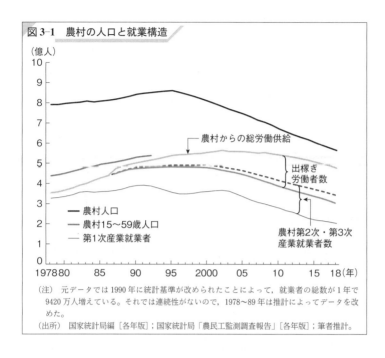

図3-1 農村の人口と就業構造

（億人）

農村からの総労働供給

出稼ぎ
労働者数

農村人口
農村15〜59歳人口
第1次産業就業者

農村第2次・第3次
産業就業者数

1978 80　　85　　90　　95　　2000　　05　　10　　15　　18 (年)

（注）　元データでは1990年に統計基準が改められたことによって，就業者の総数が1年で
9420万人増えている。それでは連続性がないので，1978〜89年は推計によってデータを改
めた。

（出所）　国家統計局編［各年版］；国家統計局「農民工監測調査報告」［各年版］；筆者推計。

剰労働力が存在したとみる論者は多い（渡辺［1991］；加藤［1997］）。
しかし，改革開放期の最初の13年間に第1次産業の就業者がこれ
ほど増えたという事実は，中国の農業がまだ労働力を吸収して成長
する可能性があったことを示している。この期間に農業の作付面積
はわずかに増えたのみなので，農業の労働集約度が高まる方向で発
展したことがわかる。この期間に第1次産業の労働生産性は1.6倍
以上に高まっている。つまり，農村の人々は他に就業先がないので
しかたなく農業に就いたというのではなく，農業への労働投入量を
増やせば着実に増産できたから進んで農業に就いたのである。そう
した意欲を与えたのが前に述べた食糧買上価格の引き上げや自由化
の拡大といった政策であった。

　また，**図3-1**から第1次産業への就業拡大を可能にした人口学的

な要因がわかる。まず，農村の総人口が1995年まで緩やかに拡大
している。なかでも生産年齢人口といわれる15〜59歳の人口が
1978年から91年の間に1億人も増えている。なお，一般に生産年
齢人口は15〜64歳とされることが多いが，1980年代の中国は平均
寿命が68歳程度だったので，59歳までとした。総人口に占める生
産年齢人口の割合が高まっていく状況を「**人口ボーナス**」と呼ぶが，
この時期の農村はまさに人口ボーナスに恵まれていたことになる。

　しかも，生産年齢人口と実際に就労している数（＝第1次産業就業
者＋農村第2次・第3次産業就業者＋出稼ぎ労働者のうち都市に行った数
の推計値。図の「農村からの総労働供給」）を比べてみると，1978年に
は81％だったのが，91年には95％にも上昇している。これは生
産年齢人口のうち就労する人の割合（これを「労働力率」と呼ぶ）の
上昇，および60歳以上の人々の就労拡大があったことを示す。つ
まり，改革開放政策のもとで農村の人々の就労意欲が高まったこと
が窺える。

　もう1つ注目すべき現象は，農村のなかで第2次産業，第3次産
業に従事する人数が急速に拡大したことである。1978年から91年
までは2675万人から8928万人に急拡大した。食糧生産の拡大に成
功して，1990年代初めに食糧流通の自由化が進むと，第1次産業
従事者は減少に転じるが，そうしてあふれ出た労働力の大部分は農
村の第2次・第3次産業に吸収され，1996年には就業者が1億
4208万人にまで拡大した。これは農村の郷，鎮，村といった末端
の行政組織や個人が経営する郷鎮企業の成長がもたらしたものであ
る。一方，農村から都市への出稼ぎも1980年代から始まっていた
が，統計でその数がわかるのは87年からで，96年時点でもまだ
6000万人ほどであった。

　ルイスのモデルでは農業セクターから移動してくる労働力を吸収
して成長する資本主義セクターは都市にあるものとイメージされて

いるが，この時期の中国では，農村の郷鎮企業が資本主義セクターの役割を果たしたのである（栗林 [1991]；加藤 [1997]）。

1996年時点で農村の郷鎮企業の雇用規模は，中国の第2次・第3次産業の就業者全体の4割にも達するようになった。農村の「資本主義セクター」がこれほどの規模に達すると都市の経済にも大きなインパクトを与えることになる。次節では，そのインパクトを与えられた方の都市の経済について，再び計画経済期にさかのぼって解き明かしていきたい。

4 計画経済期の都市労働市場

職業選択の自由の剥奪

中華人民共和国が成立した時点で，都市の資本主義セクターは非常に小さかった。1949年の家内工業を除く工業の就業者数は全就業人口の1.6%にあたる306万人にすぎなかった。当時の非識字率は80%以上とされ（園田・新保 [2010]），近代的な工業に従事する能力を持つ人材が決定的に不足していた。そうしたなかで，1953年から第1次5ヵ年計画が始まって工業化が推進されたため，国有企業による労働需要が拡大して民間企業と労働者を奪い合う構図となり，賃金が急上昇した（丸川 [2002] 第1章）。

そこで，政府は国有企業が必要とする人材を確保できるように，労働市場に対する統制を強めた。1953年から大学，中等専業学校（中学校修了者に3〜5年，高校修了者に2〜3年の年限で技術教育を施す学校），技工学校（中学校修了者に3〜5年間，鉱工業の技術に関する職業教育を行う学校）の卒業生の就職先を政府が決めるようになった。この措置によって高等教育や職業教育を受けた人々を国有企業が優先的に雇えるようになった。さらに1955年までに一般の労働者の採

用活動についてもすべて政府が管理するようになった。

　工業化によって都市の経済成長が始まると，雇用機会を期待して農村から都市に人口が移動してくるのは発展途上国の常である。1950年代の中国でも都市への人口流入が起きたが，スラム化を恐れた政府は何とか農村からの流入の波をくい止めようと，流入者の説得や送還に努めた。そして農村から都市への人口流入に対する決定的な歯止めとして1958年に施行されたのが**戸籍**制度による移住制限である。

　戸籍制度の導入によって，中国の国民は「農業戸籍」を持つ者と「非農業戸籍」を持つ者とに分けられた。農業戸籍を持つ者は出身地の村で農業に従事することになっている。集団農業が実施されていた計画経済期には，農業戸籍を持って生まれた人は自動的に人民公社の「社員」となった。一方，非農業戸籍（いわゆる「都市戸籍」）を持つ者は計画経済期には食料の配給を受けることができたし，就職先や住宅も割り当てられた。

　このように中国の戸籍制度は日本のそれとは異なり，戸籍に社会的身分や経済的地位までが付随しており，一般には非農業戸籍の人の方が身分が上だとみなされている。計画経済期には食料は配給キップがなければ買えないし，民間の賃貸アパートもなかったから，農村の人が都市に移住してきても住む場所もなければ食べるものもなかった。農業戸籍の人は都市の企業が住宅と食料を用意する場合にのみ都市で労働して生活することができたのである。

　戸籍制度の導入によって，農村から都市への過剰な人口流入は抑えられ，工業化に必要な数だけの労働力を農村から引き出すことができるようになった。都市ではすでに人々の就業も政府のコントロール下におかれており，中国の国民は職業選択の自由や住所を選択する自由を失った。もはや政府は国有部門が必要とする人材を好きなように雇用できるので賃金を上げる必要もなくなった。1957年

までは急上昇していた都市部の賃金が58年から77年にまでむしろ若干下落している（第2章図2-2）のはこうした事情を反映している。

| 労働力の非効率な利用 | こうして人々から職業選択の自由は失われたが，その代わり，人々の就業先はすべて |

政府が手配するため，**失業**というものがなくなった。実際，1958年に政府は失業者がゼロになったと宣言した。それは一見して社会的に効率がよいことのように思えるかもしれないが，政府による労働力の非効率な配分に対する歯止めがきかなくなり，かえって労働力が著しく非効率に配分される結果となった。市場経済のもとでは，労働者を雇ってもただブラブラさせているような企業や，逆に長時間酷使してかえって生産効率が悪くなっているような企業があれば，そのような企業は経営状況が悪化してやがて淘汰される。ところが，人々が国家から与えられた仕事を受け入れる以外に生きていくすべがない社会では，国家が非効率に労働力を配分することを防ぐメカニズムが存在しない。

そうした問題が現れたのが第2章で紹介した「大躍進」である。農業での飛躍的な増産があったという誤報を信じた政府によって農村から多くの労働力が鉱工業や運輸などの仕事に引き抜かれた。第1次産業に従事する人数は1957年の1億9309万人から58年には1億5490万人に激減し，第2次・第3次産業の就業数が4462万人から1億1110万人へ一気に増えた。それが悲惨な飢餓をもたらしたことによって中国の為政者たちは「リカードの罠」（第2章**6**）の存在に気づいた。「大躍進」が終息すると，都市の工業に雇われていた人々が農村に送還され，1962年には第1次産業に従事する人の割合は82％と，完全に「大躍進」以前の水準に戻った（図**3-2**）。この後，1970年代前半まで，中国は工業化に多大な努力を傾注しながらも，就業における工業化（すなわち第2次産業に従事する割合の

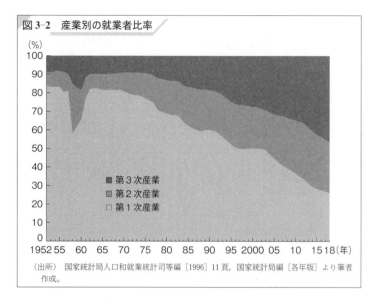

図3-2　産業別の就業者比率

(%)

第3次産業
第2次産業
第1次産業

1952 55　60　65　70　75　80　85　90　95 2000 05　10　15 18 (年)

（出所）　国家統計局人口和就業統計司等編［1996］11頁，国家統計局編［各年版］より筆者作成。

上昇）はあまり進まないという奇妙な状況が続き，1975年の時点でも第1次産業に従事する割合はなお77％と高かった。

　しかし，労働力の非効率な配分は「大躍進」で終わったわけではなかった。**第2章**で紹介した「三線建設」も大勢の人々が成果の乏しい事業に従事した一例である。内陸部に重工業と軍事工業を立ち上げるために，沿海部の国有企業の技術者や熟練労働者が数百万人も内陸部に送り込まれた。ところが，道路や住宅が整わない内陸部の工業が実際に生産能力を発揮するまでは長い時間がかかり，生産が始められた場合でも立地条件の悪さから沿海部の工業よりも生産効率が悪かった。

　もし仮に当時労働者たちに職業選択の自由があったとすれば，沿海部で就業していた人々を内陸部に送り込むためには相当高い賃金を提示しなければならなかったであろう。実際，三線の企業で働く従業員に対する食料の配給は沿海部よりも優遇されていたが（丸川

[2021]），三線で働いた人々はそうした経済的動機で釣られたというよりも政治的に動員されて赴いたのである。

| 糊塗されていた失業 | 計画経済体制のもとで失業がなくなったというのにもカラクリがあった。実は1960

年代前半から都市部の若者たちの深刻な就職難が起き，政府は若者たちを農村に送り出して働かせることによって失業問題を糊塗したのである。その背景には重工業優先の工業化政策があった。本来なら大量の労働力を吸収したであろう軽工業やサービス業の成長が抑えられたため，「大躍進」などの異常な時期を除けば，都市部での就業の増加は緩慢であった。しかも，国有企業などではいったん就職すれば終身雇用が保障される「固定工」の制度が実施されていた。そのため，都市部の人口増大に比べて就職先が増えないことの影響は新規学卒の若者たちにしわ寄せされた。

早くも1955年から都市部の小中学校を卒業したが就職や進学ができなかった者たちを農村に送ることが始まった（何光編［1990]）。「大躍進」によって都市の労働需要が急増したため，農村に送る事業はいったん中断した。しかし，1962年から再び若者たちの就職難の問題が発生し，とくに文化大革命（*Column③*）によって社会が混乱した66年以降の数年間は，新たに中学校や高校を卒業した若者にほとんど就職先を割り当てることができなくなった。他方で大学入試も中断されたので，若者たちに行き場がない状況になった。そこで都市の新卒の若者たちの大多数が農村に送られて農業に従事することになった。

毛沢東は，都市部の若者たちを農村での生活を通じて再教育するのだと説いたが，10年以上も農村に送られたままだった人も多く，「再教育」というにはあまりに過酷な政策だった。本来は大学や職業学校で学んでいたかも知れない若者たちが，その代わりに農村で慣れない農業労働に従事させられたことは中国の経済と科学技術の

発展に対して大きなマイナスの影響を与えた。若者を農村に送る事業（「上山下郷」と呼ばれる）は 1955 年に小規模に始まったが，それから 80 年に終了するまで延べ 1800 万人が農村に送られた。厳善平の推計によれば，1967〜77 年の期間に都市部で 15 歳を迎えた人々のうち 78% が農村に送られたという（厳善平 [2009]）。

「上山下郷」事業は，実態としては都市部の青年の失業対策という性格が強かったが，「都市部の青年の再教育」が表向きの名目であったため，失業対策があまり必要でなかった時期にも無理に続けられた面がある。たとえば，1970〜72 年には工業への投資が増加して労働需要が急拡大したが，この時期にも都市部の若者が農村に送られ，増大する労働需要を満たすために逆に農村から 1000 万人の労働力が都市部に雇用されたのである（上原 [2009] 113 頁）。

農村に都市部の若者たちが最も多くいた 1977 年には 864 万人が農村に滞在していた（何光編 [1990]；顧編 [1997]）。これは同年の都市部の就業者数の 9% 強に当たる。つまり，もしこの若者たちが農村に送られていず，都市部でも仕事が与えられていなかったとしたら，都市部の失業率は 9% になっていたのである。農村に送られた若者やその家族からもとの場所に戻してほしいという声が 1970 年代後半にいよいよ強まり，78 年から都市へ帰還する条件が緩和された。それからの 3 年間に 705 万人が都市に戻ってきたが，そのことによってそれまで隠されていた失業問題が一気に顕在化することとなった。

5 改革開放期前半の都市労働市場

自由な労働市場の誕生　農村に送り込まれていた若者たちが 1970 年代末に大挙して都市に戻り，たちまちの

Column④　失業率の統計 🔲🔲🔲🔲🔲🔲🔲🔲🔲🔲🔲🔲🔲🔲🔲🔲🔲🔲🔲🔲🔲🔲

　中国政府が発表する失業率には「都市部登録失業率」と「都市部調査失業率」という2種類のものがある（**図3-3**）。1970年代末からつくられてきたのが「都市部登録失業率」である。都市部に住む都市戸籍の住民のうち，仕事がなく，就業の意欲を持ち，地元の職業紹介機関に登録している人たちが登録失業者で，その人数を都市部の就業人口と登録失業者の和で割った値が都市部登録失業率である。ここには農村の失業者が含まれないし，失業していても登録をしていない人も含まれない。男は16歳から法定退職年齢の60歳まで，女は16歳から法定退職年齢（労働者は50歳，職員は55歳）までの人だけが失業登録できるので，退職年齢以上の人は統計の対象外である（上原［2009］208頁）。

　もっとも，中国の農村にはもともとほとんど失業者がいないので，「都市部登録失業率」の数字だけでも1990年代初めまでは政策運営の指標として有効だった。ところが，1990年代半ばから国有企業からの「一時帰休」という新たなジャンルの失業が急増したため，「都市部登録失業率」は失業問題の深刻度を測る指標としての有効性を失った。なぜなら一時帰休者は登録失業者に含まれないからである。

　1990年代後半から2000年代前半までの都市部の失業の実態をみるには，登録失業者に一時帰休者を加える必要がある。**図3-3**では登録失業者と一時帰休者の合計を，就業人口と登録失業者の和で割った値を示している。これによれば都市部の失業率は1997年には8.5％に達し，同年の都市部登録失業率（3.1％）よりも大幅に高い。国有企業からの大量解雇は2002年にはほぼ終息し，一時帰休になった労働者たちは3年間で再就職できなければ登録失業者に移行する。そのため，2005年を最後に一時帰休者の数は公表されなくなり，失業登録をしない失業者を捉えるデータがなくなってしまった。

　そこで中国政府は「都市部登録失業率」に換えて「都市部調査失業率」を作成することを明らかにした。これはサンプル調査によって失業率を推計するものである。実は，1990年代から国家統計局と人力資源・社会保障部はそうした失業統計を取り始めたのだが，社会的反響を恐れて公表してこなかった。新聞などによれば，調査失業率は2000年7.6％，03年6.0％，05年5.2％，06年5.1％と，図3-3の「一時帰休を含む失業率」ときわめて近い値で推移してきたが，リーマン・ショックの影響で2008年以降上昇した（蔡［2008］59頁；『21世紀経済報道』

表 3-1　人口センサスから計算した中国の失業率

（単位：％）

年	全国	都市部（市・鎮）	農村部（郷村）
1982	0.67	2.98	0.00
1990	0.88	2.86	0.17
1995	2.11	5.56	0.75
2000	3.58	8.27	1.15
2005	2.72	5.16	0.94
2010	2.95	4.90	1.26

（注）　1982年の人口センサスの調査票は，農村での失業はないという前提で
作られている。

（出所）　国務院人口普査弁公室・国家統計局人口統計司編 [1985, 1993]；
全国人口抽様調査弁公室編 [1997]；国家統計局人口和就業統計司等編
[2007]；国務院人口普査弁公室・国家統計局人口和社会科技統計司編
[2002]；国務院人口普査弁公室・国家統計局人口和就業統計司編 [2012]。

2009年2月17日）。都市部調査失業率は2015年からようやく公式の失
業率として国家統計局から報告されるようになった。

　失業の実態を知るうえで最も信頼できる情報は人口センサスのデータ
である。中国では10年に1回人口の全数調査，その中間の5年目には
1％抽出調査が行われている。そのなかで調査前の1週間の就業状態を
尋ね，全く仕事をしていなかった人にはその理由を尋ねている。それに
対して「職探しをしている」と回答した人たちを失業者とみなせる。こ
れは失業の定義に関する国際労働機関（ILO）の基準や日本の失業統計
における失業の定義とも合致している。その結果を**表 3-1**にまとめた。
都市部の失業率については**図 3-3**のなかにも点で示している。人口セン
サスで計算した都市部の失業率は1990年までは都市部登録失業率とほ
ぼ一致しているが，95年から2005年までは大きく乖離し，むしろ一時
帰休を含む失業率と近い。

うちに都市は失業者であふれかえるようになった。1979年の都市
部の登録失業者数（*Column④*）は568万人（失業率は5.4％）だった
が，実際には1500万人の失業者がいたとする資料も多く（何光編
[1990] 60頁；程 [2002] 120頁），それが事実とすると失業率は約
13％にも及んだことになる。失業青年たちはデモや請願活動を展

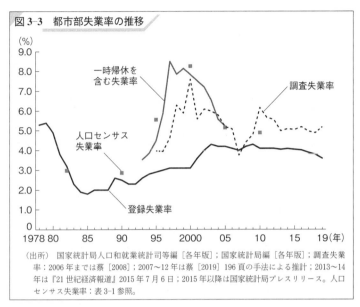

図 3-3　都市部失業率の推移

(出所)　国家統計局人口和就業統計司等編［各年版］；国家統計局編［各年版］；調査失業率：2006 年までは蔡［2008］；2007～12 年は蔡［2019］196 頁の手法による推計；2013～14年は『21 世紀経済報道』2015 年 7 月 6 日；2015 年以降は国家統計局プレスリリース。人口センサス失業率：表 3-1 参照。

開して社会の動揺を招いたため，政府は彼らを就業させるためにあらゆる手段を動員した。その手段の 1 つが自営業や集団所有制企業の設立を振興し，失業青年たちにこれらへの就業を促すことであった。これらの企業は政府から投資を受けるといった優遇はない代わりに，経営に対する政府の干渉も受けず，計画経済の枠の外で自由に経営活動ができた。こうして誕生した民営経済では企業と労働者が自由に雇用関係を結ぶ労働市場が生成した。

　他方で，大学，中等専業学校，技工学校の卒業生については引き続き政府が国有企業などへの就業を割り当てた（何光編［1990］67，71 頁）。つまり，改革開放期の前半には，教育水準が比較的高い労働力については政府が政府機関や国有企業などでの就業を割り当て，それ以外の労働力については民営経済に自由に就職するようになった。つまり，労働市場においても，第 2 章で述べた部分的改革が行われたのである。

こうした改革は失業率を下げる面では大きな成果を挙げた。**図3-3**にみるように，1970年代末に高い水準にあった登録失業率は85年には1.8%まで下がった。これはほとんど完全雇用といってもいいような低い水準である。

余剰人員の問題 他方で，この体制のもとで深刻な矛盾が蓄積していった。それは国有企業における余剰人員の問題である。改革開放期前半を通じて，国有企業には雇用数を自主的に決める権限がなく，地方政府などから雇用数や雇用範囲に関する指令を受けていた（上原［1995]）。企業自身はもう労働者はいらないと思っても，地方での完全雇用の達成のために割り当てられた労働者を雇わざるをえない。それでも1980年代の間は国有企業の競争相手が少なく，国有企業は経営上の黒字を維持することができたので矛盾は顕在化しなかった。

ただ，1980年代を通じて国有企業の利潤率は低下傾向にあったので，企業内の制度改革によって何とか国有企業の経営を改善しようという努力も行われた。たとえば，賃金制度についてみてみると，文化大革命の期間中に極端な平等主義が推進されて，熟練・技能や業績とは全く無関係に平等な賃金が支給される状態になっていた。そこで多くの国有企業では，1980年代に職責や能力に応じて基本給に差を付ける制度を導入するとともに，企業や個人の業績に応じたボーナスを支給することで労働者のやる気を高めようとした。また，計画経済期には国有企業ではいったん就職すると終身雇用が保証される「固定工」制度が実施されていたが，これが**余剰人員**の問題をもたらしている元凶だとみなされ，1986年からは新規採用の労働者から一律に企業との間で3〜5年程度の有期の労働契約を結ぶ「労働契約制」が実施された。しかし，既存の労働者は固定工なのに，新規採用の労働者だけすべて有期契約というのはあまりに極端な改革であり，新規採用の労働者たちが不満を持った。結局，有

期契約の労働者も運用上は固定工と同じように扱われるようになった（木崎［1995］）。

　上記のような経営改善の努力にもかかわらず，国有企業の利潤率の低下は止まらず，1990年前後に国有企業の経営は危機的な局面を迎えた。すなわち，民主化運動を武力で鎮圧した1989年の6.4天安門事件を境に，経済の引き締め政策が強化され，89年と90年は経済成長率が4％前後と低迷した（**第1章図1-2**）が，高度成長が続いた改革開放期に突然訪れた不況に多くの国有企業は対応できず，利潤率が急落した（**第6章図6-1**）。国有企業の資金繰りが悪化し，部品や材料の仕入れ代金が支払えなくなる企業が続出して，連鎖的に債務の焦げ付きが発生した。資本主義国であれば企業の連鎖倒産が起きてもおかしくないような状況であったが，中国政府は国有企業の倒産を避け，従業員の賃金および退職者の年金だけは何とか支払いつづけられるように銀行から国有企業に対して特別の融資まで行わせた。そうした融資は当時「安定団結融資」と俗称されていた。要するに，国有企業を維持し，従業員の賃金を支払うことは，民主化運動を弾圧した直後の政治的に不安定な時期においては社会の安定を維持するうえで必要だ，という理屈をつけて銀行から資金を引き出していたのである（宋・曲［1997］）。

6　国有企業からの大量解雇

国有企業の余剰人員

　1992年から景気は急回復したが，ここへ来て，*3*で述べた「資本主義セクター」が成長したことの影響が国有企業に及んだ。**図2-1**でみたように，1980年には国有企業が工業生産の76％を占めていたのが，94年には37％まで下落した。これは農村での郷鎮企業（図2-1では集団所

有制企業，その他の企業などに郷鎮企業の生産額が含まれている）や，対外開放政策によって進出してきた外資系企業などが発展し，多くの産業で国有企業の独占状況が崩れたのである。同時に，**第4章で**詳しく述べるように，1980年代には地方政府が盛んに国有企業を設立し，国有企業どうしの競争も起きていた。

　市場経済の原理で動く郷鎮企業や外資系企業との競争を前に，国有企業も資本主義セクターに脱皮していく必要があった。すなわち，企業内の余剰人員を削減して利潤を最大化できる水準に雇用数を調整し，不採算部門や赤字事業の負担を減らす必要があった。しかし，1990年代前半まで国有企業はそうした転換ができず，雇用も賃金も維持したため，国有企業の付加価値に占める労働者への分配率が増加した（南・本台 [1999]）。国有鉱工業企業の納税額を除く付加価値に占める労働者の賃金は1988年までは50％以下だったのが，91年には74％，96年には86％まで上昇した（丸川 [2002] 23頁）。

　たとえば，東北部の歴史ある鉄鋼メーカーの鞍山鋼鉄公司の場合，1994年時点で従業員が20万人いたが，ほかにすでに定年退職した元従業員12万人にも企業が年金だけでなく住宅まで提供しており，加えて企業の従業員の子女に就職先を与えるために設立された多数の集団所有制企業の従業員を総計18万人も抱えていた。こうして総計50万人もが鞍山鋼鉄公司から直接，間接に給料をもらっていた（丸川 [1999] 第5章）。本来の業務である鉄鋼生産を行うには数万人もいれば十分だったので，同社は実に40万人以上の余剰人員を養っていたことになる。

　こうした状況のなかで，従業員や元従業員を養う負担が重いことが国有企業の経営を悪化させる原因だという考えがとくに国有企業経営者や政府関係者の間で広まり，「人を減らして，効率を上げる」（「減人増効」）が彼らの合い言葉になった。政府も1993年から国有企業に対して企業内の余剰人員を「**一時帰休**」（「下崗」）という名目

で解雇することによって生産効率を上げることを奨励するようになった。

大量解雇 国有企業での一時帰休は1993年頃から実施され始め，90年代後半には国有企業の間に広まった。それまで国有企業では各作業場に多めの人員を配置することが普通であったが，この時期に，まず各職場の必要人数が定められ，それより多い労働者たちが職場からどんどん外されていった。持ち場から外れた労働者たちは「再就職センター」と呼ばれる企業内の組織に所属することになった。再就職センターは労働者たちに生活費手当を支払い，彼らが支払うべき社会保険料を肩代わりし，彼らに職業訓練を施し，再就職の世話をする。再就職センターに入った労働者たちはもとの国有企業には戻らないので，事実上解雇されたに等しい。

ただ，一時帰休の労働者たちは一般の失業者よりも優遇されていた。まず，再就職センターから支払われる生活費手当は一般の失業手当よりも多く，しかも一般の失業手当は最長2年間しか支給されないが，生活費手当は最長3年間支給される。生活費手当を支給するための資金は企業自身も支出したが，その半分以上は地方政府財政からの補助によってまかなわれた（丸川［2002］86頁）。また，一時帰休の労働者たちは国有企業の職場からは離れるが，国有企業従業員という身分は保持しつづけ，社宅などの従業員福利を享受できた。もともと国有企業の労働者は，中国社会のなかでは，農民や民間企業の労働者と違って，終身雇用が保証されており，社宅などさまざまなフリンジ・ベネフィットを享受できる既得権益階層である。国有企業の人員を削減するということはその既得権益を剥ぎ取ることを意味し，当然強い抵抗がある。「一時帰休」という特殊な身分をつくったことはそうした抵抗を緩和するための工夫であった。

筆者の推計によれば1993年から2000年までに累計で4437万人

もの国有企業および集団所有制企業の従業員が一時帰休となり，企業を離れていった（丸川［2002］第3章）。一時帰休は失業にカウントされないので，中国の公式の失業率である都市部登録失業率はこの時期も低かったが，一時帰休の名目で国有企業などから解雇された者を失業者に加えると，1997〜2000年に都市部の失業率は急上昇して8%前後という高い水準になった（**図3-3**）。この数字の方が当時の失業の実態をとらえている（*Column④*）。当時，東北地方の都市では一時帰休となった労働者たちの抗議行動が連日のようにみられた。この時期は，アジア経済危機の影響もあって経済成長率が下がっており（**図1-5**），改革開放期の中国にとって1989年の政治的動揺と並ぶ最も大きな難局だったといえよう。しかし，この難局を乗り越えたことによって国有企業も資本主義セクターの一員となり，その経営状況は改善に向かった（**図6-1**）。

7 局地化する失業問題

再就職の困難

国有企業は余剰人員を削減して身軽になったが，削減された労働者たちは簡単に再就職できたわけではなかった。解雇は国有企業の事業のリストラと同時に行われ，その背景にはたとえば鉱山での資源の枯渇，軍からの兵器需要の縮小といった産業の衰退をもたらす本質的な原因があった。そのため，国有企業の労働者たちが形成してきた熟練を生かせるような再就職先がみつかりにくくなった。加えて，もともと国有企業のなかで余剰だった人々は，たとえ民間企業などで再就職できたとしても，そこでの労働強度に耐えられず，すぐにやめてしまうということも多かった。さらに，解雇された労働者のなかには年齢が高い人も少なくなく，そのことが理由で再就職が難しい場合もあ

った。

　中国の東北部や内陸部にはもともと炭鉱や製鉄所，軍事工業など
の分野の大型国有企業が多く立地していた。大型国有企業の立地す
る都市は，地域の経済がその企業に大きく依存する企業城下町であ
ることが多かった。前述の鞍山鋼鉄公司のある遼寧省鞍山市などは
その典型である。そのような都市で国有企業が事業のリストラと大
量解雇を行うと，そのリストラによって都市全体の経済が沈んでい
るため，職を失った人々が市内で再就職先をみつけることが難しい。
解雇された労働者たちが再就職するには，より雇用機会の多い地域
に移住した方がよいのだが，地方政府で移住を助けても，移住先の
労働環境や生活環境に適応できずに戻ってしまう人が多い（于・
孟・姜［2004］；于・姜・于［2008］）。

　加えて，**図3-1**にみるように，農村からの出稼ぎ労働者が2000
年には7500万人ほどであったのが，18年には1億7000万人を超
えるまで拡大した。その理由については**8**で分析するが，大都市
では工場やサービス業での仕事の多くを農村からの出稼ぎ労働者が
担うことが常態化し，そのために国有企業から解雇された労働者た
ちの再就職の道がますます狭くなっていったのである。

　なお，「出稼ぎ労働者」（「外出農民工」）とは，自らの戸籍がある
農村以外の場所で6カ月以上働いている人を指している。一般に
「出稼ぎ」というと，農閑期に都市の建設現場などで数カ月働くよ
うなイメージがあるが，中国の「外出農民工」は出稼ぎ先の都市な
どに定住し，旧正月の休暇だけ農村に帰省するケースが多い。つま
り，実質的には「移住労働者」と理解すべきだが，彼らは移住先の
戸籍を持っていないため，市民的権利を十分に与えられてない。彼
らは移住先に定住しながらもなお仮住まいのような扱いを受けてい
るので，そのニュアンスを出すために本書では「出稼ぎ労働者」と
呼んでいる。

中国の人口統計における「都市人口」と「農村人口」の区分はそれぞれの常住地に基づいているので，都市に行った「出稼ぎ労働者」は「都市人口」に含まれる。図3-1 にみるように中国の農村人口は1995年の8億6000万人から2018年の5億6000万人へ3億人も減っているが，その主な理由は大勢の「出稼ぎ労働者」たちがその家族とともに都市に移住したためである。

失業問題の地域的な偏り

　国有企業からの大量解雇が一部の地域に集中して行われたため，中国の失業者の分布は地域的な偏りが著しくなった。つまり，東北部や内陸部の企業城下町では，国有企業の職を失った人々がそのまま失業者として滞留する一方，農村の人々は地元に職がなければ積極的に出稼ぎに出るので，農村の失業率は低い。また，民間経済が活発な沿海部も雇用機会が多いので失業率は低い。失業がどの程度偏っているかを，所得分配の分析でよく使われるローレンツ曲線を使ってみてみよう（図3-4）。ローレンツ曲線とは所得分布の状況を曲線のたわみ具合によって表現するものである。もしすべての人が完全に同じ額の所得をもらっていれば，ローレンツ曲線は原点から右上の点 A に向かってまっすぐな45度線になる。所得分配の不平等度が増すほど，ローレンツ曲線は点 B の方向に向かって張り出した形になる。筆者はこれを中国の失業の地域分布の分析に応用した（Marukawa [2017]）。

　中国全土は2900近くの県レベルの地方行政区に分けられている。その呼び名は「県」のほか，県レベルの「市」「区」「自治県」などであるが，それらを便宜上すべて「県」と呼ぶとすると，1つの県の平均人口は43万人である。中国では10年に1回行われる人口センサスで県ごとに人口とその就業状態を調査しているので，2000年と10年について各県の失業率が計算できる。次に県を失業率の低い方から順に並べ，左から横方向に各県の人口を積み上げる一方，

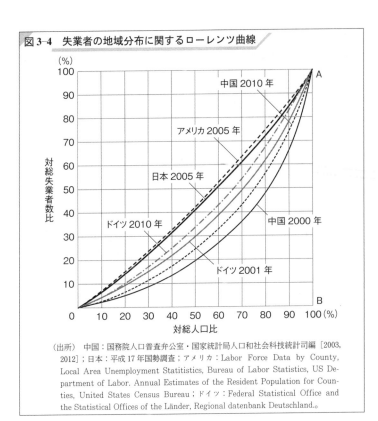

図3-4　失業者の地域分布に関するローレンツ曲線

（縦軸）対総失業者数比（%）

（横軸）対総人口比（%）

中国 2010 年
アメリカ 2005 年
日本 2005 年
ドイツ 2010 年
中国 2000 年
ドイツ 2001 年

（出所）　中国：国務院人口普査弁公室・国家統計局人口和社会科技統計司編［2003, 2012］；日本：平成 17 年国勢調査；アメリカ：Labor Force Data by County, Local Area Unemployment Statitistics, Bureau of Labor Statistics, US Department of Labor. Annual Estimates of the Resident Population for Counties, United States Census Bureau；ドイツ：Federal Statistical Office and the Statistical Offices of the Länder, Regional datenbank Deutschland.。

各県の失業者数を縦方向に積み上げていく。こうして描いたのが**図 3-4** の「中国 2000 年」「中国 2010 年」という曲線である。

　もし一国の国民が就職のためならば国じゅうのどこへでも移住し，雇用者がどの地方の人でも無差別に扱うのであれば，失業率は全国で均一になり，失業の地域分布を示すローレンツ曲線は原点と A を結ぶまっすぐな 45 度線になるだろう。だが，実際には家族の誰かが地元に仕事を持っているとか，地元での生活に愛着がある，異郷の生活に適応できる自信がないなどの理由によって，他の地域の方が仕事をみつけるチャンスが大きくても移住せず，地元で失業し

つづける道を選ぶ人がいる。そのため，移住や就業に際して制限や差別が全くない場合でも，失業率に多かれ少なかれ一定の地域格差が生じるのは当然である。しかし，一般には失業していては生活が成り立たないので，多くの人は愛着のある土地を離れてでも就業先のある地域に移動することを選ぶだろうから，失業率の高い地域からは人口が流出し，失業率を均一化させる方向に向かうはずである。

　図3-4 には，中国と比較するために日本とアメリカの 2005 年の状況，およびドイツの 01 年と 10 年の状況も示している。なお日本は市町村と特別区，アメリカは郡（county），ドイツは郡（Kreis）ごとの失業率を算出して作図した。日本の場合，都道府県のレベルでみると，最も低い福井県（4.2%）から最も高い沖縄県（11.9%）までかなりのばらつきがあるようにみえるが，ローレンツ曲線を描いてみるとかなり 45 度線に近い。アメリカでは日本よりもさらに失業者の地域分布が均等化している。つまり，日本とアメリカについていえば，人々は就職のために移住するので失業率は均等化するという理論がだいたいにおいて妥当している。

　一方，2000 年の中国の状況をみると，失業者がきわめて偏って分布していたことがわかる。すなわち，中国全体の人口の 5% を占めるにすぎない地域に中国全体の失業者の 21% が集中していたし，人口比で 20% を占める地域に中国の失業者の 52% が集中していたことがわかる。最も失業率が高い人口比 5% の地域の平均失業率は 17% と，きわめて高い。具体的にいえば，東北地方の遼寧省，吉林省，黒龍江省と，湖北省，上海市など，計画経済時代に多数の国有企業があった地方に失業率の高い地域が多い。一方，中国の人口の 60% が暮らす地域には失業者全体の 27% しかおらず，失業率も 3.0% 未満で，完全雇用に近い状態にある。その多くは農村である。

この 2000 年がどのような年であったのか
を**図 3-3** で振り返ると，1990 年代後半に
行われた国有企業からの大量解雇の結果，
都市部の失業率が 8% にも達していた。失業者の多くはまだ再就職
できていないので，国有企業での解雇が多かった地域で失業率が高
いのも致し方ないといえよう。

2010 年になると**失業の地域的な偏り**はやや緩和している。失業率
が最も高い人口比 5% の地域が失業者全体に占める割合は 16% に
下がり，それらの地域での平均失業率は 12% に下がった。しかし，
なお人口比で 20% の地域に失業者全体の 44% が集中しており，日
本やアメリカに比べると失業問題の偏りが顕著である。2010 年に
失業率が高かった地域は 2000 年時点と同じく東北部や内陸部の炭
鉱都市や重工業都市である。1990 年代後半のリストラの影響をそ
の後 10 年以上も引きずっているのである。

その典型例として遼寧省阜新市が挙げられる。阜新は石炭の露天
掘りが可能であり，清朝末期から開発が始まった。その後炭鉱は満
鉄の手にわたり，中華人民共和国になってからは国有化されて大い
に石炭を生産した。1980 年代には資源の限界がみえ始め，炭鉱は
事業の多角化によって雇用の維持を図った。しかし，そうした試み
はどれも失敗し，1999 年には鉱山の多くが閉鎖されて，それまで
20 万人余りの従業員と退職者を抱えていた阜新炭鉱から 15 万 6000
人が削減された。2000 年の時点で阜新市中心部の失業率は 24% に
も達した。阜新市政府は食品加工，養豚，化学，観光などさまざま
な産業を興したり，大連への移住を組織するなど何とか再就職の道
を開拓しようとした。それでも 2010 年の時点で阜新市中心部の失
業率はなお 15% を超えている。しかも，失職者の 47% が 40 歳以
上であったため，再就職できないまま就業をあきらめた人も多かっ
た（Marukawa [2017]）。その場合，求職しないので失業者には数え

られないものの，限られた生活保護の給付金や年金に頼って生活せざるをえない。

図3-4で注目したいのは，ドイツも中国ほどではないにしても失業の地域的な偏りが大きいことである。ドイツも移行経済である点は中国と共通している。つまり，1990年に資本主義体制の西ドイツと社会主義体制の東ドイツが統一したが，その結果，東ドイツでは旧国有企業が市場経済に適応できずに倒産し，失業者が増えた。中国では東北部・内陸部の国有セクターが，郷鎮企業や外資系企業から構成される資本主義セクターと競争関係になったために大規模なリストラを余儀なくされたが，ドイツでは同じことが東の国有セクターと西の資本主義セクターとの間で起きたのである。ドイツでは統一から20年を経た2010年の段階でなお旧東ドイツの失業率が高い状況が続いているため，図3-4にみるようにアメリカや日本より失業の地域的な偏りが大きい。中国でも国有セクターが優勢だった地域の失業と貧困の問題はしばらく続きそうである。

8 変貌する農業

農業問題の転換　1990年代の国有企業の経営悪化を招いた要因は郷鎮企業や外資系企業などの資本主義セクターの発展であったし，国有企業からの大量解雇がなされた後，東北部や内陸部の都市で失業問題が慢性化しているのは農村からの出稼ぎ労働者の増大と関係がある。つまり，国有セクターの苦境の背景には農村からのインパクトがあったのである。では農村では何が起きていたのであろうか。

*2*で述べたように，1990年代後半には中国の農業は国内の食料需要を十分にまかなえるまで成長した。**第2章*6*** で述べたように，

2000年には食料供給のレベルが日本と肩を並べたことがそれを象徴している。こうしてようやく「食料問題」を解決できたが、今度は逆に農産物が過剰となり、それゆえに農業の収益が低いという「農業調整問題」に中国は直面することとなった（池上［2009]）。

その最初の現れは、国有食糧企業の赤字の累積であった。国有食糧企業は農民の生産意欲を支えるため高い値段で穀物を買い上げていたが、食糧が過剰になって小売価格が値下がりし始めたので、国有食糧企業は販売価格が買付価格を下回る逆ざやに陥ったのである。そこで1999年以降、政府はそれまで食糧買付の主役だった国有食糧企業の役割を縮小させ、民間業者も自由に食糧の流通に従事できるようにした。国有食糧企業が高値で食糧を買い支えなくなったため、2000～03年に食糧価格は低迷し、食糧生産も減少した（宝剣［2017］39～42頁）。**図3-1**にみるように、2003年から第1次産業の従事者が減少し始めたが、それは1990年代末から政府による食糧生産に対する優遇が削減され、食糧価格が下落し、農家の農業所得も減少し低迷したことが影響している（池上［2009］37～38頁）。

しかし、中国にとってやはり食料自給の維持は大事なので、2004年から食糧生産農家に対して補助金を給付するようになった。また、2008年には食糧自給率を95％以上に安定させることや耕地面積が1億2000万 ha を下回らないようにするといった目標が定められた（宝剣［2017］44頁）。

| 農業経営の大規模化 |
第1次産業の従事者の減少をもたらしたもう1つの要因として、2000年代以降、農業経営の大規模化が進んでいることが挙げられる。

1980年代前半に集団農業が解体されて各農家が農業を経営するようになると、経営規模は一気に小さくなった。村が農地を所有するようになったが、村は農地を各農家にそれぞれの家族数に応じて配分したので、農業経営の単位は農家ごとに小規模化した。1999

年時点で，中国の農民 1 人当たりの耕地面積は 14 a（アール）であった（国家統計局編［2000］）。仮に一家の家族数が 4 人とすれば，農家 1 戸の耕地面積は 0.56 ha ということになる。1999 年の日本の農家 1 戸当たり経営耕地面積は，農林水産省の農業構造動態調査によれば 1.62 ha だったから，中国は日本の 3 分の 1 でしかなかったということになる。

　そこで，農業経営の規模を大きくすることによって機械化を進めて生産性を高めるべきだという認識が高まり，規模拡大を促進するために農家が請け負った土地を他の農家などに転貸して地代を受け取ることが容認されるようになった。だが，1990 年代までは食糧生産が優遇されていたため，請け負った土地を転貸して経営規模を縮小したり農業をやめたりする農家は少なく，転貸された農地は全耕地の 5% 以下にとどまっていた。

　筆者は 2007 年に四川省江油市の農村で行われた農家 206 戸のアンケート調査で農地の転貸について調べたが，そこでは転貸をしている農家は 22 戸にとどまり，うち 20 戸は地代を受け取っていなかったし，地代がある場合でもごく少額であった。これでは農家は土地を転貸するよりも自ら農業をした方が圧倒的に有利である。小規模な農業経営が続くのは，農業をやめたとき土地からの収入がほとんど期待できないからではないか，と筆者は推論した（丸川［2010]）。

　だが，全国的にみれば 1990 年代末に農業所得が低迷したことをきっかけに土地の転貸が増え始めた。転貸される農地の割合は 2000 年には 8.3%，09 年には 12%，15 年には 33.3%，17 年には 37.0% と急速に高まっていった（宝剣［2017］126～128 頁，山田［2020］110 頁）。つまり，村から各農家に分配される農地は相変わらず小さいが，近年はその 3 分の 1 以上が転貸されており，土地を集中した**大規模経営**が増えてきた。

農業経営の大規模化のペースは地域によって大きな差がある。前述のように内陸の四川省では 2007 年時点でもあまり進んでいなかったが，宝剣［2017］第 4 章で分析されている沿海部の浙江省奉化市の場合，2008 年時点で農地の 17％ が請け負った農家から他に貸し出されていたし，浙江省徳清県では 11 年時点で農地の 19％ が貸し出されていた。転貸をしている農家は約 4 割に上り，転貸に対する地代は奉化市で 1 畝（＝6.67 a）当たり 374 元，徳清県で 503 元だった。山田［2020］が 2014 年に調査した浙江省慈渓市では請負地の 6 割以上が転貸されていた。

大規模経営の担い手　土地の転貸が活発化したのは，土地を借り受けて大規模な農業経営を行う経営主体が成長したことの反映である。その経営主体にはさまざまなものがある。

　第 1 に，「農民専業合作社」と呼ばれる組織がある。その役割は，たとえば作物の苗を集中的に育てて農家に販売したり，肥料や農薬を販売したり，栽培について指導したり，作物を買い付けて業者に販売するといったもので，その点では日本の農協と共通している。他方で，中国の農民専業合作社は葉タバコ，リンゴ，野菜など特定の作物に役割を限定している点は日本の一般的な農協とは異なる。また，農民専業合作社が煙草公司，リンゴジュースメーカーなど特定の取引先を持ち，合作社が事実上その下請となっているケースもある（宝剣［2017］第 5 章；丸川ほか［2021］）。合作社は農家と市場とを仲介する中間組織という性格を持つのと同時に，農民から土地を借りて直営で農業を行うこともある。2017 年時点で，中国全体で貸借された土地のうち 22.7％ が農業専業合作社に貸し出されていた（山田［2020］112 頁）。

　第 2 に，「家庭農場」と呼ばれるものがある。主に家族労働を用いて，大規模に農業を経営する農家という意味で，2013 年から中

国政府が推進している（山田 [2020] 117～118 頁）。「家庭農場」といっても経営規模はかなり大きく，成都市の「模範家庭農場」の場合，経営面積は 6.7～20 ha，家族以外に 10 人前後の労働者を長期に雇用するものが多い（范 [2019]）。筆者が 2018 年に河南省三門峡市で訪問した家庭農場は経営面積が 33 ha で，60 人の労働者を常時雇用して葉タバコとトウモロコシを生産する大規模なものであった。農民たちは請け負った土地をこの家庭農場に転貸し，その農場の従業員として働くかたわら，土地に対する地代（1 畝当たり 400 元）を受け取る。つまり，この家庭農場で働く農民たちは，いわば地主兼労働者である。2017 年時点で中国全体で貸借された土地の 57.5% の貸出先が「農家」であったが，そのなかにはこうした大規模な家庭農場も含まれている。

　第 3 に，企業が直接農民から請負地を借りて大規模に農業を経営するケースがある。その 1 つとして，日本のアサヒビールなどが山東省に設立した「朝日緑源」の事例がある。同社は 5 つの村にまたがる 660 戸の農家から土地を借りて 100 ha の直営農場を経営し，酪農やハウスによるイチゴや野菜の栽培を行い，その加工や販売まで行っている（大島 [2011]）。

　以上のように，2010 年代には農民専業合作社，家庭農場などの大規模農家，そして企業といった経営主体のもとに農地が集中される傾向が顕著である。こうした経営主体はトラクター，ビニールハウス，農産物加工施設などの固定資本を保有している。つまり，中国の農業は，零細で労働集約的な農業から，土地・資本集約的な農業へ転換しようとしているのである。

9 農村余剰労働力の枯渇

ルイスの転換点　　*1*でみたルイス・モデルが示すように，資本主義セクターは農業セクターの余剰労働力を引き出すことで成長する。**図3-1**から，1980年代には農村の資本主義セクター，すなわち郷鎮企業が第1次産業から少しずつ労働力を引き出してきたことがわかる。1992年を過ぎると，郷鎮企業の拡大がさらに進行して，第1次産業の就業者が減少し始める。また農村から都市への出稼ぎも増加した。第1次産業の就業者が減少することによって食料生産の減少という問題に直面する可能性もあったが，農業の生産性が向上したため，そうした状況を避けることができた。1990年代後半には国有企業のリストラも行われたため，2000年以降，都市部全体が資本主義セクターとなって農村から労働力を力強く吸引するようになった。2018年時点では，農村からの出稼ぎ労働者と，農村で第2次・第3次産業に就業している人々を合計すると，農村から第2次・第3次産業に総計で2億9000万人近くの労働力を送り出していたことが図3-1から読み取れる。

これだけの量の労働力を農業セクターから吸い出せば，農業セクターにはもう余剰労働力があまり残されていないはずである。余剰労働力の枯渇が近づくと，資本主義セクターは農業セクターから労働力を引き出すために賃金を引き上げざるをえないため，資本蓄積のペースを落とす。余剰労働力が完全になくなった時，農業セクターも利潤を最大化する水準で労働力を雇用するようになる。こうして農業セクターも資本主義セクターと同じ原理で行動するようになった時，経済の二重構造が解消される。

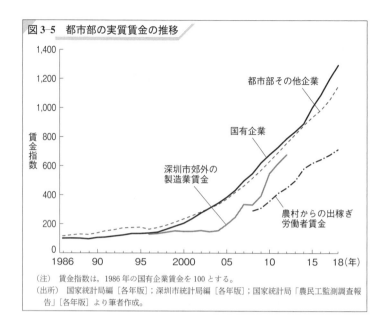

図3-5　都市部の実質賃金の推移

都市部その他企業

国有企業

深圳市郊外の
製造業賃金

農村からの出稼ぎ
労働者賃金

（縦軸）賃金指数

1986　90　95　2000　05　10　15　18（年）

（注）賃金指数は，1986年の国有企業賃金を100とする。
（出所）国家統計局編［各年版］；深圳市統計局編［各年版］；国家統計局「農民工監測調査報告」［各年版］より筆者作成。

　こうした転換が生じる時点を「**ルイスの転換点**」と呼ぶ。中国が果たして転換点を迎えたのか否かをめぐっては多くの議論が行われてきた（蔡［2008］；南・馬［2009］；丸川［2010］）中国に転換点が来たと主張する人々の論拠は，2005年から沿海部の工業地帯で出稼ぎ労働者たちの賃金が急速に上昇し始めたことだ。その前の年から，それまで押し寄せていた農村からの出稼ぎ労働者たちが急に少なくなったという声が広東省の工業地帯で聞かれるようになった。そうした状況はその後ますます顕著になり，企業は賃金を引き上げることで労働者を確保しようとするようになった。

　農村から沿海部に出稼ぎに来る労働者たちの賃金の状況は**図3-5**の「深圳市郊外の製造業賃金」からみてとることができる。中国の賃金統計では地元の労働者と出稼ぎ労働者の賃金とを区別することは難しいが，深圳市郊外（宝安区，龍崗区）の製造業で働いている労

働者のほぼ全員が外地からの出稼ぎ労働者なので，このデータは純粋に出稼ぎ労働者の賃金を示していると考えてよい。1996年から2004年まで賃金はほとんど横ばいだが，05年から急に上昇が始まり，12年には04年の4倍以上に跳ね上がっている。2008年から09年にかけてリーマンショックの影響で賃金の伸びも一時的に止まったが，すぐに急上昇が再開した。

　ただ，深圳市郊外で働く出稼ぎ労働者はほとんどが20歳代以下の若い人々であり，そうした人々の流入が減ったからといって農村の余剰労働力が枯渇したとみるのは早計であろう。また，深圳市郊外の製造業はほとんど電子産業によって占められており，そこで働く人々によって出稼ぎ労働者全体を代表させることにも無理がある。図3-5には農村からの出稼ぎ労働者全体の平均賃金を示しているが，2008年から18年の10年間に2.5倍に上昇している。2005年から十数年にわたって出稼ぎ労働者の賃金が急ピッチで上昇しているが，これだけ強い引力で引かれれば，農村の余剰労働力が枯渇していくはずである。

農村の余剰労働力は枯渇したか

　そこで，農村がどういう状況になっているかをみるために，筆者は2007年に四川省江油市で実施された農家調査のデータを分析したが，少なくとも調査した農村にはまだかなりの数の余剰労働力があるとの結論に至った（丸川［2010］）。ただ，20～30歳代の若年層の多くがすでに出稼ぎしており，農村の余剰労働力は50歳代以上の男性と30歳代以上の女性に限られていた。

　ところが，2018年に河南省三門峡市で訪問した前述の「家庭農場」では，労働者はすべて50歳代以上の高年齢層であった。それより若い人々は子どもたちとともにすべて都市などへ移住してしまったとのことである。都市部であれば年金生活に入っているような年齢層の人まで働いており，この地域には余剰労働力がいないばか

りか，もう10年もすれば労働者の**高齢化**によりあらゆる労働力が消滅してしまいそうであった。つまりここはすでに「転換点後」の状態にある。

ただ，同じ時期に訪問した雲南省や四川省の農村ではそこまで労働力が逼迫している感じを受けなかった。**8**で述べたように，中国の農業は零細で労働集約的な農業経営から，人口の流出と土地の転貸によって大規模な農業経営に転換する途上にあり，この転換とともにルイスの転換点を越えるであろうが，2018〜19年の時点ではその転換以前の農村と転換後の農村とがあった。

10 人口という制約要因

人口ボーナス

ルイスの転換点を越えるということは，1980年頃から30年余りにわたって中国の高度成長を支えてきた労働移動がついに終わることを意味する。今後中国の経済成長は労働供給という制約を強く受けることになる。**第1章4**で予測したように2021〜40年には就業者数は次第に減少の勢いを強めていくと予想される。

振り返ってみれば，改革開放期は人口構造の面からも経済成長に対して非常に有利な条件を享受していた。まず，中国の総人口は1978年の9.6億人から2018年末には14.0億人へ増加し（**第1章図1-4**），なかでも生産年齢人口と呼ばれる15〜64歳の人口が5.6億人から9.9億人へ大幅に増えた。生産年齢人口が総人口に占める割合が持続的に高まる状態を「人口ボーナス」という。なお，中国では法定退職年齢が男性60歳，女性50〜55歳となっていること，また満16歳未満の子どもを働かせることは法律違反であることを考えると，生産年齢人口はむしろ16〜59歳とした方が現実に即してい

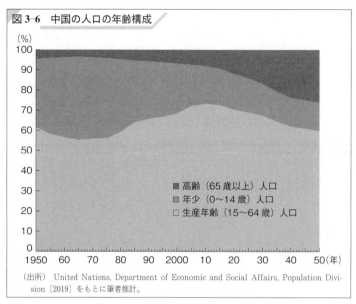

図 3-6　中国の人口の年齢構成

(%)

■ 高齢（65 歳以上）人口
■ 年少（0〜14 歳）人口
□ 生産年齢（15〜64 歳）人口

1950　60　70　80　90　2000　10　20　30　40　50 (年)

（出所）United Nations, Department of Economic and Social Affairs, Population Division [2019] をもとに筆者推計。

る面があるが，本書では国際的な慣例に従うことにする。

　図 3-6 にみるように，生産年齢人口の割合はまさに改革開放期が始まる 1978 年頃から上昇を続けた。そして 2010 年には生産年齢人口の割合は 74.5％ という空前絶後の高水準に達した。第 1 章の図 1-4 をみると，ちょうどその頃，生産年齢人口の絶対数もピークであったことがわかる。

　「人口ボーナス」が経済発展にとって有利な理由は次のように説明される（大泉 [2007]）。まず，生産年齢人口の割合が高いということは，それだけ多くの労働力を生産活動に投入できることを意味する。また，高齢者や子どもなど扶養しなければならない人口の割合が少なくなれば，大人たちが稼いだお金のうちより多くの割合を貯蓄に回すことができる。社会の貯蓄が増えれば，それだけ投資に回せる資金が増える。さらに，子どもの割合が少なくなれば 1 人ひとりの子どもにより多くの教育費を割くことができるようになるの

で，より生産性の高い労働力を育てることができる。

人口政策の変遷　改革開放期の中国が人口ボーナスを享受できたのは，それまでの人口政策の意図せざる効果であった。

　中華人民共和国の成立から 1960 年代までは，中国の指導者たちは人口の増大に対して肯定的であった。日中戦争から国共内戦に至るまでの長い戦争が終わり，ようやく平和な時代が到来すると，衛生状態と栄養状態の改善もあって死亡率が低下する一方，政府が子どもを産むことを奨励する政策をとったことにより出生率が高くなった。そのため人口がどんどん増え，とくに年少人口の割合が高まっていった。

　1953 年に第 1 回の人口センサスが行われ，中国の人口が 6 億 194 万人いることが明らかになった。これは予想外に多い数字だったため，一部では人口過剰に対する危機感が高まり，北京大学学長の馬寅初は 1957 年の全国人民代表大会で人口抑制の必要を説いた。しかし，毛沢東がこれを反動思想だと批判したため，人口の過剰について論じることがそれ以降タブーになってしまった。こうして人口増加にブレーキが利かないまま，1949 年には 5.4 億人だった中国の人口は 71 年には 8.5 億人と，22 年間に 3 億人以上も増えてしまった（若林［1994］）。

　高い出生率と低い死亡率が続いたため，年少人口の割合が高まり，1960 年代から 70 年代前半まで生産年齢人口が総人口に占める割合は 56％ 前後という低い水準で推移した（**図 3-6**）。14 歳以下の年少人口と 65 歳以上の高齢人口の合計を生産年齢人口で割った値を「従属人口指数」というが，この時期の従属人口指数は 0.8 であった。つまり，1 人の成人の肩に 0.8 人の子どもや高齢者を扶養する負担がのしかかっていたのである。

　1970 年代に入るとさすがに中国政府も人口増加に対して危機感

を覚えるようになり，73年より晩婚や出産数の抑制を求めた。その効果もあって，1人の女性が生涯に産む子どもの数を示す合計特殊出生率は1970年の5.8から80年には2.3まで低下した。しかし，急激な人口増加に不安を高めた政府は1980年にいわゆる「**一人っ子政策**」を開始した。

もっとも，1組の夫婦が子どもを1人だけ持つことを許されるという意味での「一人っ子政策」が適用されたのは都市住民に限られており，それは当時の中国の人口の36％にすぎなかった。農民は1人目の子どもが女子の場合は間隔をあけて2人目を持つことができたし，少数民族はさらに多くの子どもを持つことが許された。平均すると出生の許容数は1組の夫婦に対して1.4人強というのが中国のいわゆる「一人っ子政策」であった（蔡［2019］第4章）。

こうして人口の過剰を抑制するために導入された出産制限の政策と，もともと1970年代から始まった出生率低下の底流とが相まって，改革開放期を通じて子どもの数は相対的に減少した。他方で，出生率が高かった1960年代までに生まれた人々が改革開放期には生産年齢人口に続々と加わった。こうして1970年代から人口増加にブレーキがかかった結果，30年以上にわたって人口ボーナスが続くという幸運が訪れたのである。

立ちはだかる高齢化の壁

中国全体の人口の動態（**図1-4**）および人口の年齢構成（**図3-6**）は，いずれも2015年辺りを起点として中国が豊富な労働力という優位性を次第に失っていくことを示している。と同時に，人口に占める高齢人口（65歳以上）の割合が急速に高まっていく。中国は2001年に高齢人口の割合が7％を超える高齢化社会に踏み入ったが，25年頃には高齢人口比率が14％を超える高齢社会に，36年頃には21％を超える超高齢社会へと，加速度的に歩みを進めていくと予測される。

人口の高齢化は改革開放期の高度成長を支えていた人口ボーナスの喪失を意味する。**第1章**で予測したように就業者数は減少を続け，経済成長の足を引っ張る。また，高齢人口が増えるにつれ，現役世代が高齢者の生活を支えるための負担が重くなる。その負担は税や社会保険料の負担の増大として現れてくるだろう。現役世代は貯蓄する余裕がなくなり，そのため社会全体としても投資に回せる資金が減少していく。さらに子どもたちの教育に回す資金さえ削らなければならなくなるかもしれない。

　こうして人口構造が今後経済成長に対して不利なものに転換するなかで中国政府が採り始めている対策が3つある。

　第1に，年金制度の構築である。年金制度には，現役世代が支払った社会保険料がそのまま年金として高齢者に支払われる賦課方式と，現役のうちに将来の年金を積み立てておく積立方式とがある。1996年以前は，企業が退職者に対する手当を支給していたので，事実上は賦課方式がとられていたといえる。1997年に都市部の年金制度がスタートしたが，それは賦課方式と積立方式を組み合わせることを目指すものであった。積立方式であれば，社会保険料は一種の貯蓄となる。社会保険料は基金に積み立てられ，それを企業の株や国債の購入に充てれば，社会の投資に回せることになる。しかし，実際のところ積立方式の方はうまく機能しておらず，将来に不安を残している（蔡［2019］第5章）。

　第2に，「一人っ子政策」の廃止である。2013年に夫婦いずれかが一人っ子である場合に2人まで子どもを産んでよいということになり，さらに16年からは都市，農村，民族を問わず，あらゆる夫婦が2人まで子どもを産んでよいということになった。ただ，2000年以降，中国の合計特殊出生率がすでに1.4〜1.6まで低下していて，国民に出産抑制を強制するまでもなく少子化が実現しているなかで，政策の転換が遅きに失したといわざるをえない。

第3に，法定退職年齢の引き上げである。法定退職年齢とは年金を受け取る権利が生じる年齢なので，これをたとえば 60 歳から 65 歳に引き上げれば，60〜64 歳の人々を年金受給者から労働力に転換することができる。ただ，上海のように平均寿命が 80 歳を超える地域ならばこれでよいが，内陸部の雲南省や青海省のようにまだ平均寿命が 70 歳に満たない地域まで一律に法定退職年齢を 65 歳に引き上げてしまうとこれらの地域の人々は数年しか年金を受け取れないという問題がある（蔡［2019］第 5 章）。退職年齢を担当する人力資源社会保障部では漸進的に法定退職年齢を引き上げる計画をつくることを 2016 年に発表したが，20 年現在まだ具体的な計画は決まっていない。

第4章 *財政と金融*

経済成長と資金調達

1823 年に設立された中国最初の銀行「日昇昌記」（山西省平遥）

➜Keywords ―――――――――――――――――――――――――

自己資本　　国家　　株式　　株式市場　　地方政府　　予算外収
入　　財政請負制　　家計貯蓄率　　地域間格差　　不良債権問題
分税制　　社会保険

前章で述べたように，中国の改革開放期の高度成長をもたらした重要な要因は，労働力が豊富に供給されたことであった。3億人近くの労働力が農業から第2次・第3次産業へ移り，人口構造の面からみても改革開放期は人口ボーナスを享受することができたのである。しかし，こうした状況は2015年辺りでほぼ終わった。農村にはもはや余剰労働力があまり残っていないし，人口構造も高齢化への歩みを速めていく。

労働力の供給という点からみて経済成長に不利な状況が重なるため，今後の経済成長は3つの生産要素のうち資本と技術が頼みとなる。そこで，本章では資本のことを取り上げる。

資本とは企業家が現に投資している，あるいはこれから投資しようとしているお金，という意味である。起業しようと思っている人はまず自分である程度のお金を蓄えなくてはならない。企業家がまず自分で蓄えたお金を投資するというのが資本主義の大原則である。すでに事業をやっていて儲けている企業家はその利益をもとに新たな投資を行うことができる。このように企業家が自分で蓄える資本のことを「自己資本」と呼ぶ。イギリスは19世紀に綿織物業が発展して世界で最初の工業国となったが，綿織物業を担った企業家たちは主に自己資本を蓄えて工場を建設した（Deane［1965］）。

しかし，発展途上国には企業を興せるだけのまとまったお金を蓄えている人がそうそういない。その場合には，社会に分散しているお金を企業家のもとに集めて資本にすることが考えられる。そうした仕組みの1つが株式会社である。日本の産業革命は明治時代の後半（1880年代後半～第1次世界大戦まで）に起きたが，この時期に渋沢栄一や五代友厚がリーダーシップを発揮して多くの出資者の資金を集めて多数の株式会社を設立した（浜野ほか［2009］107～111頁）。株式会社は多数の小規模な資産家に株を買ってもらうことでお金を集め，大きな投資を行うのに便利な仕組みである。とくに日本のよ

うにヨーロッパに遅れて工業化を始めた国の場合，最初に工業化したイギリスよりも近代的な工場を建設するのに必要な資本が増大しているため，株式会社のような仕組みを使って資本を集中する必要がある。

　社会に分散しているお金を集める仕組みとしてより有効なのは銀行である。株を購入できるのはある程度の資産家だけであるが，銀行に預金することは一般の勤労者にもできるので，資産家が少数しかいない貧しい国でも銀行が預金を集めて大きな資金をつくりだすことができる。ただ，株を買う資産家は，投資先の株式会社が失敗して投資したお金を失うリスクを負って投資するのに対して，銀行にお金を預ける預金者は，その方が安全だと考えるから預けるのである。したがって，銀行は預金者から集めたお金で冒険するような真似はできない。銀行が企業に資金を貸し出す場合には，担保をとることによって，仮に貸出先の企業の経営状況が悪化しても貸し出した資金を確実に回収できるように配慮する。

　銀行が貸し出す資金にはそうした特徴があるため，企業が銀行から借りた資金だけに頼るのはあまり望ましいことではない。というのも，企業の経営には浮き沈みがつきものであるが，銀行に借りた金は期日までにきちんと返済しなければならないからである。そこで，企業はまず**自己資本**や株主から集めたお金，すなわち冒険できるお金によって資本の基礎を固めたうえで，経営規模をさらに拡大するために銀行から借金をする。

　工業を発展させようとしている国において資本をつくりだすもう1つの方法は**国家**の力を利用することである。国家は税を徴収する権力を持っているので，大きな資金をつくりだすことができる。国家はまた国債を売って国民や外国から資金を借りることもできる。さらに，国家は自らお金をつくりだすことができる。日本の1万円札をつくるのに必要なコストは20円程度なので，日本国政府はわ

ずか 20 円ほどで 1 万円札をつくっては，国民から 1 万円相当の労働やモノを買っているのである。

　ただし，国家がこうした力を乱用して，むやみに冒険をしてしまうと，国全体の経済を破綻させる危険性が高い。まず，国債を売りすぎると，国債が信用されなくなって買い手がつかなくなったり，国債の償還を求める人が殺到したりして，国家が返済不能に陥ってしまう。お札を発行しすぎると，物価が上がり，通貨の価値がどんどん下がるハイパーインフレという状態に陥る。また，国民や企業に課す税金が重すぎると，国の経済が疲弊することになる。

　以上整理したように，経済成長に必要な資本をつくりだす手段としては，①自己資本，②**株式**，③銀行，④国家の 4 つを挙げることができる。もちろん現代の金融の世界にはもっと多くの種類の資金の流れがあるが，しかしこの 4 つは依然として重要である。本章のテーマは，中国の計画経済期から今日に至るまでの歴史の各段階において，この 4 種類のうちどれが重要であったか，ということである。そうした歴史を振り返ることによって，市場経済でこの 4 種類の資金の流れがどれも不可欠であることを理解する。

　簡単にまとめておくと，まず計画経済期（1953〜78 年）には，④国家のみが資本をつくりだす唯一のルートであった。①自己資本と②株式はいずれも個人でお金をある程度蓄えた資産家の存在を前提とするが，中国共産党が政権を取り，社会主義体制に移行したため，社会から資産家が一掃されてしまった。この時期には③銀行の役割も小さかった。当時の中国国民はとても貧しく，銀行にお金を預金するような余裕はほとんどなかったからである。

　改革開放期の前半（1979〜93 年）には，引き続き④国家の役割が重要であったが，③銀行の役割が急速に拡大していった。国民が次第に豊かになり，銀行に預金するようになったからである。①自己資本で投資する企業家も出てきたが，まだ規模は小さかった。

改革開放期の後半（1994年〜現在）になると，③銀行の重要性が
さらに増すが，②株式や①自己資本の役割も大きく拡大した。国民
がさらに豊かになり，銀行に預金するばかりでなく，株に投資をし
たり，自分でお金を貯めて事業を始める人も多くなったのである。
また，②株式と③銀行の中間ともいうべきさまざまな金融商品が発
達してきた。一方で，④国家も依然として重要なルートでありつづ
けている。

　一般に経済学の教科書などでは，財政と金融とは別々の章で論じ
られる。しかし，本書では両者を1つの章のなかで取り上げている。
それは，いずれも経済成長のための資本を調達する手段だととらえ
られるからである。計画経済期には国家（財政）が果たしていた役
割を，改革開放期には**株式市場**や銀行が担うようになったのである。

　これまでの中国では，財政と金融は経済成長に奉仕するべきもの
だとみなされてきた。しかし，これからの中国においては，財政と
金融の持つもう1つの側面，すなわちリスクへの準備という側面が
強まっていくだろう。

　そもそも人がなぜお金を蓄えるのかと考えてみると，住宅や車の
購入や子どもの進学といった将来の支出に備えるという面のほかに，
大病，災害，失業といったリスクに備えたり，退職後に備えるとい
う面もあるだろう。所得が高まれば，また平均寿命が長くなれば，
リスクに備えるために貯蓄する傾向が強まる。国が豊かになるにつ
れ，財政と金融においても，経済成長より病気，災害，高齢化とい
った社会全体のリスクに対処する側面が強くなってくる。中国もま
さにそうした転換の時にあることを本章の後半で指摘する。

1 国家が投資を担った計画経済期

工業化を担う国家財政

第2章*4*でみたように，計画経済期の中国では，農産物の価格と，都市部の賃金とが低い水準に抑え込まれ，それによって国有企業に大きな利潤を生み出し，その利潤を国家が吸い上げて，さまざまな事業に投資していた。

計画経済期の中国政府が社会のなかでどれだけの資金を集中していたかは**図4-1**の「政府財政収入／GDP」という線からみることができる。1953年から78年の平均で，中国政府の財政収入はGDPの28%を占めていた。つまり国民の収入のざっと4分の1を国家が吸い上げていたことになる。

これが中国の国民にとっていかに重い負担であったかは，当時の中国と同じ経済水準にある今日の発展途上国で政府にどれぐらいの財政収入があるかをみれば明らかとなる。世界銀行の計算によれば，1977年以前の中国は1人当たりGDPが300ドル以下しかなかった（なお，米ドルの価値は変化しているので，ここでは2010年の価値に換算した数値を示している）。これは後発開発途上国（Least Developed Countries）のレベルであり，2015年時点の中央アフリカ共和国（1人当たりGDPが10年の米ドル換算で346ドル）やエチオピア（同483ドル）よりさらに貧しかったということになる。

一般にこうした貧しい国では，国民にあまり重い税金を課すことはできないので，政府の財政収入がGDPに占める割合は低い。2015年時点での後発開発途上国の平均は15%弱であった。ところが，中国はそのような経済水準にあった時に国家がGDPの28%もの資金を国民から政府に集中させていたのである。

図 4-1　政府財政収入，予算外収入，家計貯蓄，流通株式時価総額の対 GDP 比

家計貯蓄残高／GDP

政府財政収入／GDP

流通株式時価
総額／GDP

予算外収入／GDP

(出所)　国家統計局国民経済核算司編 [2007]；国家統計局 [各年版]；国家統計局国民経済
　　　綜合統計司編 [2010]；財政部綜合計画司編 [1992]。

　それがいかに異様なことかは**図 4-2** からみてとることができる。
図の点は，横軸に 2015 年時点の世界 138 カ国における 1 人当たり
GDP（2010 年米ドル換算），縦軸に 15 年時点の政府財政収入の対
GDP 比率を示している。1 人当たり GDP が少ない国は政府財政収
入対 GDP 比が低い傾向があることがわかる。

　そこへ 1961 年から 2018 年までの中国の 1 人当たり GDP と政府
財政収入対 GDP 比の変化を重ねてみる。すると，今日の後発開発
途上国と比べて，計画経済期の中国がいかに高い割合で国家に資金
を集中させていたがわかる。計画経済期の中国政府は実質的に国民
にとても重い税をかけていた。

　図 4-1 からは，当時の中国国民にはほとんど貯金する余裕がなか
ったことを読み取ることができる。太い実線で示された家計貯蓄残
高の対 GDP 比は計画経済期には低迷しており，1978 年の段階でも
GDP の 6％ でしかない。計画経済期には政府のもとに集中された

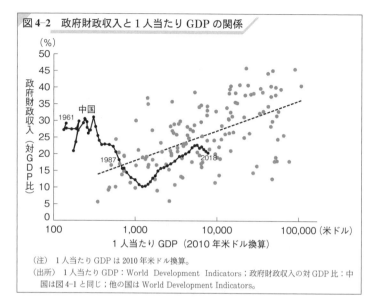

図4-2 政府財政収入と1人当たり GDP の関係

(%)

政府財政収入（対 GDP 比）

1961
中国
1987
2018

1人当たり GDP（2010年米ドル換算）

(注) 1人当たり GDP は 2010 年米ドル換算。
(出所) 1人当たり GDP：World Development Indicators；政府財政収入の対 GDP 比：中国は図 4-1 と同じ；他の国は World Development Indicators。

資金の使途は，第2章の表2-1でみたとおりであり，工業やインフラの建設，そして国有企業の運営などの事業活動（表2-1の点線より上）に支出全体の 57% が注ぎ込まれていたのである。

地方政府の役割　以上では，「政府」ととくに限定なしに呼んできたが，中国の場合，中央政府と地方政府の全体が「政府」である。そして，第2章5で述べたように，1958年の「大躍進」を境に地方政府の役割が大きくなった。

　そうした状況は国家財政における中央と地方の分担割合をみてもわかる。図4-3には国家財政の収入と支出のうち地方政府が占める割合を示した。中国がソ連から計画経済の仕組みを忠実に導入した1957年までは，中央政府が国家財政のなかで占める比重は収入，支出ともに 70% 以上の高い水準にあった。

　しかし，「大躍進」が始まった1958年にまず地方政府による財政支出の割合が前年の 29% から 56% に跳ね上がった。さらに，同年

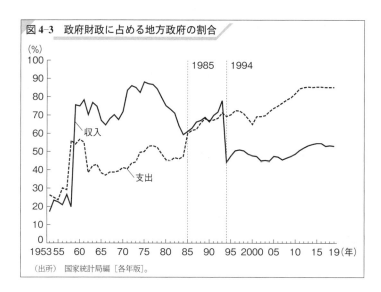

図4-3 政府財政に占める地方政府の割合

(出所) 国家統計局編 [各年版]。

に多くの国有企業の管轄が中央から地方に移されて，1959年から
は国有企業からの収入が地方政府に入るようになったため，地方政
府の収入の割合が58年の20%から59年には76%に跳ね上がって
いる。さらに，1970年にも中央政府に属していた国有企業を地方
政府に移管したため，71年から78年は地方が財政収入に占める割
合が84%以上にまで高まった（**図4-3**）。

ただ，財政収入の大部分が地方政府に入ったとはいっても，地方
政府にそれだけの資金を支配する権限があったわけではない。むし
ろこの時期の地方政府は，中央の出先機関として企業から収入を徴
収する役割を与えられていたとみる方が適切である。まず，**図4-3**
からわかるように，財政収入における地方の割合が8割を超えてい
た1970年代においても，財政支出における地方の割合は4～5割に
すぎなかった。つまり，地方政府が国有企業などから集めた収入の
うち4割ぐらいは中央に上納されていたのである。地方が集めた収
入を中央との間で配分する規則は複雑であり，1949年から93年に

至るまでの間に数年に1回の頻度で何度も変更された（田島［2000］78頁；内藤［2011］82〜83頁）。

　財政支出の半分弱は地方によって執行されていたものの，支出の内容を決める権限は地方政府にはなかった。地方政府には独自に予算をつくる権限はなく，中央政府がつくった予算に従って支出せねばならなかったのである（関・姜編［1990］190頁）。

　ただし，1958〜59年の「大躍進」の時期に限っては，地方政府が財政収入を増やせば増やしただけ財政支出に対してより大きな権限を持つという仕組みが導入された。その結果，地方政府は財政収入を増やし，それを無謀な投資に注ぎ込んで，大混乱になったため，1959年には地方分権が停止され，中央への権限集中が行われた。

　1970年代に入ると，やや地方分権が強まった。まず，1970年に中央政府に属する国有企業のほとんどが地方政府に移管された。1971〜73年には，地方の財政収入があらかじめ中央と地方で定めた予算を超過した場合には，超過分を地方が自由に使えるようにすることで地方政府に財政収入を増やすインセンティブを与えようとする政策がとられた。ところが，実際には地方の財政収入が予算に満たず，地方がかえって予算で定められた支出さえ実行できないケースが続出した。そこで，1974年からは地方が予算で定められた支出を確実に実現できるよう保証する制度に改められたが，それにより地方の財政収入と財政支出との関係が途切れ，地方の増収意欲が失われた（関・姜編［1990］171〜174頁）。

地方政府の「予算外収入」

　1959年から70年代末まで地方に財政収入の7〜8割が入ったものの，結局地方政府にはその収入を自主的に使う権限はほとんどなかったのであるが，正規の財政収入以外の収入，すなわち「予算外収入」については地方独自の財源としてある程度自由に使うことができた。予算外収入とは，地方政府が正規に認められた税金以

外に独自に徴収することを認められた付加的な税による収入や，国有企業の「減価償却基金」（機械設備の更新に備えて積み立てる基金）と「大修理基金」（機械設備の大きな修理に備えて積み立てる基金）といった内部留保など，地方政府や企業が手元にとどめておくことのできる資金を指す。当時の国有企業には経営自主権はほとんど与えられていなかったので，企業の内部留保はその企業を管轄する政府部門が支配した。

　地方政府はこうした資金を，**第2章5**で指摘した計画経済体制の不十分さを補うために使った。たとえば，セメントは計画経済のなかで中央が配分する重要な物資であったが，それでもたとえば上海市の場合，中央政府から配分されたのは市内の需要量の半分程度でしかなかった。そこで，上海市はセメントの不足分を補うために，予算外収入など独自の財源を使って市内に12カ所のセメント工場を建設した。さらに原料の石灰石を確保するために，隣の江蘇省や浙江省の鉱山にも投資した。こうした上海市のセメント産業への投資は，財政における地方分権が強まった1958〜59年と70年以降に集中している（加島［2018］第9章）。

　こうして地方政府の財政支出に対する権限が制限されていたなかにあっても，地方政府は予算外収入を使って地元経済のための投資を進めた。予算外収入は1970年代に拡大し，**図4-1**にみるように，予算外収入の対GDP比率は77年に10％まで上昇している（*Column⑤*）。

沿海部から内陸部への資金の移転

地方政府には予算外収入という財源があったものの，その規模には限りがあった。計画経済期にはやはり中央政府の支配力が圧倒的に強く，中央はその力を利用して軽工業の国有企業から資金を吸い上げて重工業に投資し，沿海部の国有企業から資金を吸い上げて内陸部に投資した。

　1949年から78年の期間に中央への純上納額（中央への上納－中央からの補助）が最も多かったのは上海市，次いで遼寧省，山東省，江蘇省，北京市，天津市となっている。一方，内モンゴル自治区，新疆ウイグル自治区，貴州省，広西チワン族自治区は中央からもらう補助金の方が上納額よりも多かった（加島［2018］第6章）。たとえば上海市の場合，国有企業が地方に移管された1959年に地方の財政収入が前年の6倍以上に跳ね上がったが，その時から地方財政収入の8割以上を中央に上納するようになった。結局，1959年から78年の間，平均で地方財政収入の88％を中央に召し上げられている。遼寧省も同様に地方財政収入の68％を中央に上納していた（加島［2012］より計算）。

　沿海部から吸い上げられた資金が内陸部に移転された構造を明らかにするために，各省で実施された投資が平均的な水準からどれぐらい乖離していたかを調べてみた。まず，各地域の投資はその地域

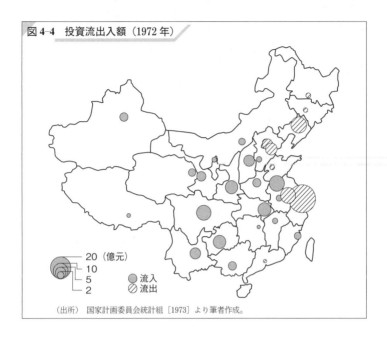

図4-4　投資流出入額（1972年）

20（億元）
10
5
2
流入
流出

（出所）　国家計画委員会統計組［1973］より筆者作成。

における鉱工業生産額に比例すべきだと仮定する。1972年の場合，全国の鉱工業生産額は2547億，基本建設投資額は地域を区分しないものを除くと265億元だったので，生産額に対する投資の割合は10.4%ということになる。つまり，各地域の鉱工業生産額に対してその1割ほどの投資が行われるのが正常な姿だと仮定する。そしてこの比率を下回る割合でしか投資が行われなかった省は投資が流失したとみなし，この比率を上回る割合で投資が行われた省は投資が流入したとみなす。

　1972年についてこのような計算を行った結果が**図4-4**である。この図から沿海部や東北部の省や市から資金を吸い上げて内陸部に投資していたことがはっきりとわかる。とくに上海市は国全体の平均的比率で投資がなされていれば38億元の投資があったはずなのに実際には6億元しか投資が行われず，32億元もの投資資金を吸

い上げられていた。1972年の上海市のGDPは171億元だったので，上海市はGDPの18%に相当する資金を中央に吸い上げられていたことになる。それに次ぐのが遼寧省と江蘇省で，それぞれ10億元ずつ吸い上げられていた。一方，流入した額が最も多かったのは四川省で10億元，次いで湖北省が8億元である。1972年は地方分権が相対的にやや強まった年ではあったが，それでも沿海部から資金を強力に吸い上げ，それを内陸部に注ぎ込むメカニズムが働いていたことがわかる。

2 改革開放期前半

● 地方と金融の役割の拡大

財政から金融への主役交代

改革開放期の前半（1978年末〜93年）は資金の流れのなかで④国家の役割が次第に低下し，②銀行の比重が急速に高まる時代であった。また，1970年から萌芽的にみられた地方分権がいよいよ本格化し，地方政府のそれぞれがまるで1つの企業であるかのように資金を調達して投資するようにもなった。

　まず，前者の変化，すなわち財政（国家）から金融（銀行）に資金の流れの主役が交代したことについてみていこう。**図4-1**にみるように，政府の財政収入のGDPに対する比率は1978年には31%だったのが，改革開放期前半を通じて低下し，95年にはついに10%にまで落ち込んだ。

　政府財政の役割が縮小したきっかけは，1976年の毛沢東の死後に打ち出された投資拡大路線と，それが頓挫したのちにとられた経済の引き締め政策であった。毛沢東亡きあと最高権力者の座に就いた華国鋒は，重化学工業の飛躍的発展を目指す「経済発展10カ年計画」を打ち出した。この計画では，日本や欧米から最新の工業設

備を大量に導入する予定だったが，ほどなくして設備購入に必要な外貨が足りないことがわかって頓挫した。この失敗もあって華国鋒は力を失い，1978年末からは鄧小平が政治の実権を握るようになった（*Column⑤*）。

鄧小平は1950年代から続く工業化一本槍の政策が国民生活の疲弊を招いていると考えた。そこで，国民所得のうち投資に回される割合（当時はそれを測る指標として「蓄積率」，すなわち蓄積額／国民収入使用額が使われていた）を1978年の36.5％から25％にまで引き下げることを目標にした（浜［1995］66頁）。

この当時は政府に資金が吸い上げられて投資されていたので，蓄積率を下げるということはすなわち賃金と農産物の価格を上げて労働者と農民の懐を豊かにする一方，国有企業の利潤を削減して，国家財政に入る資金を減らす，ということを意味する。

実際，1979年には食糧の買上価格が前年より平均21％引き上げられ，政府が農民に割り当てた買上量を超過した部分についてはさらにその5割増しの値段で買い上げてもらえるようになった（池上［2012］34〜35頁）。都市部の労働者の平均賃金も1977年から80年の間に33％も引き上げられた。賃金が上昇した結果，国有企業の利潤率が下がり，国有企業から政府に上納される税や利潤もあまり増えなくなった。1978年から82年にかけてGDPは46％増えたが，政府の財政収入は7％の微増にとどまり，政府財政収入の対GDP比率が31％から23％へ急落した。

ところが，ここでうれしい誤算があった。中国政府は投資を犠牲にする覚悟で労働者や農民の所得を増やす政策をとった。それまでかつかつの貧しい生活を送っていた国民は当然所得が増えた分だけ消費するだろうと政府は思っていた。ところが，いざ食糧価格と賃金の大幅引き上げを断行してみると，投資率（＝粗資本形成／GDP）は1978年の38％から82年の34％へ若干下がるだけにとどまった

のである。つまり人々の所得を増やしても投資はさほど犠牲になら
なかったのである。

　なぜこのようなことが可能になったのかというと，労働者や農民
が増大した収入をすべて消費してしまわず，その一部を銀行に預金
したからである。図4-1にみるように，家計貯蓄残高の対GDP比
率は1978年の6%から82年には13%に急上昇している。人々の
貯金を預かる銀行は当時はすべて国有であるから，そこの資金は政
府の思い通りに使うことができる。結局，この4年間に政府の財政
収入はGDPの8%分減ったが，その代わり銀行に入ってくる資金
がGDPの7%分増え，さらに次にふれる予算外収入もGDPの
5%分増えたため，政府が支配できる資金はかえって増大したので
ある。

　　　　　　　　　　　　　　改革開放期には地方政府が地元の経済発展
　地方政府の財政請負制　　　を促進する主体として大きな役割を演ずる
ようになった。*1*でみたように，その萌芽は1970年代にもみられ
たが，改革開放期前半には財政の制度面からも地方政府による活発
な投資を可能にする条件が整った。それが1980年に行われた財政
の分権化改革である。

　この改革によって，地方国有企業から上がる収入，農牧業税，工
商税など地方経済に関わる収入は地方財政の収入となった。そして
こうした財政収入により，地方政府は地方国有企業への投資や経営
に関わる支出，農村の人民公社の支援に関わる支出，地方の交通や
商業の事業費，文教・衛生費などに責任を負うということになった。
こうした支出に関わる地方財政の予算は地方政府が作成し，中央の
承認を得るものとされた（関・姜編［1990］175頁；安徽省地方志編纂
委員会編［1998］333頁）。

　要するに，地方政府は地元経済から上がる利潤の上納金や税金を
使って，地元経済の発展のために投資したり，教育や医療の体制を

整備する責任を負うことになったのである。こうした制度を「**財政請負制**」と呼ぶ。

　1985年からはさらに地方政府の財政収入増加に対するインセンティブを強める改革が行われた。すなわち、基準となる年に地方と中央とで財政収入を分配した割合ないし金額をもとに、その後数年間にわたって地方から中央に分配する割合ないし金額を固定したのである。そのため、地方政府は地元からの財政収入を毎年増やしていけば、必ずそれに比例して支出できる財源が増えることになった。

　1980年の改革と85年の改革は、いずれも財政における地方分権を強めるものであったが、地方政府の反応は対照的だった。1980年から84年にかけては、**図4-3**に示したように、地方が財政収入に占める割合は急落している。これは1980年代前半には国家財政の状況が厳しくて、中央政府が地方に対して支出の削減を要求したり、中央が地方から金を借りたりしたことが影響している。国家財政全般が厳しいなかで、地方政府は財政収入を増やしても思ったように支出できなくなったり、中央に巻き上げられることを危惧した。そこで地方政府は正規の財政収入は増やさず、地方の自由になる予算外収入を増やしたり、あるいは傘下の国有企業により多くの資金を留保させたりした（梶谷［2011a］38〜39頁）。

　実際、この時期に予算外収入が急拡大しており、その対GDP比率は1978年の10％から85年には17％まで上昇している（**図4-1**）。地方政府は国有企業が費用として計上できる範囲を広げたり、企業内福利の基準を高くすることを認めたり、企業財務に対する監督を緩くして企業の脱税を大目にみたりしていたという（関・姜編［1990］192頁）。

　しかし、1985年から地方政府は財政収入を増やせばそれに比例して財政支出を増やせるようになった。そのため、1985年から93年まで地方政府は財政収入を毎年急ピッチで増やすようになり、地

方の財政支出もそれと比例して増加した（**図4-3**）。

金融の発達　中国の改革開放政策を成功に導いた一番重要な要因は③銀行を通じた資金の流れが大きく成長し，経済成長に必要な資本が絶えず潤沢に供給されたことである。その背景には労働者や農民が稼いだお金をせっせと銀行に預金したことがあった。計画経済期には国民はほとんど貯金する余裕がなく，**家計貯蓄率**（＝家計貯蓄／家計可処分所得）は1978年にはわずか1.8%だったが，改革開放期に入ると急上昇し，85年には8%，90年には18%，95年には28%にもなっている＊。2010年以降はやや下がり気味で，14〜18年の平均は15%であった。

　家計貯蓄率を決める要因は複雑である。一般に所得の少ない貧しい人々は貯蓄率が低いということはいえる。しかし，所得が上がれば上がるほど貯蓄率が高くなるというものではない。貯蓄率の決定要因を考えるうえでまず考慮すべきは「ライフサイクル仮説」である。すなわち，人々が貯蓄をする最も重要な動機として老後への備えということがある。であるならば，人間が働ける年齢の時は一生懸命に稼いで貯金をし，高齢になって退職したのちは貯金を取り崩しながら生活することになる。実際，中国都市部の所得調査によると，25〜50歳の年齢層は消費額を上回る労働所得を得ており，それ以下およびそれ以上の年齢層は消費額の方が多い（蔡［2019］88〜89頁）。

　国全体としてみると，生産年齢人口の割合が高い時期には貯蓄率は高くなると考えられる。改革開放期に中国の家計貯蓄率が上昇していったのも，まさにこの時期に人口ボーナスを享受していたことと関係あるはずである（**第3章**）。したがって，中国でも人口の高齢

　＊なお，ここでは国全体の家計貯蓄残高（ストック）が前年からどれくらい増加したかによって毎年の家計貯蓄の額を推計している。唐［2005］は家計調査を利用して家計貯蓄を推計し，1978年以前は平均して1.3%，84年には20%台に乗り，92年には30%を超えたとしている。

化が進むと家計貯蓄率は下がると予想される。実際，日本の家計貯蓄率は1970年代には20%を超えていたが，80年代以降次第に下がり，2007年度には2.3%まで落ちた（中田［2009］）。中国で近年貯蓄率が低下する傾向をみせているのも人口ボーナスが終わったことと関係しているであろう。

　家計貯蓄率を高めるこのほかの要因として，経済成長率が高かったことの効果（所得の伸び率が高いと，消費の伸びがそれに追いつかないため貯蓄率が上がる），貯蓄を促進する政策の効果，「一人っ子政策」の効果（子どもが1人なので老後を子どもに頼れず，自分で老後に備えて貯蓄する），消費者信用の未発達（住宅やマイカーなど大きな消費をするための資金をローンに頼れないので，購入資金を貯蓄によって形成する）などの要因が作用したと考えられる（唐［2005］第2章）。

　貯蓄はタンス預金や貴金属を貯めこむという方法でも可能であるが，貯蓄を投資につなげるためには，預金を受け入れて企業に貸し出す銀行などの金融仲介機構の存在が不可欠である。その金融仲介機構が改革開放期に大きく発展した。計画経済期の中国には，銀行といえば中国人民銀行の1つしかなかったが，1979年以降，農村部での貸出を行う中国農業銀行，外国為替を担当する中国銀行，固定資本投資を担当する中国人民建設銀行，企業への流動資金の貸付を行う中国工商銀行がそこから分離され，これらは「4大国有銀行」と呼ばれて全預金の7割近くを受け入れていた（王京濱［2011］111頁）。さらに地方政府や国有企業が銀行を設立し，さらに零細な銀行である信用組合，金融を営む郷鎮企業ともいうべき農村合作基金会など大小さまざまな銀行が誕生し，国民からの貯蓄を受け入れた。改革開放期前半には株や投資信託などの資金運用手段はまだ少なかったので，国民の貯蓄はもっぱら銀行への預金に向かった。

　こうして多数の銀行が誕生したが，それらは中央や地方の政府の強い影響下にあった。1993年までは政府が銀行の融資に対して貸

付枠を使って管理していた。この制度のもとでは銀行の手元に資金があってもなくても政府から貸付枠を与えられれば銀行はその範囲で融資を行うことができた。この貸出枠は，政府が企業の投資計画を承認すれば，それに応じて与えられたので，結局，政府がやりたいと思った投資には銀行から自動的に資金が提供されたのである（今井・渡邉［2006］第6章，第7章）。

　ここでいう「政府」には中央政府と地方政府の両方が含まれる。国有銀行の支店は省，市，県・区という中国の行政階層に対応するように設置されており，支店の融資活動や責任者の人事は，その地域の中国人民銀行支店が管理した（田島［2000］88頁）ので，銀行の融資に地方政府が口を出しやすい状況にあった。地方政府は一定の金額以内の投資であれば中央にお伺いを立てずに自ら決定する権限を持っていたので，そうして自ら決定した投資計画に対して銀行の地方支店から融資を引き出すことができたのである。

投資家としての地方政府

こうして改革開放期に財政や予算外収入や銀行融資を自らの投資計画に対して使えるようになった地方政府は，自らの管轄下の国有企業や郷鎮企業に積極的に投資した。改革開放期前半に地方政府が好んで投資したのが当時国民に普及しつつあった耐久消費財の製造業であった（関・姜編［1990］190頁）。それらの組立工場であれば，比較的少額の投資でも始められ，短期間のうちに生産を開始して利潤を上げられるからである。テレビ，冷蔵庫，洗濯機，自転車，自動車などの産業に多数の地方政府管轄下の企業が参入した。

　たとえば，カラーテレビに関していえば，中央政府の電子工業部は改革開放当初，全国でメーカーを3社に絞ってこれらに外国から生産ラインを導入するつもりであったが，全国のほとんどの省・市・自治区政府や主要な市の政府が自らの資金を使って，自らの傘下にあるラジオや白黒テレビの工場にカラーテレビの組立ラインを

導入し，テレビメーカーの数は75社にも増えてしまった（丸川[1999]）。冷蔵庫でも中央政府の軽工業部は1980年時点でメーカー数を14社程度とする構想を持っていたが，84年以降地方政府が次々と冷蔵庫メーカーを設立し，89年には140社を数えるまでになった。地方政府のなかで家電産業を管轄している軽工業局だけでなく，消防局や公安局といった部局までもが傘下に冷蔵庫工場を設立した（丸川[1990]）。自動車産業でも改革開放期前半に地方政府によるトラックなど商用車メーカーの設立が相次ぎ，自動車メーカー数は1979年の55社から91年の120社へ増加した。ただ，地方政府が独自の裁量で動かせる資金の規模は小さかったため，地方政府が設立する自動車メーカーの規模は概して小さく，中国の自動車メーカーの1社当たりの平均生産台数は1991年の段階で5900台にすぎなかった。世界の有力自動車メーカーが年数百万台の規模で自動車を生産しているのと比べると大きな隔たりがある。

改革開放期前半に地方政府が盛んに傘下の国有企業や郷鎮企業に投資したことは，改革開放期の経済発展をもたらした重要な要因である。1980年代から90年代にかけてカラーテレビや冷蔵庫などの家電製品が中国の家庭に普及し，物質面から改革開放の成果を実感させたが，これらの多くは地方政府傘下の国有企業が生産したものであった。改革開放期の所得向上により耐久消費財に対する需要が急増したので，そうしたものを傘下の企業に生産させて税収と上納利潤を増やそうとする地方政府の行動には経済合理性があった。ジーン・オイは，郷鎮政府などの地方政府が1つの企業グループのように産業発展を追求することを「地方政府コーポラティズム」と呼び，これは企業の私有化を行うことなく経済発展を促進する1つの道ではないかと評価している（Oi[1992] p. 123）。またモンティノラらは地方分権化のもとで地方政府どうしが競争しあうことで中国の経済発展が促進されたとして中国は「市場保全型連邦制」だと評

価した（Montinola, Qian and Weingast［1995］）。

地域間格差の拡大 しかし，「地方政府コーポラティズム」に
は深刻な弊害があった。事業への投資によ
って多くの財政収入を獲得した地方ほど，より多くの財政支出がで
きるということになると，国内の**地域間格差**がどんどん拡大してし
まうのである。しかし，財政の本来の役割とは豊かな階層や地域に
多く課税し，貧しい階層や地域を助けることであるはずである。そ
うした財政の持つ所得再分配の機能は改革開放期前半に急速に縮小
していった（梶谷［2011a］56～57 頁）。**図 4-4**では 1972 年に各省の
投資率（＝投資額／生産額）が平均からどれぐらい乖離していたかを
検証したが，ここから変動係数（＝標準偏差／平均）を計算すると
1.1 となる。生産額の大きい沿海部や東北部では投資が少なく，生
産額が小さい内陸部では投資が多いので，投資率のバラツキが大き
かったのである。ところが，1993 年について各省の投資率の変動
係数を計算すると 0.2 となる。つまり，各地域の投資率はきわめて
平準化し，各地域はそれぞれの経済規模に比例して投資するように
なった。言いかえれば，豊かな地方ほどより多くの投資をするよう
になったのである。

　そうなったのは改革開放政策の方針にも原因があった。改革開放
をリードした最高権力者の鄧小平は「条件のあるところから先に豊
かになってよい」という「先富論」を唱え，地域間格差を事実上容
認したのである。しかし，階層や地域の間の格差が広がると社会の
安定を脅かす。とりわけ内陸の貧困地域は少数民族が居住する地域
と重なるため，格差問題が民族間の対立につながりかねない。

　1980 年から 93 年に実施された地方の財政請負制が地域間格差を
拡大する方向に働いたことは**図 4-5**から窺える。1992 年の各省の 1
人当たり GDP と 1 人当たり地方財政支出を比べると，明らかに豊
かな地域ほど 1 人当たり地方財政支出も多いという関係がみられる

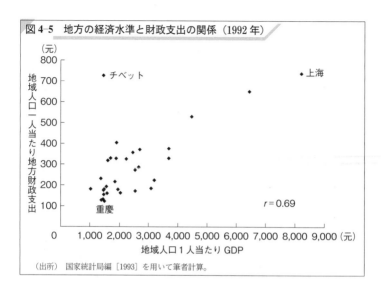

図4-5　地方の経済水準と財政支出の関係 (1992年)

(元)

地域人口一人当たり地方財政支出

800
700 ◆チベット　　　　　　　　　　　　◆上海
600
500
400
300
200
100 重慶
　　　　　　　　　　　　　　　　　　　　r = 0.69

0　1,000　2,000　3,000　4,000　5,000　6,000　7,000　8,000　9,000 (元)
地域人口1人当たり GDP

(出所)　国家統計局編 [1993] を用いて筆者計算。

(両者の相関係数は 0.69)。地方財政支出が最も多い上海市は最も少ない重慶市に比べ，1人当たり6倍の地方財政支出を行っている。これでは貧困な地域では貧弱な住民サービスしか提供できないことになる。なお，例外はチベット自治区で，同自治区の1人当たりGDP は小さいが，地方財政支出は上海並みに多い。これはチベットの人口密度が非常に低く，かつ全体が高地にあるため公共サービスの提供にコストがかかるためであろう。

　比較のために日本の都道府県ごとの1人当たり GDP と1人当たり地方財政支出の関係をみると，日本では所得の高い都道府県ほど地方財政支出が多いという関係はみられず，むしろ所得の低い方が地方財政支出が若干多い（両者の相関係数は−0.13）。また，地方財政支出が最も多い島根県と最も少ない埼玉県の差は 2.5 倍にとどまっている。日本では地方交付税などを通じて地方間の格差を緩和するように財政資金が配分されている。

| 不良債権問題 | 「地方政府コーポラティズム」のもう1つの弊害は，地方政府が銀行に命じて傘下の |

国有企業に対してむやみに融資させたため，1990年代に入って深刻な**不良債権問題**が起きたことである。この問題が最初に認識されたのは1989〜90年にかけての不況の時期である。それまでつくればつくるほど売れていた家電製品などがパタリと売れなくなった。製品が売れないと，メーカーは代金後払いで仕入れていた部品の代金を支払えなくなる。すると今度は部品メーカーが代金後払いで仕入れていた材料の代金を支払えなくなる。販売代金が入ってこないと従業員に給料が支払えない。こうして連鎖的に支払いが滞る問題が起きた。企業に現金が入ってこないので，銀行から借り入れた資金に対する利息も支払えない。銀行からみると，企業に対する融資の利息を受け取れない状態とは，その融資が不良債権になったということを意味する。

　市場経済の世界では期日までに代金を支払わない企業は失格である。日本では企業の資金繰りが行き詰まると，企業が振り出した手形の期日が来ても支払いができなくなる状況（いわゆる「不渡り」）が起きる。半年のうちに2度の「不渡り」を行うとその企業はすべての銀行との取引を停止され，事実上倒産する。

　しかし，1990年頃の中国ではこうした厳しいルールを適用するわけにはいかなかった。というのも地方政府がつくった企業は国有であり，その従業員は倒産しないものと思って就職しているので，もし倒産などしたら大きな社会問題になる。借金を踏み倒しても特段の社会的制裁がないとなれば，債権者と債務者の立場が逆転し，むしろ金を貸している側が何とか払ってくれと頭を下げ，借りている側の企業が現金の代わりに自社製品で支払うといったこともあった（張連奎［1993］）。代金支払いの遅延や拒否が広がり，企業間の信用関係が崩壊し，現金取引でなければ物を売らないようになって，

市場取引がきわめて非効率になった。そこで1991年から政府が乗り出して，支払い遅延連鎖の源になっている企業に資金を融通して，そこから支払い遅延の連鎖を解きほぐそうとした。

　しかし，これでは問題の根本的な解決にならないことは明らかである。どこかの企業の製品の売れ行きが鈍れば，そこから再び支払い遅延の連鎖が始まるだろう。問題解決のためには経営の悪い企業には市場から退場してもらうしかないが，そうなると失業が発生する。第3章で述べたように中国政府が失業の増加を許容してでも効率の悪い企業の淘汰に乗り出したのは1995年以降であった。

　中国の多数の企業が代金支払いの困難に陥ってしまったのは，それまでの改革開放政策それ自身にも原因があった。すなわち市場経済化と企業間の競争を促進しながらも，資本主義を連想させる「資本」（本章の用語では自己資本と株式を意味する）という概念を回避してきたのである。本書の冒頭で述べたように，市場経済における企業は自己資本と株主からの出資によって基礎を固めたうえで銀行からの借金によって経営規模を拡大する。部品や材料のメーカーから代金後払いで仕入れるという行為も一種の借金である。資本があれば，自社の製品が売れなくなっても，資本を取り崩して借金を返すことができる。

　ところが，改革開放政策のなかで資本を持たない国有企業が多数誕生していた（今井・渡邉［2006］188〜189頁）。本来，国家がある程度の資金を出資して国有企業の資本をつくったうえで，国有企業が銀行から資金を借り入れるべきところである。ところが，改革開放期の前半には資本という概念がなく，むしろ国有企業が必要とする資金はすべて銀行から借りるようにすれば，企業は利子を支払う必要があるので資金を効率よく使うだろう，という考え方が強かった。そのため，1985年から国有企業の資金調達はすべて銀行からの借入でまかなうことが原則になった。そうなると，国有企業は誕生し

た時から重い借金を背負って利子を支払いつづけなければならなくなる。製品の販売が好調である間は利子を支払ったうえで利潤も出し，その一部を国家に上納することもできるが，販売が不調になると，資本の蓄えがないので，たちまち仕入れ代金が支払えない，銀行への利子も支払えないという状況に陥る。

3 改革開放期後半

● 市場経済の制度構築

財政・金融の大改革 改革開放期前半の末期に噴出した以上の2つの弊害を解決する道筋は1994年に実施された財政・金融の大改革によってつけられた。

この年，財政においては「財政請負制」が撤廃されて，再び計画経済期のように中央政府が徴収する税，地方政府が徴収する税，両者が分けあう税を定める「分税制」が導入された。ただし，計画経済期には中央政府が徴収する税は関税など限られたものでしかなかったのが，1994年からは最も重要な税である付加価値税を中央政府が徴収するようになり，その税収の75％が中央政府のものとされたことで，中央政府が財政収入全体に占める割合は大きく上昇した（図4-3）。また，従来政府の「予算外収入」とされていた国有企業の内部留保は企業自身の資金とみなすべきだということで1993年から予算外収入の統計から外されたため（章［1994］），予算外収入の額は激減した（図4-1）。こうして中央政府が支配する財政収入が大幅に増え，その一部を経済発展が遅れた地域や少数民族地域に配分することで，財政を通じた地域間格差の是正を目指すようになった。

ただし，こうした改革により，とくにこれまで財政収入が豊かだった地方では財政支出が相対的に減少することになるので，そうし

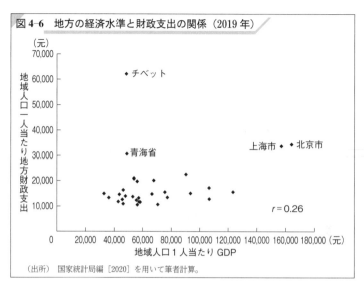

図4-6 地方の経済水準と財政支出の関係 (2019年)

(元)

70,000

地域人口一人当たり地方財政支出

60,000 ◆チベット

50,000

40,000

上海市 ◆ ◆北京市

30,000 ◆青海省

20,000

10,000

$r=0.26$

0 20,000 40,000 60,000 80,000 100,000 120,000 140,000 160,000 180,000 (元)
地域人口1人当たり GDP

(出所) 国家統計局編［2020］を用いて筆者計算。

た地方の反発に配慮し，1994年の改革後しばらくは各地方の従来の財政規模を大きく変えないように中央政府から地方に資金が配分された。その後次第に客観的な基準に基づいて財政基盤の弱い後進地域への財政資金の再配分を行う制度が整備されつつある（梶谷［2011b］）。

　2019年の各省の1人当たりGDPと1人当たり地方財政支出の関係をみると（**図4-6**），1992年のような相関関係はみられなくなった。北京市，上海市，チベット，青海省の1人当たり地方財政支出が多いが，北京と上海は物価の高さ，チベットと青海省は広大な地域への人口の分散のゆえに，公共サービスのコストが高いために財政支出が多いのだろう。この4地域を除くと，他の27地域はすべて1人当たり10951元（河北省）から22463元（天津市）の間に収まり，豊かな地域ほど財政支出が多い傾向はみられない。

　こうして1994年の財政改革によって1950年代以来続いていた中央と地方の間の財政収入をめぐる度重なる制度変更に終止符がつけ

られた。**図4–3**にみるように，2011年以降は財政支出に占める地方の割合が85％で安定している。

　金融に関しては，政府が銀行の融資に自在に介入できる態勢を改め，銀行経営の自立性を高めるような改革が行われた。まず1980年代に成立した「4大国有銀行」，すなわち中国農業銀行，中国建設銀行，中国工商銀行，中国銀行は，これまではたとえば中国農業銀行は農業というように，それぞれ専門分野があって政策的な金融業務を担ってきたが，1994年以降は政策金融の役割はなくなり，商業銀行としての業務を自由に展開できるようになった。その代わりに，新たに国家開発銀行，中国農業発展銀行，中国輸出入銀行が設立され，政策金融を担うようになった。また，従来銀行の融資は政府が配分する貸付枠によってコントロールされてきたのを改め，銀行が受け入れている預金の範囲で融資を行う「資産負債管理」が実施された。

　この改革により4大国有銀行は，1980年代からすでに登場していた株式会社の形態の商業銀行（交通銀行，上海浦東発展銀行，中国光大銀行，中信実業銀行など），94年以降都市部の小さな金融機関を合併してつくられた各地の都市商業銀行（北京銀行，温州銀行，上海銀行など多数）などと同じ土台で競争するようになった。1995年には4大国有銀行が銀行業の総資産のうち77.9％を占めていたが，次項で述べる不良債権の処理や，支店の整理などのリストラを行ったことによって，その規模は相対的に縮まり，株式会社形態の商業銀行や都市商業銀行，さらに新興の民営銀行などのシェアが増えている（門［2011］；小原ほか編［2019］59〜64頁）。4大国有銀行および交通銀行からなる5つの「大型商業銀行」が銀行業の総資産に占める割合は06年に55.1％，18年末には36.7％と次第に低下している。

不良債権の処理　以上のような制度改革によって市場経済に合った銀行システムへの転換を目指したが，

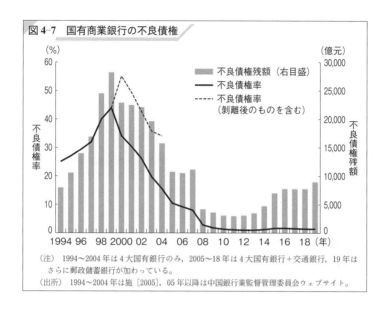

図4-7 国有商業銀行の不良債権

（注） 1994〜2004年は4大国有銀行のみ，2005〜18年は4大国有銀行＋交通銀行，19年はさらに郵政儲蓄銀行が加わっている。
（出所） 1994〜2004年は施［2005］，05年以降は中国銀行業監督管理委員会ウェブサイト。

改革開放期前半の中途半端な改革によって銀行に蓄積された大量の不良債権が政府の肩に重くのしかかってくることになった。その規模は1999年のピーク時に2兆8000億元を超え，GDPの31％に達した（**図4-7**）。バブル経済崩壊後の日本も長く不良債権問題に苦しみ，それが日本の「失われた20年」をもたらした重要な要因の1つとされるが（福田［2015］），その日本でも2001年のピーク時の不良債権の額はGDPの16％だった。

なお，中国の銀行業では2002年より融資の質を正常，要注意，サブプライム，危険，損失の5段階に分け，このうちサブプライム（貸出先の企業が資産の売却または担保物件の処分によってしか借金を返済できなくなっている状態），危険（貸出先企業の担保物件の処分などをしても融資の一部は回収できない状態），損失（貸出先企業が破綻していて融資がほとんど回収できない状態）の3段階のものを不良債権と定義している。2001年以前は利子の支払いが遅れていることをもって

不良債権とみなしていたが，**図4-7** は 02 年以降の定義をそれ以前にも遡及して適用し，不良債権の割合を推計している（施 [2005]）。

ピーク時の規模で比べると，中国の不良債権は GDP に対する割合は日本の 2 倍もあったが，それによって中国経済の成長の勢いが止まってしまうことはなかった。それは中国の不良債権問題が経済体制の移行にともなうもので，その責任は政府が負うという了解が最初からあったためである。**図4-7** にみるように，1999 年には 4 大国有銀行の不良債権率は 44％ にも達していた。つまり，これらの銀行が企業などに貸している資金のうち半分近くからは利息が正常に回収できなかったのであり，これでは預金者に利息を出すことも困難で，実質的には破産状態だったといってよいだろう（施 [2010]）。もし一般の銀行がこのような状態にあることが知られれば，預金者が自分の預金を引き出そうと銀行に殺到する取り付け騒ぎが起き，銀行が破綻することになりかねない。

ところが，4 大国有企業は取り付け騒ぎにあうこともなく，引き続き国民の預金を吸収しつづけた。それはこれらの銀行のバックには国家があり，国家は 4 大国有銀行を絶対に破綻させないという信念が社会で共有されていたからである。

膨大な不良債権は次のようにして処理されていった。政府はまず「金融資産管理会社」（AMC）と呼ばれる不良債権の受け皿となる会社を 4 大国有銀行のそれぞれに対応するように 4 社つくり，それらが政府の債券と引き換えに 4 大国有銀行の不良債権 1 兆 4000 億元余りを簿価で買い取った。こうして 4 大国有銀行の帳簿から 1 兆 4000 億元分の不良債権が消え，政府債券というきれいな資産と入れ替わった。さらに 2004 年に中国銀行と中国建設銀行の不良債権 2787 億元，2005 年には中国工商銀行の不良債権 7050 億元がそれぞれ AMC によって買い取られた（施 [2005]）。2008 年にも中国農業銀行の不良債権 8000 億元が帳簿から外され，これは農業銀行自身

が回収していくことになった（『21世紀経済報道』2008年10月23日）。こうして2008年末には国有商業銀行の不良債権の残額は4209億元，不良債権率は3％まで削減されたのである（**図4-7**）。

その一方で，政府（財政部）は1997年から2005年の間に4大国有銀行に対して9000億元もの資本を新たに出資した（施［2010]）。これにより4大国有銀行の資本を増やし，商業銀行として自立する基盤を整えようとしたのである。

AMCが引き取った不良債権はどうなったかというと，2006年末までに1.4兆円のうち1444億元については債務を負っている企業の株に転換されてAMCが保有する形となった。2359億元は現金などで回収できたが，8989億元は損失として消却された（中国銀行業監督管理委員会［2007]）。これをもってAMCの政策的任務はひと段落し，2007年以降は営利ベースで不良債権処理を行う会社に転換した。すなわち，銀行から不良債権を競売によって買い取り，債務者から借金を取り立てたり，担保物件を売却したり，債権を株式に転換したり，債権を売却するなどで処理して利益を上げることを目指す。4社のAMCは不良債権を安く買っては処理を繰り返すことで利益を上げて成長し，2010年以降は株式会社に転換して株式の上場を果たした。AMCは傘下に銀行や証券業務なども持つ総合的な金融会社になっていった。

図4-7にみるように国有商業銀行の不良債権率は2009年以降2％未満まで下がったが，それでも不良債権がつくられつづけるため，中国では不良債権処理がビジネスとして成り立っている。4社のAMC以外に，各地方や各銀行の傘下にもAMCがつくられた（小原ほか編［2019]第6章）。ただ，不良債権処理ビジネスに冷水を浴びせかけたのが2018年に発覚した「頼小民事件」である。AMCの1つである中国華融の会長であった頼小民が賄賂を受け取って乱脈融資を繰り返し，会社に大きな損害を与えた事件である。不良債

権処理を業務とする AMC が自ら多くの不良債権をつくるという皮肉な事件であった（李玉敏［2020］）。

　不良債権ができた時，まずは担保物件を売るなどして少しでも現金を取り戻すことが大事であるが，あらゆる手を尽くしても回収できない時は，債権を持っている銀行（国有銀行の場合には最終的には国家）の損失として消却するしかない。損失が大きければ銀行自体の破産にもつながるだろう。4 大国有銀行の場合も 1990 年代末には破産してもおかしくないくらいの規模の不良債権を抱えていたのであるが，それをそっくり AMC に買い取ってもらったうえに国家から新たに資本を注入してもらうというきわめて寛大な措置がとられた。4 大国有銀行が政府に従属した存在から，自らの経営に責任を持つ独立した事業体に変わるという過渡期においては，こうした寛大な措置がとられるのもやむをえなかった。

　しかし，4 大国有銀行が商業銀行に脱皮したのちは，銀行に不良債権は政府が救済してくれるという期待を抱かせることなく，高い規律をもって融資に取り組むように促すことが重要である。**図 4-7** にみるような 2014 年以降の不良債権額の増大や「頼小民事件」は，中国の金融業界においていまだに不適切な融資が後を絶たないことを示している。

　　株式市場の役割と問題点　　**2** で述べたように改革開放期前半には資本の概念がなく，多くの借金を背負う企業が多かった。そういうことを防ぐためには企業の資本を充実させる必要があるが，政府からの出資だけでは限界があるので，国有企業も株を発行して国民からの出資をあおぐようになった。改革開放期後半には本章冒頭で述べた自己資本と株式の役割が劇的に拡大した。

　企業が発行する株を取り引きする場として 1990 年には上海と深圳に証券取引所が設立された。上海または深圳の証券取引所に株式

を上場している企業の数は1992年の53社から95年には323社，2000年には1088社と急速に増えていった。この頃まで証券取引所に株式を上場した企業のほとんどが国有企業であった。株式市場は，株を一般市民に向けて発行することで国有企業の資本を増やすためにつくられたといってよい。

　中国の株式市場はこうして国有企業を改革する手段と位置付けられてスタートしたため，独特の制度を持つことになった。それは株のなかに「流通株」と「非流通株」という区別を設けたことである。国有企業を株式会社に変える場合，国家がもともとその企業に投資している金額を国家の出資分と評価し，これを国有株と称した。そのうえで増資を行い，新たに発行した株を他の企業や民間人に買ってもらう。このような改革に対して，中国の左派の論客は，国有企業を次第に民間に売り渡すことになり，社会主義がないがしろにされると批判しつづけている。そうした批判をかわすために，国有企業が株式会社に転換したのちも国家が引き続き支配的な株主にとどまること，国有株や公開前に株を買い取った法人の持ち株は他に売ることのない「非流通株」とすることを政府は確約した。一方，一般市民が証券取引所で売買できる株は「流通株」という。図4-1で「流通株式時価総額」と書いているのはこの流通株の平均株価と発行済みの株数を乗じた額を示している。

　こうして2種類の株を設けることで左派の批判をかわして株式市場をスタートさせることができたが，問題も多かった。第1に，国家が支配株主のままでは国有企業を株式会社に変えても実質上はさほど変化はなく，コーポレート・ガバナンスの改善につながらない（第6章）。第2に，仮に国家が国有企業を株式会社化したのちに支配しつづけるつもりであっても，株を7〜8割も持っている必要はない。政府は社会保障の財源を確保するために国有株の一部を売却することを1999年から検討し始めた。そのためには，国有株を流

通株に転換していなければならないが，流通株が増えると株価が下がり，流通株を持っている一般株主が損をするので大きな反発が起きた（田中［2009］）。

このジレンマを打開するために編み出された方法は，非流通株を流通株に転換して売りに出す際には，非流通株の株主（すなわち政府など）が流通株の株主（一般株主）に対して補償金を支払う（または無償で株式を配る），ただしその金額は株主どうしで話しあって決める，という方法であった（田中［2009］；屠［2020］）。この方法によって2000年代後半に多くの上場企業で非流通株が解消されていった。発行済株式に占める非流通株の割合は2005年には61.8%だったのが，18年末には14.8%まで下がった。

上場する企業の数は2010年には2063社，19年末には3777社へ増えている。2019年末時点で上海と深圳に上場する企業の株式時価総額は8.5兆ドルで，これは日本取引所グループ（6.2兆ドル）を上回り，ニューヨーク（24.5兆ドル），ナスダック（13.0兆ドル）に次ぐ規模の株式市場となっている。

図4-1から株式市場に上場する企業の時価総額が2019年末にはGDPの49%になっていることがわかり，株式市場が企業の資金調達において重要な役割を果たすようになってきたことがわかる。ただ，中国の株式市場はもともと国有企業改革を目的としてできた経緯から，地方政府と関係の深い国有企業の上場が優先されてきた。株価は企業の業績よりも政府の政策に左右され，一般投資家も企業の業績をみるよりも投機的利益を狙う傾向が強い（屠［2020］）。そこで民間企業のなかには，香港やアメリカに株式を上場して資金調達を行う企業が少なくない。

たとえば，中国のネット小売の最大手で，中国を代表する民間企業であるアリババ・グループは中国国内の株式市場での上場を経ることなく，2014年にニューヨーク，19年に香港に株を上場してい

る。このほかにもネット小売の京東（ジンドン），インターネット検索の百度（バイドゥー），捜狐（ソウフー），網易（ワンイー），ビジネスホテル・チェーンの華住集団，ネット動画配信の愛奇芸（アイチーイー）といった民間企業がナスダックに株を上場している。先進国の企業が先進国の株式市場で資金を調達して発展途上国に投資するというのはよくみられるパターンだが，途上国の企業が自ら先進国の株式市場に出向いて資金を調達するというのは新たな国際投資のパターンとして注目される。

4 リスクと財政・金融

リスクへの備え

1981年の時点で中国人の平均寿命は68歳だったが，2015年には76歳になった。男性の法定退職年齢は60歳なので，退職後になお16年生き延びなくてはならない。しかも高齢になれば病気で入院したり，介護が必要になったりすることも多い。高齢と病気は誰もが直面する「リスク」である。さらに，市場経済化の進展によって，人々の所得は大きく上昇したが，反面，企業が倒産したり，リストラにあって失業するリスクも高まった。計画経済期は，所得は低いものの安定していたが，改革開放期は高い所得を得ていた人でも突然失業して無収入に陥る可能性がある社会になった。

　人生のなかでのそうしたさまざまなリスクに対して，用心深い人は貯蓄したり，民間の保険に入ったりして準備する。しかし世の中は用心深い人ばかりではない。また，なかなか職にありつけなかったり，病気で離職を余儀なくされるなどして貯金する余裕がない人も少なくない。さらに，改革開放期後半の中国では第3章7でみたように，国有企業の経営悪化によって失業問題が特定の地域に集中的に現れている。そうした地域にいる人々は十分な貯金をする機会

もないまま失業というリスクにさらされてしまう。

　市場経済化が進み，寿命が延びて所得も上がった中国では，以上のようなさまざまなリスクへの対処ということが，財政と金融の課題として浮上している。

　振り返ってみれば計画経済期と改革開放期前半までの財政・金融の主要課題は経済成長の促進であった。つまり，成長の担い手である企業に社会の資金を集中することが財政・金融の役割であった。

　まず財政についてみてみると，1978年時点では，中国の国家財政支出に占める「経済建設費」（企業や公共施設への投資，農業への補助，都市の整備，企業の設備更新や技術開発など）の割合は64%にも達していた。しかし，その割合は1990年には44%，2006年は27%と下がっている。代わりに「社会文教費」（教育，社会保障，生活保護への支出）の割合は1978年には13%しか占めていなかったのが，90年には24%，2006年には27%と，次第に増えている。とりわけ社会保障関係費（社会保障・雇用，医療衛生への支出）は1990年には2%にすぎなかったのが2007年には14.9%，19年には19.4%に増加した（李蓮花［2020］）。社会保障関係費が一般会計歳出の33%を占める日本の財政（2018年度）に比べるとまだ比率は小さいものの，高齢化の進展とともにこの比率はさらに高まる可能性がある。

　次に金融についてみてみると，まずGDPの83%に相当する家計貯蓄残高の存在（**図4-1**）自体が，あらゆる種類のリスクに対する人々の備えだということができる。これ以外に，死亡や大病，交通事故，火災など，滅多には起きないが，いざ起きた時には大きな損失をもたらす特定のリスクへの備えとして，保険業が21世紀に入ってから急速に伸びている。保険の加入者たちが支払う保険料で形成された保険会社の資産額は2002年にはGDPの5.3%だったのが18年にはGDPの20.3%まで拡大した。

生命保険や海外旅行保険など一般の保険は，リスクの存在を自覚している用心深い人々が自発的に加入するものであるが，社会全体を強制的に加入させることによって用心深くない人にもリスクへの備えを提供する仕組みが**社会保険**である。社会保険も一般の保険業と同様に保険金を支給する対象を特定のリスクに直面した人に限定するものであるが，高齢，病気，失業など，誰もが直面しうるリスクが支給の対象となる。

中国では計画経済期にも名目的な社会保険の仕組みがつくられたが，のちに国家財政によって事実上代替されてしまった。都市部の正規労働者を対象とする社会保険が創設されたのは 1951 年とかなり早い（厳忠勤編 [1987]；何立新 [2008]；飯島・澤田 [2010]）。その制度とは，企業の賃金総額の 3% を企業が保険料として企業内の労働組合に渡し，労働組合が企業の従業員の医療費，退職した労働者に対する年金，労災にあった労働者に対する補償や出産手当などを従業員に支払うというものであった。当然，企業によっては 3% の保険料では足りなくなるところもあれば余るところもあったが，保険料の 3 割を全国総工会（各企業の労働組合の全国組織）に集めて，企業間の過不足を調整することになっていた。

ところが文化大革命のなかで労働組合が機能を停止したため，企業が直接従業員や退職者に対して医療費や年金を支給するようになった。そしてその費用は企業の営業外費用として計上することが認められた。これにより，社会保険が事実上国家財政によって代替されることになった。というのは，計画経済期には企業の利益がすなわち国家の財政収入となったので，医療費や年金を企業のコストとして支出し，その分だけ利益を減らすことを認めるということは，すなわち医療費や年金を国家財政が負担していることに等しいからである。

しかし，改革開放期前半に入ると，このような仕組みと改革の方

針との間に矛盾が生じるようになった。すなわち，当時の企業改革の方針は国有企業がより多くの利潤を上げるように奨励するものであった。一方，企業が従業員の医療費や退職者の年金まで負担するとなると，歴史が長くて多くの退職者や高齢の従業員を抱えている企業は医療費や年金の負担が重くて利潤が生み出せないことになる。一方，歴史が短くて退職者がまだいないような企業はそうした負担が少ないので，あまり努力をしなくても大きな利潤が得られる。

　そこで，退職者の年金や病人の医療費を，その人たちが属する企業によってではなく，社会全体で負担する社会保険の制度を構築する必要があることが認識された。都市部の正規従業員を対象とする年金と医療の社会保険制度は，**第3章**で述べた国有企業の大リストラが行われていたさなかの1997年に創設された。国有企業の経営が悪化して退職者に年金を払ったり，従業員の医療費を負担することも難しくなるなか，企業の負担を社会で肩代わりする制度の構築が急務となったのである。

　このうち年金制度，正確には都市労働者基本養老保険の制度では，雇用主が従業員の賃金総額の20%（2019年からは16%），従業員は賃金の8%をそれぞれ社会保険機構に支払う。この年金制度の特徴は「賦課方式」と「積立方式」が併用されているところにある。すなわち，雇用主が支払った保険料は社会基金に入り，それは高齢者への年金支払いに使われる。このように，現役世代の支払いによって退職世代への支払いが行われるような仕組みを「賦課方式」といい，日本もこの方式をとっている。一方，従業員が支払った保険料は従業員自身の個人口座に積み立てられていき，退職後には個人口座に貯まった額を月割で受け取ることができる。このように自分が自分の将来のために資金を積み立てていく方式を「積立方式」という。都市労働者の医療保険もやはり同様に賦課方式と積立方式を併用する仕組みになっている。

国民皆保険へ

社会保険制度は国有企業の大リストラをきっかけに整備されたものであったため，当初は都市部の正規雇用者のみを対象にしていたが，2000 年代以降，農村部の住民や都市部の正規労働者以外の人々を対象とする社会保険制度も整備されていった。すなわち，2009 年に農村向け，11 年に都市向けの住民基本養老保険がスタートし，14 年に両者が一本化された（李蓮花［2020］）。任意加入の制度ではあるが，政府の財政から収入の 7 割ほどが補助されていて（澤田［2020］），たとえ保険料を払っていない人でも 60 歳を過ぎたら基礎年金を受けられる。そのためもあって，加入者数は 2018 年末時点で 5 億 2392 万人と，前項で述べた都市労働者向けの年金保険の加入者 4 億 1902 万人（退職者を含む）を上回っている。両者合わせて加入者は 9 億 4000 万人を超え，国民皆保険に近づいている。

　農村と都市部の非就業者をカバーする住民基本医療保険制度も 2007 年までに創設された。こちらも加入は任意であるものの，やはり財政から収入の 7 割ほどを補助されていることもあり，加入者は 2018 年末に 10 億 2778 万人に及んでいる。都市労働者向けの医療保険と合わせると，医療保険の加入者は 13 億 4459 万人に達し，国民皆保険がほぼ実現した。2000 年代までは社会保険の有無が都市と農村の格差を象徴していたが，その後 10 年のうちに格差が大いに改善されたのである。

　他方で，年金保険をめぐっては地域間格差による矛盾が起きている（澤田［2020］）。社会保険は各省のレベルで保険料の徴収と管理が行われているが，省によって現役労働者と退職者の比率が大きく違うのである。都市労働者基本養老年金の加入者でみると，東北部の 3 省（遼寧省，吉林省，黒龍江省）では現役労働者 1.4 人に対して退職者が 1 人となっているのに対して，広東省では現役労働者 6.7 人に対して退職者 1 人となっており，退職者を支える負担が大きく

異なる。こうした負担の差から生じる年金基金の過不足は中央政府を通じてある程度調整されてはいるものの，もともと国有企業の不調によって不況にあえいでいる地域に退職者を支える負担が重くのしかかるという悪循環に陥っている。

第5章 技 術

キャッチアップ，キャッチダウン，そして世界の先端へ

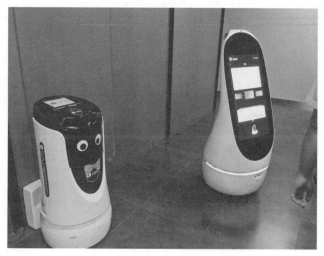

接客用ロボット　北京のロボットベンチャーにて（2018年）

➜Keywords

キャッチアップ　　キャッチダウン　　後発の優位性　　中間技術
適正技術　　産業革命　　小規模技術　　技術導入　　比較優位
自主イノベーション

第 1 章 *4* で今後の中国の経済成長を展望した際, 今後の経済成長率のうち 3 割は TFP (全要素生産性) の上昇によってもたらされるだろうと予測した。改革開放期には主に農業から第 2 次・第 3 次産業へのきわめて大規模な労働者の移動が TFP の上昇の大きな要因であったが, **第 3 章 *9*** で分析したように, すでに農村の過剰労働力はほぼ枯渇しているため, 今後この効果にはあまり期待できない。となると, 技術の進歩, 労働者の教育水準や熟練の向上といった要素が TFP を引き上げるうえで重要になってくる (World Bank Group et al. [2019])。

実際, 中国政府は第 9 次 5 カ年計画 (1996〜2000 年) の時から「粗放的な経済成長から集約的な経済成長方式への転換」を課題として掲げるようになり, 資本や労働力を多く投じることによる成長から, 技術進歩や効率の改善に依拠した成長への転換を目指している。近年はいっそう科学技術の振興に力を入れており, 中国から世界の科学技術の先端に関わるような成果も生まれてきている。

たとえば, 宇宙開発の分野では, 中国は 2003 年に, 旧ソ連, アメリカに次いで世界で 3 番目に自前のロケットによる有人宇宙飛行を成功させた。その後も宇宙ステーションを打ち上げるなどたびたび有人宇宙飛行を成功させている。総合的にみて中国の宇宙技術はアメリカ, ロシア, 欧州との間にはまだ差があるが, 日本とはほぼ肩を並べていると評価されている (林幸秀 [2019] 191 頁)。

また, スーパーコンピュータの世界では, 2010 年 11 月に中国の「天河 1 号 A」が世界一の計算速度を実現した。その後, アメリカや日本がさらに高速のスーパーコンピュータを開発したり, 中国が世界一を奪還したりを繰り返したが, 2020 年 6 月のランキングでは中国の「神威・太湖之光」は第 4 位となっている。「天河 1 号 A」は米インテル社のプロセッサを使っていたのに対し, 「神威・太湖之光」は中国国産のプロセッサ「申威」を使っており, スーパ

ーコンピュータを支える IC の技術も中国が身に付けつつあること
を示している。

　2019 年にサービスが始まった第 5 世代の移動通信技術 (5G) で
は，世界の標準必須特許 1 万件余りのうち中国企業が 34% を保有
しており，国別でみると世界で最も多い。

　これらの事例が示すように，中国の科学技術の先端部分ではすで
に先進国に**キャッチアップ**しつつあり，欧米や日本と世界の先端を
争うところまで来ている。

　ただ，そうした側面だけをみたのでは，中国の技術発展のもう 1
つの重要な側面を見落としてしまう。それは中国の企業が自国およ
び発展途上国の中低所得者向けに，先進国の技術を換骨奪胎し，低
い所得水準，独自の社会環境，そして人々の嗜好に適合した製品や
サービスをつくりだしてきたという側面である。そうした先進国の
技術とは別の道へ向かうような技術も中国の技術発展の重要な側面
であり，むしろそうしたものこそ中国でなければ開発できない技術
だという見方もできる。本章では発展途上国が先進国の技術に追い
つこうとして技術を導入したり開発したりする動きを「キャッチア
ップ型技術進歩」，中国など，発展途上国の低い所得水準，固有の
需要や社会環境に対応するために先進国とは異なる方向に技術を発
展させる動きを「**キャッチダウン型技術進歩**」と呼び（丸川 [2013]），
この 2 つのキーワードを用いて清朝末期から今日に至るまでの中国
の技術進歩を整理する。

1　キャッチアップとキャッチダウン

| 後発の優位性 | 19 世紀末から 20 世紀初頭にかけて活躍し
たアメリカの経済学者ヴェブレンは，工業

化の後発国だったドイツが先進国イギリスから最新の機械を輸入することで急速にイギリスにキャッチアップできたことを指摘した（Veblen［1915］）。技術が人間の技能という形で存在していた時代とは異なり，技術が機械に体化されていたため技術の移転が格段に容易になったのである。だから，人類の技術進歩の先頭に立って未開の荒野を開拓する先進国よりも，そうしたトップランナーから技術や機械を導入する後発国の方がより速いスピードで技術を向上させることができる。アメリカの経済史家ガーシェンクロンはこのことを「**後発の優位性**」と呼んだ（Gerschenkron［1962］）。

　ガーシェンクロンによれば，後発国の産業・企業は，先進国の技術的蓄積のなかから最新の技術を選択することで先進国の産業・企業との差を急速に詰めることができる。最新の技術とは概して資本集約的な技術であり，それを導入するには大きな投資が必要となるため，後発国では銀行や国家が産業への投資に深く関与することになる。末廣［2000］はガーシェンクロンが示したような発展パターンを「キャッチアップ型工業化」と名付け，アジア各国の経済発展にそうした特徴がみられることを示した。本章でいう「キャッチアップ型技術進歩」とは企業や産業のレベルに着目した表現だが，日本，中国，韓国などは国家が企業や産業のレベルでのキャッチアップを強力に後押しすることによって，先進国との所得水準の差を詰めること，すなわち国レベルでのキャッチアップを目指してきたのである。

中間技術・適正技術　　一方，発展途上国に適した技術は，先進国に適した技術とは異なるのではないだろうか，という疑問が1970年代に提起された。そうした議論をリードしたシューマッハーによれば，先進国の最新技術は非常に資本集約的なので，そのままインドのような発展途上国に持ってきたら，現地の雇用拡大に貢献しないし，そうした技術を扱う人材も足りない

のでうまく機能しない。かといって現地の在来の技術を守るだけで
は経済発展の展望は開けない。途上国の発展を図るには，先進国の
最新技術と現地の在来技術の中間ぐらいの技術こそが最も有効だと
して，シューマッハーはそれを「**中間技術**（intermediate technolo-
gy)」と呼び（Schumacher［1973]），そうした技術をつくりだす運動
を展開した。

　こうしたシューマッハーの主張は広く賛同を集め，経済協力開発
機構（OECD）開発センターの 1976 年のレポートではその概念を拡
張して途上国にふさわしい技術として「**適正技術**（appropriate tech-
nology)」を提唱した。これは途上国の社会的・文化的環境に適合
的な技術は必ずしも中間技術ばかりではなく，先端的技術のなかに
も適合的な技術があるので，より広い観点から技術の適正さを考え
ようという提案である。また，このレポートでは，途上国の企業や
職人たちが主体的にイノベーションに取り組むことの重要性も指摘
していた。先進国の技術だと途上国企業はそれを習得することさえ
おぼつかないので，途上国の企業でも創造的に適用，改良すること
ができる適正技術を目指すべきだとする。また国連工業開発機関
（UNIDO）も 1975 年から途上国に適合的な「適正工業技術」の研究
と推進活動に着手した（吉田［1985]）。

　中間技術・適正技術という考え方は新古典派経済学にもなじみや
すいので，経済理論でもこれに呼応した議論がある。シューマッハ
ーは途上国に与えられている既存の技術といえば，労働者 1 人当た
り資本が 1000 ポンドの先進国の技術か，1 ポンドの伝統技術しか
ないので，中間技術をつくりだす必要があると主張したが，速水佑
次郎は必要な中間技術は自ずから誘発されるだろうと楽観的である。
速水は，もし途上国で労働が相対的に豊富であれば，労働をより多
く使用し，他の希少な生産要素の使用を節約するような技術が開発
され，採用されるだろうという。たとえ，先進国から**技術導入**をす

る場合であっても，その技術をより労働使用的・資本節約的に修正することで，効率をいっそう高くし，かつ労働者への分配率も引き上げることができる。ただ，そうした修正的な開発を民間企業の自発性だけに頼っていたのでは十分に適正な技術が開発されないかもしれないので，政府の積極的支援も必要であるとする（速水[1995]）。

以上のように中間技術・適正技術論は1970年代から80年代にかけて理論的にも実践的にも盛んだったが，90年代以降急速に顧みられなくなった。それは韓国や台湾などが先進技術を取り入れることで急速な工業発展を遂げ，所得水準においても先進国の水準に到達する一方，中間技術がそこまでの目覚ましい効果をあげていなかったためであろう。

キャッチダウン型技術進歩 | だが，近年になってインドや中国における独特な技術進歩が注目されるようになった。世界的に注目された商品の1つがインドの自動車メーカー，タタ自動車が2009年に発売した乗用車「ナノ」である。タタ自動車会長のラジャン・タタはインドの路上で家族4人が1台のオートバイに乗っている情景をみて，こうした人々に何とか安全な交通手段を提供したいと考え，最初から販売価格を10万ルピー（2500ドル）と定めてそれを実現するために機能を簡略化した乗用車を開発した。「ナノ」は結局商業的には成功しなかったものの，途上国で必要とされる技術は先進国の今の技術，あるいはその「お下がり」では必ずしもないのではないか，という思考を大いに刺激した。

「ナノ」は忘れられかけた中間技術・適正技術論を想起させたが，単なる再現ではない。それは第1に，途上国（インド）の企業の側がイニシアティブをとった技術開発であった。第2に，中間技術・適正技術は途上国に適合的な技術を模索する社会運動であったが，

「ナノ」はビジネスとして取り組まれていることである。利益が見込めるビジネスであれば，社会運動としての中間技術・適正技術よりも持続可能である。

　こうした発展途上国の側からの新たな技術発展の動きを目の当たりにして，先進国の企業のなかでも製品開発の軸足を途上国におくべきだという考えが生まれた。たとえば，ゼネラル・エレクトリック（GE）の会長兼CEOであるイメルトは「逆イノベーション」（reverse innovation）という概念を提起している（Immelt, Govindarajan and Trimble [2009]）。イメルトらは，従来の先進国中心の開発体制をグローカライゼーション（glocalization）と呼ぶ。これは先進国向けに開発した製品を各国向けの事情に合わせて修正を加えながら世界に展開する体制を意味している。一方，「逆イノベーション」とは途上国の現地法人に大きな権限を与えて，現地の低所得者向け市場において受容される価格や使用環境を意識した製品を開発し，その開発成果を逆に先進国市場でも展開することを指す。イメルトらは新興国に軸足をおいた開発体制をとらなければ，世界経済の成長を牽引する新興国市場を現地企業に奪われるだけでなく，そこでの成功をバネに途上国企業が先進国にも進出してくる可能性があるとの危機感を表明している。

　また，イギリスのエコノミスト誌は，自動車を簡略化して安くした「ナノ」や，GEがインドの農村向けに逆イノベーションの手法で開発した1000ドルの心電図測定器などを包括して，「倹約的イノベーション（frugal innovation）」と呼んだ（Economist [2010]）。

　本章で「キャッチダウン型技術進歩」と呼ぶものは，逆イノベーションや倹約的イノベーションと問題意識が重なる部分があるが，必ずしも同じものを指しているわけではない。まず，「キャッチダウン型技術進歩」は途上国側が主体的に技術を発展させる動きを指しているので，先進国企業の取り組みである逆イノベーションとは

実施主体が異なる。ただし，途上国のニーズに即した商品やサービスを開発するという目標は共通している。また，「倹約的イノベーション」という言い方だと，先進国にすでに存在する自動車などを途上国向けに安くすることばかりに目が向いてしまうが，キャッチダウン型技術進歩には，単に安くする技術だけでなく，途上国固有の需要や社会環境に適した商品やサービスの開発も含めたい。たとえば中国の家電メーカー，九陽集団は中国市場に向けて家庭用豆乳機という製品を開発してヒットさせたが，先進国には存在しないこうした独創的な製品の開発もキャッチダウン型技術進歩の範疇に入る。また，中間技術・適正技術の議論では「どのように」つくるかに焦点が当たっていたが，「何を」つくるかにおいて，途上国の需要，所得水準，社会環境に合わせて先進国の後追いではない方向に技術を発展させる動きも「キャッチダウン型技術進歩」に含まれる。2以降では，中国の技術発展をキャッチアップとキャッチダウンというキーワードを使って整理することで，発展途上国における技術進歩の意義について考えていきたい。

2 中国の産業革命

● 清末から1950年代

| 欧米に大きく遅れていた清朝 |

世界最大の大国であった清が没落の道をたどり始めた起点はアヘン戦争であった（第1章）。アヘン戦争の敗北によって，清朝は軍事力の基盤となる工業技術において西欧に大きく遅れをとっていることを思い知らされた。**写真1**と**写真2**をご覧いただきたい。これらは共にアヘン戦争の時に清朝の軍隊がイギリス軍を砲撃するのに用いた大砲で，アヘン戦争の戦地であった広東省虎門で発掘されたものである。ただし，写真1の大砲はヨーロッパから輸入したも

↑写真1

↑写真2

Column⑥ 鋳造と鍛造

鋳造とは砂や金属でつくった型のなかに溶けた金属を注ぎ込んで必要な形にする加工法で、このような方法でできたものを鋳物という。鍛造とは金属をたたきながら成形することで、金属の硬さや引っ張り強さを高める加工法である。

の、写真2の大砲は広東省仏山で製造されたものである。両者の差は素人の目にも明らかである。外国製の大砲の砲身は薄く滑らかであるのに対し、中国製のそれは分厚く、多くの巣（空洞）が入っている。これは当時の中国の鋳造技術（*Column⑥*）が西欧に比べて劣っていたことを示しており、2本の大砲の差に現れる工業技術の差、すなわちすでに産業革命を経過していたイギリスと、産業革命が始まっていなかった清朝との差がアヘン戦争の勝敗を分けたといえよう。

イギリスと日本の産業革命

産業革命とは工業における機械化が消費財産業から生産財産業まで広がり、それとともに産業資本が確立される時期だと定義できる。イギリスでは綿紡績業においてジェニー紡績機やミュール紡績機が導入された1760〜70年代が産業革命の始まりである。1780年代には織布において力織機が発明され、また蒸気機関が機械の動力として用いられるようになった。鉄鋼業では、銑鉄をつくるプロセスでコークスを使う方法が1735年にイギリスで実用化され、18

世紀後半から高炉の大型化が始まった。また，1820年代にはネジ切旋盤と平削盤という工作機械が発明された。工作機械はいわば「機械を作る機械」であるが，こうして機械産業までが機械化された1820〜30年代をもって産業革命が完了したとみなしうる（大石編［1975］14〜15頁）。

　日本の場合，産業革命が始まったきっかけは，幕末にアメリカの圧力によって開国を行ったことであった。1853年にアメリカ海軍の艦船4隻が東京湾に来航し，その5年後には開港や自由貿易を約束した日米修好通商条約が結ばれる。関税自主権を失い，保護関税という防衛策がないままに国際貿易のなかに放り込まれた日本が，開国の当初に輸出できたのは生糸と茶ぐらいであった。国内の伝統的な綿織物業は開港とともに流入してきた外国産の綿織物に圧迫され，1874年には輸入綿布が国内需要の4割を占めるまでに至った（大石編［1975］120頁）。

　しかし，ここから日本は急速な適応力を発揮する。まず，日本の在来の綿織物業は，インド産の綿糸を使ったり，飛び杼を導入したりして競争力を高め，1890年頃には国内需要の8割を占めるまで回復した。また，1877年には日本で「ガラ紡機」という簡易な紡績機が発明され，国内でより多くの綿糸がつくられるようになった（清川［1995］）。そして1883年には蒸気力を動力とし，1万錘以上の紡績機を備えた近代的綿紡績工場である大阪紡績会社が設立された。その成功に刺激されて，1886年から大規模な紡績工場が次々と設立され，90年には国内の機械製の綿糸の生産量が綿糸の輸入量を上回るに至る。綿紡績業の大規模化と機械化が進んだ1880年代後半こそ，日本の産業革命の始まりとみてよいだろう（大石編［1975］18, 121〜122頁）。

　一方，日本の生糸は明治の初めまでは，座繰り器という木製の歯車を用いた手回しの道具を用いて，主に農家の副業として小規模に

生産されていた。明治政府は1872年に官営富岡製糸場を建ててフランスの最新の機械製糸の技術を導入し，絹糸の品質を高めようとした。しかし，蒸気機関を動力源とし，鉄製の機械をフルに装備し，300の釜を備えた富岡製糸場は，当時の日本の企業家たちが模倣するにはあまりに大きすぎた。そのため，富岡製糸場を模範としながら日本の企業家たちが建てた製糸工場は，規模が富岡製糸場の数分の1以下，鉄製の機械を使う代わりに木製の機械を使い，蒸気機関ではなく水力を使うものが一般的であった。なかでも諏訪地方では，1877年頃から，10～30釜程度という小規模で，水車を動力とし，繭を煮る鍋にも鉄の代わりに陶器を使った製糸工場が集積し，これらが安価な生糸を大量生産することで日本は1906年頃にはついに中国を上回って世界一の生糸輸出国となった（清川 [2009]；大石編 [1975] 52～53，171～174頁）。綿紡績におけるガラ紡機の開発や諏訪地方の小型の製糸工場のように，日本ではヨーロッパの近代技術を日本の状況に適応させるキャッチダウン型技術進歩が盛んに行われた。

　1901年には官営八幡製鐵所が操業を開始し，05年には旋盤の生産が始まり，こうして主要な生産財である鉄鋼と工作機械が国産化された。つまりこの時期に日本の産業革命は生産財部門にも波及し，完成をみたということができよう（大石編 [1975] 19～20頁）。

| 中国の産業革命 |

以上の日本の例を念頭におきながら中国における近代工業技術の導入の過程をみてみよう。アヘン戦争に敗れた中国も，日本と同じく保護関税という防衛策なしでイギリス産綿織物の浸透を受けそうになった。ところが，中国向けの綿織物の輸出はイギリスが期待したようには伸びなかった。というのも，農村の副業としてつくられていた綿布の方がイギリス産綿布よりも庶民に好まれたからである。中国は綿布を輸入する代わりに，すでに機械化されていたインド産の綿糸を大量に輸入

し，それを材料にして農村で綿織物が盛んにつくられるようになった。

　中国における近代工業技術の導入は1860年代に清朝の高官たちが兵器工場を建設したことに始まる。綿紡績業では地方総督の李鴻章が民間人の協力を得て近代紡績技術を導入する上海機器織布局を1878年に設立し，90年に綿糸を生産し始めた。上海周辺の農村の綿織物業はすでにインド産綿糸を使い始めていたので，上海機器織布局でつくられた機械製綿糸も歓迎された。その成功に刺激されて，上海などに多くの綿紡績メーカーが誕生した。さらに，日清戦争後の下関条約（1895年）で，開港場での外国人の工場建設が認められるようになると，日本など外国資本の綿紡績工場も増えていった。1918年には国内の機械製綿糸の生産量が綿糸の輸入量を上回り，またこの頃には農村家内工業でつくられていた手紡糸のシェアも半分を割った（森［2001］；久保・加島・木越［2016］21〜25頁）。

　綿紡績業における大規模化・機械化をもって産業革命の始まりとみなすならば，1890年が中国の産業革命の始まりである。そして日本より30年遅れとなったが，1920年代までに国産品による輸入品の代替，および機械製綿糸による手紡糸の代替が達成されたので，綿紡績業では産業革命が完結したといえる。

　しかし，他の産業に目を転じると，中華民国期（1911〜49年）までには産業革命が完結しなかったケースが多い。綿織物業ではやはり1890年の上海機器織布局の操業開始によって中国に近代的な力織機が導入されたのであるが，そうした機械製織布が農村家内工業として営まれていた手織の綿布を駆逐するには至らず，1931年の段階でも手織の綿布がなお市場の61.6％を占めていた（久保・加島・木越［2016］24頁）。ただし，手織といっても，1903年頃に日本から伝わってきた「鉄輪機」によって旧来の織布よりも5倍以上に生産性が高まっていた。「鉄輪機」は人間が足で踏むことで動力を

得るが，織布の動作は自動的に行われるというもので，シューマッハーのいう中間技術だといえよう。鉄輪機の導入によって河北省の高陽，遼寧省の営口や奉天（瀋陽）などが綿織物産地として成長した（森［2001］303〜306, 443〜444頁）。

難航する産業革命：製糸業と鉄鋼業

また生糸は中国がもともとは世界の最先進国で，中国産の絹織物がシルクロードを通じて中東やヨーロッパに輸出されていた。ヨーロッパで養蚕と製糸の技術が広まったのは16世紀頃とされるが，18世紀中頃にはヨーロッパの製糸技術が中国を凌駕するようになった。19世紀のヨーロッパでは，製糸にも蒸気機関が利用されるようになり，依然として伝統的な手工業の段階にとどまっていた中国や日本に大きな差をつけた。ところが，1860年代にイタリアやフランスで蚕の伝染病が広がって生糸の生産が激減したため，ヨーロッパは中国と日本に生糸の供給を求めるようになった。

　当時，中国では生糸を巻き取る枠を足踏み式で回す繰糸機が広く使われていて，日本より生糸の生産性が高く，高品質だった。そのため，ヨーロッパからの買付が増え，中国の生糸輸出は1850年から70年代前半にかけて3倍以上に増えた（大石編［1975］172頁）。

　そうしたなか，1861年にジャーディン・マセソン商会の出資により上海で中国最初の近代的な製糸工場が誕生した。この工場は鉄製の釜を200個備え，蒸気で繰糸機を回し，繭を煮るというヨーロッパ式の技術を導入したものであった。しかし，原料の繭の買付がうまくいかなかったため，工場設備の稼働率が低くて赤字続きとなり，10年後には閉鎖されてしまった。繭の買付にあたる中国人商人との協力関係が構築できなかったのである（曽田［1994］；石井［1998］）。

　一方，広東省南海県（現在の佛山市南海区）では，ベトナムで商業を営んで財をなした南海県出身の企業家，陳啓沅が1874年に継昌

隆糸廠という製糸工場を開設した。同社は陳がベトナムでみたフランスの製糸技術を取り入れており，300釜の規模で，ボイラーから繭を煮る釜に蒸気と熱湯を供給していた。他方で，糸を巻き取る枠は蒸気機関で回すのではなく，人が足踏み式で回転させていた。つまりフランスの製糸技術と中国の在来技術とを折衷したものであった。継昌隆糸廠が成功したことから，それにあやかろうと南海県や隣の順徳県で製糸工場の設立が相次ぎ，1881年には14〜15社を数えるに至った（鈴木［1992］419〜426頁）。

　一方，上海でも1878年にアメリカのラッセル商会が，日本の富岡製糸場の技師長だったブリューナを工場長に迎えて製糸工場をスタートさせ，中国資本や外資による工場開設も続き，82年までに総計4社，合計800釜の規模になった（鈴木［1992］323〜324頁）。こうして，工場の小型化へ向かった日本とは異なり，広東では400〜500釜程度，上海では200〜250釜程度の大工場が広まったのである。ところが，中国製糸業の成長速度は日本に比べて遅く，1906年に生糸輸出量で日本に追い抜かれてしまう。

　中国製糸業が停滞した理由として鈴木［1992］が示唆しているのが，在来の絹織物業者たちの抵抗と政府当局の規制である。1881年には絹織物業者や労働者数千人が南海県の近代的製糸工場を襲撃する事件が起きた。南海県政府はこの事件に驚いて県内の近代的製糸工場すべてに閉鎖を命じ，陳啓沅はマカオへの工場移転を余儀なくされた。上海でも1882年に外国資本の製糸工場を禁止する措置が打ち出された。禁令はイギリスとアメリカの政府からの抗議により撤回されたものの，外国資本による原料繭の取引に対して厳しい規制が課せられた。富岡製糸場を建てて製糸業の産業革命を推進しようとした日本政府とは対照的に，清朝は製糸業の産業革命に積極的ではなかった。

　また，清川［2009］は，ヨーロッパ技術を導入した後，中国では

日本でみられたようなキャッチダウン型技術進歩が進まなかったことに停滞の理由を見出している。そうなった背景として，当時は資本家が工場を建設し，経営者に賃貸するという制度が一般的だったことが挙げられる。資本家は製糸技術に関する知識がないまま，一般的な設備を導入して工場をつくってしまう。経営者は契約期間1年で工場の操業を請け負うので，与えられた設備を動かして利益を最大化することを目指すばかりで，設備を改良して中国の状況に適応させる意欲も権限もなかった。

産業革命の完成のメルクマールである鉄鋼業についてみてみると，清朝末期の1890年に清朝高官の張之洞によって国営漢陽鉄廠が設立され，94年に銑鉄を生産し始めた。これは日本の八幡製鐵所の生産開始の7年前だった。高炉（鉄鉱石とコークスを高温で溶解して銑鉄をつくる設備。**第1章 *Column①***）の大きさは銑鉄日産100tというから，日産160t（容積494 m³）の高炉2基を備えていた八幡製鐵所より小さいが，製鋼，圧延（レール，鋼板，条鋼）の工程も備えた本格的な一貫製鉄所であった（波多野［1961］440頁）。

しかし，採用した製鋼技術が現地の鉄鉱石に合わなかったり，コークス炉がなくてコークスをイギリスから輸入しなければならないなど技術選択が誤っていたため，経営が軌道に乗らないまま1925年には鉄鋼生産をやめてしまう。一方，八幡製鐵所の成功で鉄鋼業のテイクオフに成功した日本は，1915年の対華21カ条の要求により中国東北部での鉄鉱石採掘権を獲得した。これを利用して満鉄が鞍山製鉄所を，大倉組が本渓湖煤鉄公司を設立し，とくに前者は八幡製鐵所に次ぐ東アジア第2の製鉄所となっていく。ただ，2社ともに生産した鉄鋼製品の大半を日本に輸出しており，中国の他の産業とはほとんど連関を持たなかった（久保・加島・木越［2016］64〜68頁）。

また，産業革命完成のもう1つのメルクマールである工作機械に

ついては，結局中華民国期の間には国産化できなかった。

　以上のように，中国では産業革命が綿紡績，綿織物，製糸，鉄鋼の各産業で19世紀末には始まったが，近代技術が伝統技術を圧倒し，輸入代替を成し遂げたのは綿紡績業のみであり，鉄鋼業や工作機械といった生産財産業の確立には失敗している。つまり，産業革命は清朝末期に始まったものの，民国期になっても完成に至らなかったのである。

中華民国期の技術発展　ただ，中華民国期に特筆すべき発展をみせた産業もある。

　まず化学工業が挙げられる。第1次世界大戦によってヨーロッパからの化学製品の輸入が途絶えたのが中国の化学工業誕生のきっかけであった。石鹸，ガラス，洗剤など日用的な化学製品の原料となるソーダ灰（炭酸ナトリウム）の国産化に取り組んだのが，京都帝国大学で応用化学を学んだ企業家，范旭東が設立した永利化学工業公司だった。范はコロンビア大学で化学を研究していた侯徳榜を主任技師に迎え入れ，技術的に難しいソルベー法を用いてソーダ灰を1926年に量産化することに成功した。ソーダ灰の製法としてはより簡単なルブラン法もあったが，それには硫酸が大量に必要であり，中国では硫酸の供給が足りなかった。一方，ソルベー法は食塩を原料とするので，原料が入手しやすい。

　永利化学によるソルベー法の習得は日本よりも早く，同社のソーダ灰は日本にも輸出された。日中戦争が激化し，国民党政権とともに内陸の四川省に移転した際に，永利化学は原料塩の品質が悪いという四川省の状況に適応して，原料塩の利用効率の向上ができる「侯氏法」という独特のソーダ製法を開発し，その技術は戦後日本のソーダメーカーにも採用された。つまり，中国のソーダ製造技術は当時世界でも有数のレベルに達しており，それゆえ中華人民共和国時代に入ってからもソーダ灰は中国の主要な輸出品の1つとして

外貨獲得に貢献した（田島編［2005］；峰［2017］）。

　一方，外資企業主導で発展したのがタバコ産業である。中国で近代的なタバコ産業が産声を上げたのは，1891年に上海でイギリス人がシガレット工場を設立したことに始まる。**第1章2**で述べたように，この頃からアメリカとイギリスでタバコ産業の大合併運動が始まり，1902年にBATが成立して上海のシガレット工場もその子会社となった。BATは近代的なシガレット工場を中国各地に展開するとともに葉タバコ農業も指導し，1940年代に至るまで中国市場で高いシェアを維持した。その遺産は中華人民共和国に受け継がれ，今でもBATが使っていたブランドの1つである「哈徳門」シガレットが生産されつづけている（丸川ほか［2021］）。

ソ連からの技術移転　中華人民共和国が成立し，第1次5ヵ年計画（1953〜57年）が始まってからは，中国はソ連の技術援助のもとでキャッチアップを目指すようになる。ソ連の技術援助は計画経済の運営方法から，鉱工業技術，農業技術，教育，医療など国民経済のあらゆる分野に及び，ソ連から中国へ派遣された技術者は約3000人，中国からソ連・東欧に留学した者も2万人以上いた。

　この時期，中国によるキャッチアップの主な手段はソ連・東欧からのフルセットの鉱工業設備の導入であった。1950〜59年の期間に中国はソ連との間で304項目，東欧諸国との間で116項目など総計423項目のフルセット設備の導入契約を結んだ。その内訳は機械・電子・軍事工業が132項目で最も多く，電力工業，金属工業，石炭工業などがそれに続いた。こうしたフルセット設備は有償で，中国は総計27億ドルの外貨を費やしたが，それに付随して鉱工業，農林業，医療などに関わる4000以上の技術資料（機械の設計図や生産工程に関する資料など）が複写代程度の安い値段で提供された。機械設備が導入され，さらに技術資料が提供されて，派遣された技術

者が直接の指導をしたことで，中国は産業用機械を自らつくる能力まである程度身につけ，これまで化学以外はほとんど空白であった重工業の分野で世界の水準に一気にキャッチアップを進めていったのである（陳慧琴［1997］12～23頁）。この時期に中国は鉄鋼と工作機械を生産する技術をソ連から取り入れており，こうして1950年代に至って中国の産業革命はついに完成したのである。

　国際情勢の影響により，技術の導入先がソ連・東欧に限定されていたという限界があったとはいえ，ソ連・東欧からのハードとソフトの両方にわたる技術移転によって中国の技術水準は飛躍的に進歩したといえる。1950年代にソ連から移転された工業技術がどの程度のものであったのか，自動車と鉄鋼の例をみてみよう。

　中華民国時代には，満洲国において日本資本によって自動車が少量組み立てられたことを除けば自動車産業は空白であった。第1次5カ年計画の期間に，ソ連からの技術移転により，中国最初の本格的な自動車メーカーである第一汽車製造廠が設立され，建設開始から3年後の1956年に稼働を開始した。この工場は4t積みトラックを年産3万台の規模で組み立てる能力を持っており，これはトラック工場としては世界的にみても大規模なものである。また，そこで生産されたトラック「解放」は，ソ連で1946年に生産が始まった「ZIS150」を導入したものである（中国汽車工業史編審委員会［1996］；山岡［1996］）。つまり，「解放」はその生産が開始された1956年の段階で，ソ連の10年前の製品であったということになるが，もともとトラックはそれほど技術進歩が速くないし，ソ連が第一汽車製造廠の工場を設計し，機械設備を提供し，技術者の派遣から中国人従業員の実習受入れまで行ったことを考えると，ソ連は持てる技術を惜しみなく中国に提供したといってよいだろう。

　また，鉄鋼業は民国期に日本によって鞍山製鉄所などが建設されたことは前述のとおりであるが，第1次5カ年計画の期間にソ連は

鞍山に対する機械設備と技術の移転を行って満洲国時代を何倍も上回る規模の製鉄所に成長させたのみならず，包頭や武漢など内陸地域にも大型製鉄所を建設するための技術移転を行った。当時，高炉の大型化で世界の先頭を走っていたソ連の技術者の指導により，鞍山には容積 1513 m³ の大型高炉が 1958 年に完成した（丸山 [1988] 139～141 頁）。ちなみに日本では 1943 年から 58 年までは広畑製鉄所の 1202 m³ の高炉が最大だったので，鞍山の大型高炉はそれを追い抜いたのである。しかし，日本では翌 1959 年 9 月に八幡製鐵所の 1603 m³ の高炉が稼働を開始してから高炉の大型化が急ピッチで進むようになり，中国との差を拡げていった（飯田 [1979] 351 頁）。

3 計画経済期のキャッチダウンの試み

小規模技術の試み　第 1 次 5 カ年計画の間，中国はソ連から移転される重工業の技術を忠実に学ぼうとした。だが，1958 年からの「大躍進」のなかで，中国はソ連の忠実な生徒であることをやめ，異なる方向の技術を模索し始めた。それに怒ったソ連が 1960 年に技術移転をやめた経緯は**第 2 章 *4*** で述べたとおりである。中国が目指し始めた新たな技術の発展方向とは，ソ連が提供した大規模生産技術とは対照的な**小規模技術**であった。

たとえば，製鉄では 1958 年に炉の容積が 50 m³ 以下の小型高炉が全国に数百万基も建設された。自動車産業でも，第一汽車製造廠に大規模な組立工場を造ったばかりだというのに，1958 年からは年に数台の自動車を組み立てるだけの小規模な自動車工場が全国に 100 カ所以上も誕生した（中国汽車工業史編審委員会 [1996] 47 頁）。また，機械の製造においてもたとえば蒸気タービンや発電用水車の回転軸など本来は鍛造部品を使うべきところ鋳造部品に変えてしま

ったり（*Column⑥*），軽工業機械で鋼鉄製の部品を使っていたところを陶器に変えるといったことが「技術革新」の名のもとに行われた（汪編［1986］218頁）。

なぜこのようなことが起きたのだろうか。ことの起こりは1957年に毛沢東が15年のうちに鉄鋼生産量などでイギリスに追いつくと宣言したことである（**第2章5**）。この目標そのものは鉄鋼生産量を年率8％で増やしていけば達成できるものであったので，さほど無理のある目標ではなかった。しかし，1958年に入ると，鉄鋼生産量でイギリスに追いつくという目標が急激に政治性を帯びるようになり，年内に鉄鋼生産量を前年の2倍にするという目標になってしまった。このような鉄鋼生産の「大躍進」を達成するには，ソ連が提供した設備を稼働しただけではとうてい間にあわないので，地方政府や人民公社など社会のすべての力を借りる必要があった。地方政府や人民公社が投下できる資金は小額なのできわめて小規模な高炉がつくられることになったのである。

鉄をつくるには，その原料として鉄鉱石だけでなく，石炭も必要であり，石炭はまた燃料にもなるため，全国で石炭の採掘が進められ，数十万カ所の小炭鉱が出現した。機械工業に対しても毛沢東が「大躍進」を達成せよと指令し，簡易な機械，小規模な設備が大量につくられた（汪・董等［1995］11〜21頁）。

以上のようにソ連の技術を小規模・簡素にする試みは，キャッチダウン型技術進歩を目指す動きだったといえよう。だが，それはソ連の資本集約的な技術を中国の条件に合わせてより労働集約的にするといった経済的な観点からの技術選択ではなかった。というのも，小型高炉でつくられた銑鉄や全国各地の小工場でつくられた自動車はほとんど使い物にならなかったので，ソ連から導入した技術と同じ価値を持つ生産物を生産できなかったのである。それでは，資本を節約するどころか，かえって資本の浪費をもたらすだけであり，

「技術進歩」とはいえない。

　タービンの回転軸に鋳造部品を使うといった類の「技術革新」も，回転軸のように高い圧力がかかる部品に，曲げる力に弱い鋳造部品を使えば折れるという技術の常識を無視するものである。明治時代の日本では，製糸業において繭を煮る鍋を鉄から陶器に変えたり，綿紡績機のフレームを鋼鉄から木に変えたガラ紡機が開発されたりするなど，材料を安価なものに変更して成功した例がある。技術の先進国となった現代の日本でも，製品の材料や製法のなかの無駄を削減してコストを削減することは，VA/VE（value analysis, value engineering）と呼ばれて不断に追求されている（産能大学 VE 研究グループ［1998］）。しかし，材料や工程の変更によって製品の価値を大きく損ねてしまうのでは，いかなる意味においても「技術進歩」ではない。

孤立のなかでの技術進歩

1960 年にソ連と決別したのち，中国は政治的にも経済的にも孤立することになるが，孤立による技術や資源の制約をキャッチダウン型技術進歩によって何とか乗り越えようとする試みが行われた。

　その一例として窒素肥料のケースを紹介したい。窒素肥料とは，植物の生育に必要な窒素を田畑に補うための物質である。1950 年代までの中国で一般的な窒素肥料は硫酸アンモニウムだった。だが，その原料である硫酸を製造するには大規模な投資と，鉛またはステンレス鋼材が必要であったが，当時の中国にはいずれも不足していた。そこで，小さな工場でも生産でき，石炭と水を原料とする生産しやすい窒素肥料として「大躍進」の時期に全国に生産技術が広められたのが炭酸水素アンモニウムだった。侯徳榜（中華民国の時期に永利化学で活躍したエンジニア）らによって小型の炭酸水素アンモニウム工場の設計が行われたが，これは設備を容易につくれて，投資額も小さくて済む。そのため，窒素肥料不足に悩む全国の県政府が

1960年代半ば以降次々と小型炭酸水素アンモニウム工場を設立し，79年には全国に1500カ所以上を数えるに至った（赤木・佐藤［1975］；楊・陶編［1986］；田島［2005］）。

ところが，原料が石炭といっても，炭酸水素アンモニウムの生産に必要なのは無煙炭の塊炭という稀少な石炭であったため，多くの工場が原料不足のため十分に稼働できなかった。また，工場の生産効率が悪く，石炭や電力の浪費も著しかった。また炭酸水素アンモニウムは不安定な物質であるため，田畑に撒かれる頃には有効成分が失われがちである（峰［2017］）。結局，炭酸水素アンモニウムだけでは中国の窒素肥料に対する需要をまかなうには不十分だった。1970年代以降は，化学肥料の輸入や，石油を原料とする尿素を日本や西ドイツから導入した大規模な装置によって生産することで，窒素肥料に対する需要が満たされた。

また，自動車においてはソ連の技術援助によって4t積みトラックの大量生産が始まったものの，1957年に政府（第一機械工業部）が国内でのトラックの使用状況を調べたところ，もっと小型のトラックも求められていることがわかった。そこで政府は南京汽車製造廠に対してソ連の2.5t積みトラックを模倣して生産するように指示し，設計図も提供した。南京汽車は何とか生産を開始したものの，品質が悪く，社会の需要に応えられなかった。そこで，各地の地方政府が地元のニーズを満たすために独自に小型トラックの生産に取り組み始めた。北京市政府も市内での馬車による輸送に代替するために，1965年から小型トラックの開発を始めた。北京市は，上海の自動車メーカーが日本のプリンス自動車工業の1.5t積みトラックを模倣して開発したトラックの図面を入手し，そのうえでトヨタのトラックも参考にしながら，使いやすく修理しやすいトラックを目指して設計を進めた。こうして2t積みトラック「BJ130」が1966年に試作され，73年から年数千台規模の量産に入った。

その頃、全国各地の地方政府も同様に2t積みトラックの開発と生産に着手していたが、政府（第一機械工業部）は北京産の「BJ130」がそのなかで最も優れているので、修理や部品交換の便を考えて全国の小型トラックメーカーはすべて「BJ130」と同じものをつくるべきだと考えた。そこで、1975年に全国の小型トラックメーカー46社を集め、各地で生産している2t積みトラックのエンジンなど主要なユニット、部品間の連結部分の寸法、破損しやすい部品の形状、自動車のスペックをすべて「BJ130」に合わせるように求めた。北京市側も図面を無償で提供するのみならず、技術者を各地に派遣して、各地で「BJ130」そっくりのトラックを生産できるように援助した。その結果、1978年には「BJ130」型のトラックを生産する自動車メーカーの数は実に73社にも達した（中国汽車工業史編輯部［1996］128, 131〜132, 139頁；田島・江・丸川［2003］23頁）。

「BJ130」およびその設計をコピーしたトラックは1990年代まで生産が続けられ、近距離の貨物輸送手段として活躍を続けた。価格がきわめて安いため、改革開放期になって外国メーカーのトラックが輸入や技術移転によって入ってきても、中国市場ではなお競争力を保つことができた。「BJ130」は設計のうえで日本のトラックを参考にしてはいるものの、修理の便を考えて各地のメーカーの設計を共通にするという発想はもとの製品の設計思想にはなかったものである。中国での事情に合わせて技術発展の方向を変えた点でキャッチダウン型技術進歩の一種と考えられる。

4 西側からの技術導入によるキャッチアップ

炭酸水素アンモニウムは、石油化学工場によって尿素が大量生産

されるようになると，次第に役割を減じていき，1990年代末には尿素の方が多く使われるようになった。小型トラック「BJ130」は1990年代まで命脈を保ったものの，それは海外からの自動車の輸入が制限されていたために競争力を持った可能性がある。つまり，いずれの製品も，中国が先進国からの**技術導入**や輸入を自ら制限していたから輸入の代替品として開発されたものであって，海外からの輸入や技術導入ができる状況になればこれらが競争力を保つことは難しい。

　経済発展を進めるためには技術の導入や製品の輸入の門戸を閉ざすことは得策ではない。実際，1960年にソ連からの技術導入が途絶えたのち，62年から中国は日本や西ドイツなど西側の国からの工場設備の導入を始めた。しかし，毛沢東夫人の江青ら，先進国からの技術導入を批判し，「自力更生」（＝自分の力で主体的に問題を解決すること）を主張する人々の政治力が「文化大革命」（第2章 *Column* ③）の時期には強かったため，西側諸国からの技術導入は順調とはいいがたかった。

　この時期の技術導入は目標とする産業分野を絞って大型の工場一式の設備を一挙に購入する方式がとられた。なかでも多くの外貨が費やされたのが石油化学の分野である。1972年から77年までの技術導入の契約額は39.6億ドルであったが，そのうち46％が石油化学の分野であった（陳慧琴［1997］48〜51頁）。石油化学に的を絞った背景の1つは，1959年に発見された大慶油田の産出量が非常に大きく，中国が70年代に世界有数の石油輸出国の仲間入りをしたことである（神原編［1991］）。石油化学の技術導入は，その豊富な石油を利用して化学肥料と合成繊維を生産し，農業と紡織業の増産につなげて国民の衣食の水準を引き上げることを目的とした。この時期に導入された化学肥料工場が1980年前後に次々と稼働を開始したことで中国の窒素肥料の生産量は73年の水準の2倍以上に拡

*Column*⑦ 連続鋳造，熱間圧延，冷間圧延，電磁鋼板 🔲🔲🔲🔲🔲🔲🔲🔲

製鋼（第1章 *Column*①）によってできた鋼は，かつてはいったん冷やして固めたうえで，介在物を多く含んでいる部分を切り取り，その後再び熱してさまざまな形状の鋼材へ加工していた。連続鋳造というのは鋼を溶けた状態のまま連続鋳造機という装置に注ぎ込み，介在物を上の方に浮かせて除去しながら，下から鋼材に加工しやすい形の鋼を引き出す技術である。従来の方法に比べて切り取って棄てる鋼が減るし，再加熱するエネルギーも節約できる。

熱間圧延とは，鋼を加熱してロールで押し延ばして板にするもので，トラックや鉄道車輌に使う比較的厚めの鋼板をつくる。冷間圧延とは熱間圧延でつくられた鋼板をさらに常温で薄く均一に延ばすもので，自動車や電気機器に使う鋼板をつくる。電磁鋼板とは冷間圧延によってつくられる鋼板の一種で3%程度の硅素（シリコン）を加えることで磁気特性をよくし，モーターなどの鉄心に使われる。

大し，これが第2章**6**でふれたように80年代における農業の生産性の上昇をもたらした。

石油化学に次いで重視されたのが鉄鋼業の技術導入である。1950年代のソ連からの技術援助により大型高炉などが導入されたものの，その後「大躍進」で中国が技術的退行をしている間に，日本など西側諸国は設備の大型化と自動制御を進め，中国は大きく遅れをとってしまった。その差を詰めるために1972年からまず武漢鋼鉄公司に連続鋳造，熱間圧延，冷間圧延，電磁鋼板（*Column*⑦）の機械設備が日本と西ドイツから導入され，さらに78年には上海市の臨海部に日本の新日鐵からの全面的な技術導入により最新鋭の機械設備を備えた一貫製鉄所（宝山鋼鉄公司）を新設するプロジェクトが始まった。宝山鋼鉄の製銑工場に導入された高炉の容量は4063 m³だったので，1958年にソ連の技術援助で1513 m³の高炉をつくって以降停滞していた中国の製鉄技術は，ここへ来て再び世界水準の大型高炉を手にすることになったのである（丸山［1988］144〜151頁）。

しかし，大型の工業設備を購入するには先立つもの，すなわち外貨が必要である。ところが1970年代末頃の中国には大型工業設備を次々と輸入するに足るだけの外貨を輸出によって稼ぐ力が備わっていなかった。機械設備輸入のため1978年は11億ドル以上の貿易赤字になり，78年末時点で中国の外貨準備は15.57億ドルとかなり危機的な水準にまで減ってしまった。ここから中国は対外開放政策に踏み切るが，その経緯については**第7章**で説明する。

5 外資導入によるキャッチアップ

● 乗用車産業の例

| 技術導入以前の乗用車 生産技術 |

技術の面から改革開放期をみた時，計画経済期との大きな違いは，外国資本が中国で事業活動を展開することによって，中国の技術水準の向上をもたらしたことである。外資の進出によって顕著な技術的キャッチアップがみられたケースとして乗用車産業の例を紹介しよう。前述のように，商用車（トラック）に関してはソ連からの技術導入が行われたが，自動車産業のもう一つの分野である乗用車に関する技術移転は行われなかった。そこで，中国の自動車メーカーは欧米の乗用車を模倣することで何とか乗用車をつくりだそうとした。中国最初の本格的な国産乗用車は第一汽車製造廠が1959年から生産を始めた最高幹部用の高級乗用車「紅旗CA72」である。この車はアメリカのクライスラーが1955年に発売した「C69」を模倣してつくられたもので，66年に若干の改良が行われた以外は大きなモデルチェンジがなされず，87年まで累計で2000台（年平均80台）つくったところで生命を終えた。生産量が少なすぎるため，中国の乗用車産業技術の向上には特段の貢献はなかった。

また，1964年には，中級幹部の公用車用として上海汽車製造廠

によって「上海SH760」という乗用車の生産が始まった。こちらはドイツのダイムラーベンツが1956年に発売した「220S」を模しており，最も多い時には年6000台生産されたが，やはり大きなモデルチェンジがなされないまま，91年に生命を終えた。

　このように乗用車において中国は，1950年代の先進国の車を何とか模倣するところまではいったが，年間に数十万台以上の規模で乗用車を生産する欧米や日本の乗用車産業との差は大きかった。中国の乗用車生産は「手作り」の域を脱することができず，高品質の車を大量生産する技術を身につけることはできなかった。

外形的な技術レベルの変遷

乗用車の大量生産は1908年にアメリカのフォードが発売した「モデルT」とともに始まったが，その外形は今日の乗用車とは全く異なる。つまり，乗用車の歴史はモデルチェンジの歴史でもあった。5〜10年ぐらいの間隔で乗用車の新しいモデルが開発されるたびに走行性能や燃料の利用効率が向上してきた。一方，計画経済期の中国の乗用車産業は大量生産技術を確立できなかっただけでなく，モデルチェンジをする開発能力も身につけられなかった。

　改革開放政策が始まると，中国人は自国で生産されている乗用車が，先進国ではとうに博物館に入っているような代物であることに気付いた。中国の乗用車技術が先進国に比べてどれぐらい遅れていたかを，乗用車が開発された時点によって測ってみる。たとえば，中国では1955年にアメリカで発売された乗用車を模倣した「紅旗CA72」が59年から生産されるようになったので，中国はその年に先進国の55年の技術レベルに到達したとみなす。これは工場での生産技術のレベルを問わない外形的な測り方にすぎないが，開発能力の変化を簡便にみることができる。

　図5-1では中国で1959年から2000年の間に生産された代表的な乗用車9種類を取り上げ，それぞれのオリジナルのモデルが先進国

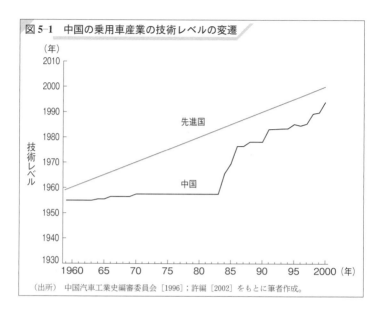

図5-1 中国の乗用車産業の技術レベルの変遷

（出所）中国汽車工業史編審委員会［1996］；許編［2002］をもとに筆者作成。

で生産され始めた年を，その車の「技術レベル」だとみなし，9種
類の乗用車のうち各年に中国で生産が行われていた車種の「技術レ
ベル」の平均値を図示したものである。多くの乗用車は生産開始か
ら何年もの間モデルチェンジが行われていないが，なかにはマイナ
ーなモデルチェンジが行われたケースもあるので，その場合には乗
用車の「技術レベル」が2年上がったとみなしている。

　1959年に「紅旗CA72」，64年に「上海SH760」の生産が始まっ
たことで，中国の乗用車産業は先進国の55〜56年のレベルでスタ
ートしたが，その後83年までほとんど進歩しなかった。そのため，
先進国との差がどんどん広がり，1983年の中国の乗用車産業は先
進国に比べて30年近くの遅れをとっていた。そこで中国政府は自
国メーカーの力ではキャッチアップできる可能性がないと判断し，
外国自動車メーカーの進出を呼び込むことにした。1984年にはア
メリカのAMC（American Motors Corporation. その後クライスラーに

合併されて消滅した）との合弁企業が4輪駆動車「チェロキー」の生産を開始し，翌85年にはドイツのフォルクスワーゲンとの合弁企業が81年にヨーロッパで発売された乗用車「サンタナ」の生産を開始した。こうした外資導入によって中国の乗用車産業の技術レベルは数年のうちに一挙に20年分ぐらい進歩したのである。

外資系企業主導による
技術進歩

しかし，その後1997年までの間は中国と先進国との差があまり縮まっていない。これは中国政府が外資系自動車メーカーに対して最新モデルを投入するよりも，乗用車部品を中国で国産化することを求める政策をとったためである。完成車の輸入に対して高い関税を課すとともに輸入制限を行うことで外国の最新の乗用車が入ってこないようにする一方で，部品の国産化率が高いメーカーに対しては輸入する部品にかかる関税率が低くなるようにした。

このため，たとえば「サンタナ」の場合，1981年にヨーロッパで発売されたモデルの生産が94年まで続き，その面では技術進歩が停滞していた。しかし，その間に「サンタナ」の部品国産化率は1986年の3.9%から94年には85.8%にまで引き上げられ，年間の生産台数も13倍以上に拡大した。つまり，外形的な技術進歩は停滞していたが，この期間に部品の国産化や大量生産システムの導入と習得といった内面的な技術進歩が起きたのである。

こうして1990年代の間に自動車産業の基盤が形成されたことを踏まえて，99年以降，主に外国自動車メーカーによって中国の自動車産業は新たな高みに引き上げられていった。まず，1999年には，日本の自動車メーカー，ホンダが広州に新設した工場で生産する車種として前年にアメリカで発売されたばかりの新型「アコード」を投入した（中国汽車技術研究中心［1999］110頁）。これほど新しいモデルの乗用車が中国で生産されるのは初めてのことであり，そのためもあって「アコード」は富裕層の自家用車や公用車として

ヒットした。広州ホンダは自動車の販売においても、自社専属のフランチャイズ店が新車販売だけでなく、部品販売、アフターサービス、顧客情報管理を担う「4S店」のシステムを中国で初めて本格的に展開し、中国の自動車流通に革新をもたらした（塩地・孫・西川［2007］）。

これ以来、世界の有力自動車メーカーが中国市場の攻略のために先進国で発売して間もない最新のモデルを中国で生産するようになり、販売においても専属のフランチャイズ店を展開することで最新モデルを売り込む態勢をつくっている。韓国の現代自動車との合弁企業、北京現代が2010年8月に発売した「ヴェルナ」のように世界に先駆けて中国で生産・販売が開始されるモデルさえ現れている。外資導入を始めてから20年余りを経て、今や中国の乗用車産業の先端的な部分は完全に先進国と同じレベルになったといってよいだろう。

自主開発を推進すべきか　もっとも、こうした議論に対し、外資の導入によってキャッチアップを図るのは真の意味でのキャッチアップではなく、あくまで自国企業の成長が大事である、という見方をする人もいる。北京大学の政治学者、路風［2006］は、中国市場の魅力によって外資を国内に引きつけ、中国国内で製品を生産させて、その部品を国産化するという従来のキャッチアップの方式では、肝心の製品開発能力を獲得できず、中国の工場はせいぜい多国籍企業の下請工場の役割を担わされるにすぎないとして、自国企業による自主的な開発を進めるべきだと主張する。日本や韓国の自動車産業のように外資導入に頼らず自国企業の育成によってキャッチアップを遂げた例を考えれば、こうした主張も傾聴に値する。

しかし、中国の場合、1950年代から30年間にわたって自国企業によるキャッチアップを目指した末に、それではいっこうに成果が

上がらなかったから外資導入に期待をかけたという経緯を無視するわけにはいかない。また、中国政府は自動車産業や電子産業などの分野で外資が進出する際に、必ず中国の当該業種の主要企業との合弁企業を設立することを求め、その際の外資側出資比率は50％以下とする、という条件を定めていたが、これも合弁事業を通じて中国の企業が外資から技術やノウハウを吸収することを狙った政策である。なお、2001年に中国がWTO（世界貿易機関）に加盟した時に、多くの産業で外資側出資比率に対する規制は撤廃されたが、自動車産業については出資比率規制が2018年まで維持された。2018年にまず電気自動車で外資単独出資による進出が認められるようになり、アメリカのテスラ・モーターズが進出した。2022年にはどの車種でも外資単独出資による進出が認められるようになる。以上からみて、中国政府は自国企業の育成を決して怠っていなかったわけではなく、むしろそうした努力にもかかわらず、期待したような形では自国企業が育たなかったのである。

新興乗用車メーカーの登場　ただ、中国政府が期待しなかったような形で自国企業の成長がみられた。つまり、政府が全く期待していないところから新興の自動車メーカーが登場し、短期間のうちに有力企業になったのである。政府が思い描いていたのは、外資と合弁事業を組んだ相手である国有自動車メーカーがやがて自立していくというシナリオだった。しかし、国有自動車メーカーは自立するどころか外資への依存を強めるばかりであった。一方、新興乗用車メーカーは政府の規制の裏をかくような形で乗用車をつくり始め、低価格を武器として市場シェアを急速に拡大したのである（丸川[2008]；百本[2007]）。新興乗用車メーカーの代表格は、民間企業の吉利汽車、BYD、長城汽車、地方国有企業の奇瑞汽車などである。

図5-2に示したように、中国の乗用車生産台数は2001年には77

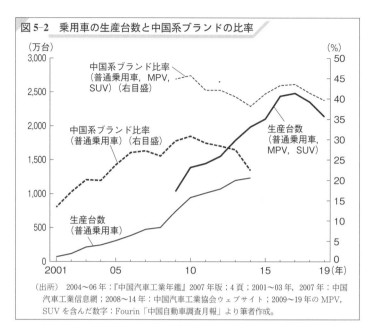

図5-2 乗用車の生産台数と中国系ブランドの比率

中国系ブランド比率
（普通乗用車, MPV,
SUV）（右目盛）

中国系ブランド比率
（普通乗用車）（右目盛）

生産台数
（普通乗用車,
MPV, SUV）

生産台数
（普通乗用車）

（出所）　2004〜06年：『中国汽車工業年鑑』2007年版；4頁；2001〜03年，2007年：中国
汽車工業信息網；2008〜14年：中国汽車工業協会ウェブサイト；2009〜19年のMPV,
SUVを含んだ数字：Fourin「中国自動車調査月報」より筆者作成。

万台だったのが，17年には2500万台近くまで伸び，その後やや減
少気味である。そうしたなかで，新興乗用車メーカーを中心とする
中国系ブランドのシェアも2001年の13％から10年には31％にま
で伸びた。なお，図にはMPVやSUVも含む広義の乗用車のデー
タも示しているが，そちらでみると中国系ブランドのシェアは
2010年には46％にもなった。その後，中国系ブランドはやや伸び
悩んでいるものの，吉利汽車などはすでに有力メーカーの一角に食
い込み，海外にも進出している。

　新興メーカーは，中国に外資系自動車メーカーやその部品サプラ
イヤーが多数進出している状況を利用して乗用車生産に乗り出した。
たとえば，ある新興メーカーは，外資系自動車メーカーに部品を納
入しているサプライヤーにほぼ同じ部品を供給してもらうことによ
って外資系メーカーの乗用車内部の設計を模倣した。新興メーカー

は，製造が難しい自動車のエンジンは中国に進出した外資系エンジンメーカーから購入し，自動車の外観設計は先進国のデザイン会社に委託し，外資系部品サプライヤーには部品を供給するだけでなく，部品周りの設計まで助けてもらっている。人材の面でも中国の外資系自動車メーカーや部品メーカーで経験を積んだエンジニアや海外の自動車メーカーで働いている中国人をスカウトし，外国人の技術顧問も雇っている（丸川［2013］）。つまり，外資の導入と自国企業の発展とを対立的にとらえている前述の路風［2006］の主張とは裏腹に，多数の外資が中国に進出しているからこそ中国の新興乗用車メーカーのキャッチアップが可能になっているのである。こうした現象は国際経済学では外資からの技術の「スピルオーバー」（溢れ出し）と呼ばれて多くの実証研究が行われているが，中国の自動車産業で起きているスピルオーバーはこれまでの研究が想定しなかったほど多様なルートでダイナミックに展開されている。

6 比較優位の形成

改革開放期に外国直接投資が流入し，中国企業の技術水準も向上したことで中国の新たな比較優位が形成された。「**比較優位**」という概念は19世紀イギリスの経済学者リカードに端を発するものである。今AとBという2つの国があり，両国とも綿布とワインを生産できるが，いずれにおいてもA国の方が生産性が高いとしよう。この時，綿布とワインの両方ともA国が生産してB国に輸出すればいいと思われがちだが，もし両国のワインの生産性の差が綿布の場合よりも小さいのであれば，B国はワインを輸出し，A国は綿布を輸出することが両国の利益になることをリカードは示した（Ricardo［1817］）。この場合，A国は綿布生産に，B国はワイン生

産に比較優位を持っている，という。

　では各国の比較優位は何によって決まるのだろうか。国際経済学で「ヘクシャー＝オリーン定理」と呼ばれる理論によれば，それは各国の資源賦存によって決まる。労働力が相対的に豊富な国は労働力を多く使う産業（労働集約的産業）に比較優位を持ち，資本が相対的に豊富な国は資本を多く使う産業（資本集約的産業）に比較優位を持つ，とされる。しかし，仮に労働力が豊富であっても，産業の技術が欠けていれば，労働集約的な産業で比較優位を獲得することはできない。たとえば，中国とインドはともに労働力がきわめて豊富であるし，1995年の時点では1人当たりGDPは中国が604ドル，インドは384ドルと，あまり大きな差はなかった。ところが両国の輸出構造は大きく異なっており，たとえば中国は「玩具，ゲーム，運動用品」に強い比較優位を持っていたのに対し，インドは全く比較優位を持っていなかった。「玩具，ゲーム，運動用品」をつくる産業は労働集約的であるが，それでもプラスチック成形の技術が必要であるし，輸出先国の安全基準や販路に関する知識などのノウハウも不可欠であり，こうした技術がなければ，いくら労働力が豊富でも輸出産業にはならない。中国は改革開放期の外資導入を通じて技術を獲得したことで，労働力の豊富さを比較優位に転化することが可能になったのである。

　改革開放政策が始まって間もない1980年の時点では，中国には技術が不足していたため，なかなか工業製品で比較優位を持つことができなかった。当時の中国の最大の輸出品は繊維品（輸出の27％），次いで鉱物燃料（石油と石炭。輸出の24％）であった。鉱物燃料は採掘さえできれば他の技術はとくになくても輸出できるものであったし，繊維品における中国の比較優位は人為的につくられたものであった（第7章1）。中国が労働集約的な工業製品において比較優位を獲得したのは，中国の通貨である人民元の為替レートが大幅に切り

下げられ，外国の直接投資が流入し，委託加工の制度も広まった 1987 年以降のことである（第7章2）。1980 年の時点で中国は世界の繊維品輸出の 3.4% を占めるにすぎず，それも無理に輸出していたのだが，87 年以降，中国は繊維品に比較優位を持つようになり，その対世界シェアは 87 年に 5.9%，95 年に 11.9%，2009 年に 31.7% と拡大している。

　外国直接投資の導入などによってもたらされた技術進歩により，もともと存在した労働力の豊富さという資源が貿易上の比較優位に転化し，2009 年についに中国は世界で最も多額の輸出を行う国になった。中国の比較優位が 1990 年代以降どう変化し，現在どのような状況にあるかについて「顕示比較優位指数」（RCA 指数）を使って分析してみよう。この指数はある国がある産業での輸出を相対的に得意としているかどうかを表すものである。i 国の j 産業の輸出における RCA 指数は，

$$\text{RCA}_{ij}＝（i 国 j 産業の輸出額／世界の j 産業の輸出額）／$$
$$（i 国の総輸出額／世界の総輸出額）$$

と表される。たとえば中国が世界の輸出額に占める割合は 10% だが，世界のパソコン輸出の 20% を占めているという場合には，中国のパソコン輸出における RCA 指数は 2 ということになる。輸出の RCA 指数が 1 を超える産業は，その国が輸出を相対的に得意としている産業，すなわち比較優位を持っている産業だといえる。

　表 5-1 は HS2 桁分類（輸出品を全部で 97 種類に分ける大ざっぱな分類）に基づく近年の中国の主要な輸出品目に関し，1995〜2018 年の期間にそれぞれが中国の輸出全体に占めた割合と，それぞれの RCA 指数を示している。これをみると，この期間に中国の比較優位が大きく変動していることがわかる。電気電子機器は一貫して輸出に占める割合が最大であったが，1995 年には比較優位があると

表 5-1　中国の主要な輸出品と RCA 指数

品　目	HS	1995 年	2000 年	2005 年	2010 年	2015 年	2018 年
電気電子機器	85	12.7% 1.0	18.5% 1.2	22.6% 1.6	24.6% 1.9	26.1% 1.9	26.6% 1.8
衣類（ニット以外）	62	9.6% 5.5	7.6% 5.1	4.6% 3.3	3.4% 3.1	3.5% 2.7	2.9% 2.6
一般機械	84	5.8% 0.4	10.8% 0.7	19.6% 1.4	19.6% 1.6	16.0% 1.4	17.2% 1.4
衣類（ニット）	61	4.7% 4.1	5.4% 4.6	4.1% 3.4	4.2% 3.6	3.7% 2.8	2.9% 2.6
履き物	64	4.5% 5.6	4.0% 6.2	2.5% 3.8	2.3% 3.5	2.4% 2.9	1.9% 2.5
玩具・ゲーム・運動用品	95	3.6% 6.4	3.7% 6.7	2.5% 4.1	1.9% 3.3	1.9% 3.4	2.3% 3.6
鉱物燃料	27	3.6% 0.7	3.2% 0.3	2.3% 0.2	1.7% 0.1	1.2% 0.1	1.9% 0.2
革製品・旅行用品	42	3.3% 9.5	2.6% 8.4	1.5% 4.3	1.3% 3.8	1.4% 3.1	1.2% 2.7
鉄　鋼	72	3.2% 1.2	1.4% 0.7	2.0% 0.7	1.8% 0.7	2.2% 1.1	1.9% 0.9
綿・綿織物	52	2.6% 4.0	1.5% 3.2	1.0% 2.2	0.8% 2.2	0.7% 2.2	0.6% 2.0
家　具	94	2.0% 1.7	2.8% 2.2	2.9% 2.4	3.2% 2.9	4.3% 3.1	3.9% 2.9
鉄鋼製品	73	1.9% 1.1	2.2% 1.5	2.5% 1.5	2.5% 1.5	2.7% 1.6	2.6% 1.6
精密機械	90	1.6% 0.6	2.5% 0.8	3.3% 1.0	3.3% 1.0	3.2% 1.0	2.9% 0.9
自動車・二輪車	87	1.1% 0.1	1.8% 0.2	2.2% 0.2	2.4% 0.3	2.8% 0.3	3.0% 0.4

（注）　数字は上段が中国の輸出全体に占める割合，下段が RCA 指数。HS は HS 分類番号。
（出所）　International Trade Centre, United Nations Statistics Division, PC-TAS および UNComtrade より筆者作成。

はいえなかったのが，2000 年から 2010 年にかけて比較優位を高めている。一般機械も比較優位が無から有へ転換したし，家具と鉄鋼製品の比較優位が上昇した。一方，衣類，履き物，玩具・ゲーム・

運動用品，革製品・旅行用品，綿・綿織物については1995年の段階では非常に強い比較優位を持っていたが，2018年には比較優位を大きく下げている。総じていえば，繊維産業・軽工業から機械などへ中国の比較優位が移りつつあることが鮮明にみてとれる。

7 「自主イノベーション」の振興

「自主イノベーション」とは

中国の技術的なキャッチアップは1950年代から70年代までソ連など先進工業国からの機械設備と技術の導入によって，80年代以降は主に外国直接投資の導入によって成し遂げられていった。だが，21世紀に入って以降，中国政府や学者たちの間で従来のような外国に頼ったキャッチアップでは不足だ，という思いが次第に強くなってきた。**5**で，自国企業による自主的な技術開発を進めるべきだ，という路風の主張を紹介したが，その頃から政府の産業政策のなかでも同様の立場が打ち出されるようになった。

まず2004年に公布された「自動車産業発展政策」のなかで「自動車メーカーが研究開発能力とイノベーション能力を向上させ，自主的知的財産権を持つ製品を積極的に開発することを奨励する」と書かれている。続いて2006年に決定された「第11次5カ年計画」（2006〜10年）のなかでは「自主イノベーション能力の向上」が経済の安定的成長と並ぶ重要課題の1つとされ，「自主的知的財産権，有名ブランド，国際競争力を有する有力企業を形成する」ことが目標となっている。また，同じ2006年に出た「国家中長期科学技術発展計画綱要（06〜20年）」においても，「自主イノベーション能力の向上にこそ科学技術政策の中心をおく」と宣言されている。

このように2004年から中国の重要政策のなかで「**自主イノベー**

ション」という言葉がにわかに登場するようになったが，実はその厳格な意味は定義されていない。それが中国国内で行われる研究開発を指すのは間違いないとしても，中国に進出している外資系企業の現地法人が行う研究開発が含まれているのかどうかは定かではない。「自動車産業発展政策」に関して中国政府の当局者が非公式に行った説明では，外資との合弁企業が行う開発も「自主」に含まれるという。実際，自動車業界では外資系企業が中国向けに開発した自動車を指すのに「合弁自主」という言い方もされている。ただ，中国のメディアでの使い方では，外資系企業の開発は「自主」に含まれず，中国企業の研究開発のみを指すことが多い。どうやら中国政府は「自主」の定義をわざと曖昧にすることで，自国企業を育てるという真の目標を追求する一方で，あわよくば外資系企業の中国での研究開発も促そうという狙いがあるようだ。

活発化する研究開発活動

実際，今世紀に入ってから中国国内での研究開発活動が非常に活発になってきている。まず，各国の研究開発活動の規模を測るために研究開発費の額を日本，アメリカ，EU（28 ヵ国）と比べてみたのが**図 5-3** である。2005 年には中国の研究開発費は日本の 5 分の 1 以下というレベルであったのが，13 年には日本を上回り，その後次第に差を広げている。

なお，図 5-3 では，各国の研究開発費をその年の平均為替レートによって米ドルに換算した額を示しているが，データの出典である「科学技術指標 2020」では購買力平価によって換算しており，それによれば中国の研究開発費はすでに EU を上回り，アメリカに肉薄している。実際，中国では同じ研究開発費であっても物価が安い分だけより多くの研究者を雇用できる。2018 年の研究者数は 187 万人で，アメリカ（143 万人）や日本（68 万人）を大きく上回っている。他方で，研究開発に用いる試験機器の値段はどこの国でもあまり変

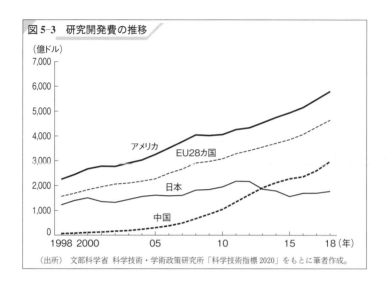

図5-3　研究開発費の推移

（億ドル）

アメリカ
EU28カ国
日本
中国

1998　2000　　　　05　　　　　　10　　　　　15　　　18（年）

（出所）　文部科学省 科学技術・学術政策研究所「科学技術指標2020」をもとに筆者作成。

わらないのだとすれば，むしろ現行の為替レートで換算した図5-3の方が研究開発の実態に即しているという見方もできる。

　研究開発活動の水準を測るもう1つの指標として，研究開発費の国内総生産（GDP）に対する割合をみると，中国は2005年に1.31％で，同年の日本（3.39％）よりだいぶ低かった。中国政府はこの比率を2015年には2.2％，20年には2.5％以上に引き上げることを目標にしてきた。実際には2015年と20年の実績は2.06％と2.40％で目標に到達しなかったが，それでも中国の産業界の空気を一変させることには成功した。

　そのことを雄弁に物語るのが特許出願件数の激増である。特許とは，製品や技術の発明をした人に，その発明の内容を公開する代わりに一定期間独占的に使用する権利を与えるものである。したがって，特許出願件数は一国の発明活動の水準を反映すると考えられる。2000年には5万件ほどであった中国の出願件数は，10年には日本を抜き，11年にはアメリカをも抜いて世界トップとなった。2004

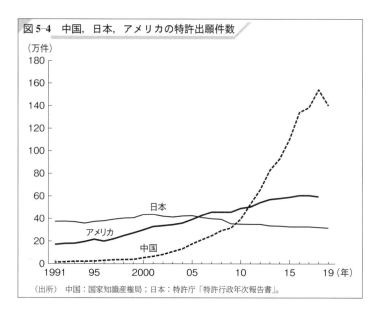

図 5-4　中国，日本，アメリカの特許出願件数

（万件）

- 日本
- アメリカ
- 中国

1991　95　2000　05　10　15　19 (年)

（出所）　中国：国家知識産権局；日本：特許庁「特許行政年次報告書」。

年までは国外からの出願が半分ぐらいを占めていたが，その後は国内からの出願が圧倒的に多くなった。

　急増した特許出願に対して，果たして発明としての内実をともなっているのか，特許出願を奨励する政策の影響のもとで補助金目当ての出願が増えているだけではないのか，という疑問も生じる。実際，中国で登録された特許のうち 5 年以上維持されたものの割合は 74% であったのに対して，日本では 2014 年に成立した特許のうち 19 年末の時点で現存していたのは 84% だった。たしかに中国の方が，後になって保持するに値しないと判断される特許の割合が高いようである。

　それでも中国の特許出願に一定の内実が備わっていることは，特許の国際出願における中国の躍進からわかる。特許の国際出願とは，ある国に出願すると，特許協力条約に加盟しているすべての国（2020 年時点で 153 ヵ国）に対して特許を出願したものとみなす制度

である。（ただし，特許を認めるかどうかの審査は各国で行われる。）**図 5–5** にみるように，中国からの国際出願の件数は 2009 年までは少なかったが，10 年から急速に伸び，ドイツ，日本を追い抜き，19 年にはアメリカをも抜いて世界トップになった。

このデータもしょせん出願件数なので，これらがどれほど有効な発明であるかはわからない。ただ，国際出願は国内だけでなく海外でも進歩性があるかどうかが問われるので，出願者にとってはより自信のある発明を出願するものだと考えられる。中国企業のなかでは通信機器メーカーのファーウェイ（華為技術）が 2008 年に企業別の国際出願の件数で世界トップとなり，それ以降も毎年 1〜4 位の間に入っている。同じく通信機器メーカーの ZTE（中興通訊）も国際出願件数で何度か世界トップになっている。そのほかには液晶メーカーの BOE（京東方）やスマホメーカーの OPPO も近年上位に入ってきた。

8 キャッチアップとキャッチダウンから世界の先端へ

● 中国の移動通信技術

移動通信技術の「世代 (G)」

特許の国際出願件数において世界有数の企業となったファーウェイ，ZTE，OPPO はいずれも移動通信産業の企業である。この分野では中国が明らかに世界の技術開発の最前線に立っている。これは中国の政府と企業が 1990 年代以来 20 年余りにわたって先進国へのキャッチアップに邁進してきた結果であるが，この技術分野ではキャッチダウン型技術進歩も大きく展開された。

移動通信の技術はほぼ 10 年ごとに 1 つの「世代（Generation, G）」があり，世代が 1 つ上がるごとにデータ通信速度が数十倍に高まってきた。今日の携帯電話・スマホの技術の基本は「セルラー

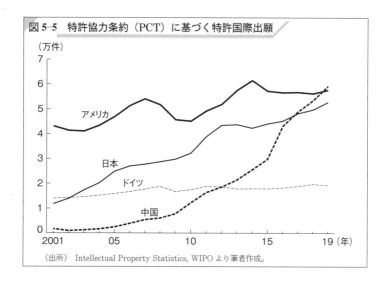

図 5-5　特許協力条約（PCT）に基づく特許国際出願

（万件）

アメリカ

日本

ドイツ

中国

2001　　05　　　　10　　　　15　　　19（年）

（出所）Intellectual Property Statistics, WIPO より筆者作成。

方式」といい，これは端末（携帯電話やスマートフォン）どうしで直接電波を交信するのではなく，端末が数 km ごとに配置された基地局と交信するものである。セルラー方式を用いた移動通信は 1980年前後に日本，アメリカ，北欧などで始まった。当初は自動車電話のみであったが，1980 年代末には携帯電話機として持ち歩きができるものに進化した。アナログ方式で通信を行っていたこの時代の技術を「第 1 世代（1G）」と呼ぶ。

　1992 年から第 2 世代（2G）への移行が始まる。2G の特徴は音声をディジタルの信号（すなわち 0 と 1 の配列）に変換して送受信することである。ディジタル化は移動通信の可能性を大きく広げた。アナログ方式の場合には 1 人が通話している間は 1 つの周波数を占有する必要があるが，ディジタル化すれば，音声を短時間の電気信号に圧縮できるので，複数の人が 1 つの周波数を利用できる。1G の段階では周波数帯域の制約があったため，ビジネスエリートしか携帯電話を持つことができなかったが，2G 以降は世界中の人々が携

帯電話を1人1台持つことも理論的には可能になった。また，ディジタル化によって，メールや画像，動画なども携帯電話で送受信できるようになった。5Gになれば人だけでなくあらゆるモノにも移動通信端末をつけてインターネットに接続することも可能になる。

　中国は1Gと2Gについてはもっぱら欧米の技術を導入して使用する立場であった。2Gが導入された1990年代後半，中国でも携帯電話が急速に普及したが，当時は，無線基地局や交換局などの通信インフラ設備と携帯電話機はもっぱら外国ブランドの製品によって占められていた。中国政府はこうした状況を何とか打開したいと考え，まず携帯電話機の市場で中国ブランドを確立するため，政府系の研究機関において2Gの携帯電話機の開発を行った（丸川・安本編［2010]）。1999年には，その技術を国有メーカーなどに技術移転するとともに，携帯電話機生産への参入を規制することによって国内メーカーに市場を確保させようとした。こうした政策もあって中国メーカーは国内市場でのシェアを次第に拡大していったが，2G技術の基本特許は欧米企業が握っているので，中国メーカーが携帯電話端末をつくればつくるほど欧米企業に特許使用料が入る状況にあった。こうした状況を打開するには中国自身が基本特許を握っている移動通信技術を持つことが望まれた。

自主技術への格闘　折しも世界各国の通信を管轄する官庁の集まりであるITU（国際電気通信連合）では，第3世代（3G）の移動通信技術をめぐる交渉が行われていた。1Gと2Gの時代には各国が採用する通信方式がバラバラであったため，国際ローミング（携帯電話機を外国に持ち出して使うこと）が不便だったので，3Gでは通信方式を世界で統一することを目指した。ところが，北米連合と日本・ヨーロッパ連合が互いに譲らなかったため，統一はならず，結局5つの通信方式を「世界標準」に定めるというチグハグな結果になった。そして，その機に乗じて，中国も独自の

通信方式である「TD-SCDMA」を5つの世界標準のなかに滑り込ませることに成功したのである。

その後，5つのうち2つは3Gには属さないとされたため，結局，北米連合が推すCDMA2000，日本・ヨーロッパ連合の推すW-CDMA，そして中国技術のTD-SCDMAの3つが世界市場を舞台に覇を競うことになった。中国が国有企業の大唐電信を中心に開発を進めたTD-SCDMAには独自の特徴があった。他の2つの方式は，携帯電話機と基地局との間で通信をするときに上り（携帯電話機→基地局）と下り（基地局→携帯電話機）で異なる周波数を用いるのに対して，TD-SCDMAの場合は上りと下りで同じ周波数を使う。上りと下りの通信量に応じ，それぞれが占有する時間を調整することで周波数をより効率よく利用できるところに特徴があった。

TD-SCDMAはアイディアとしては優れたものであったが，実用化するのは難しかった。他の2つの方式による3Gのサービスは日本などで2001～02年に始まったが，中国のTD-SCDMAは開発に手間取り，本格的なサービス開始は09年までずれ込んでしまった。中国政府は独自技術を成功させるために，最大の通信事業者である中国移動にTD-SCDMAを使うよう強制したり，周波数帯域の割当でも優遇するなどさまざまな策を講じた。しかし，サービス開始後の中国の消費者の反応は冷たく，ピークだった2014年の時点でもTD-SCDMAを使ったサービスに加入したのは中国の携帯電話ユーザーの2割弱にすぎなかった。そして，「世界標準」に認定されたものの，これを実際に採用したのは世界のなかで中国移動のみであった。ただ，まがりなりにも独自の移動通信技術を実用化できたという点からみれば，中国はTD-SCDMAの開発によってキャッチアップを成し遂げた。

また，ビジネスとして失敗したのは中国技術のTD-SCDMAだけでなく，3G全体が期待外れだったといえる。「世代（G）」とい

う呼び方が示すように，業界の認識では古い世代の技術は新しい世代の技術によって刷新されると思われていた。実際2001年には世界の携帯電話加入者のうち1Gを使っていたのが6%，2Gが94%で，1Gはほぼ2Gに置き換わった。ところが3Gはこのように支配的な技術にはなれなかった。というのも，2Gが次第に進化し，データ通信速度が速くなったため，3Gの優位性が顕著ではなくなったからである。2Gでもメールはもちろん，携帯電話向けのインターネットの利用も可能になった。「テレビ電話ができる」というのが3Gの当初のふれ込みであったが，それに惹きつけられる消費者はあまり多くなかった。

そのため，世界全体でみると，3Gのユーザー数は最も多かった2016年の時点でも世界の携帯電話ユーザーの35%で，その時点でも2Gのユーザー数（世界の38%）を上回ることができなかった。つまり2Gは最後まで3Gに道を譲らなかったのである。翌2017年には，4Gのユーザー数が3Gを上回ったので，結局3Gは1つの「世代」になり損ねたのである（丸川［2020c］）。

2011年頃からスマートフォンが世界的に普及し始めたため，データ通信速度の速さに対する要求が高まり，4Gのサービスに加入する人が増えていった。2019年時点で世界の携帯電話ユーザーのうち4Gのユーザーが54%を占めているので，4Gは1つの世代になったといえる。

技術の大衆化

3Gが1つの世代になり損ねるかたわらで，2Gのユーザー数は世界的に伸びつづけた。結局，2Gの加入者数は2012年まで伸びつづけ，その時点では44億人にまでなった。中国でも2Gの加入者は2012年がピークで，その年には8億7700万人になった。技術進歩が速いはずの移動通信の世界で基本的には同じ技術が20年も使われつづけたことによって，技術の大衆化と呼ぶべき状況が生じた。

5 では 1980 年代後半から 90 年代にかけて中国で乗用車の外形的な技術進歩が停滞していた一方で部品の国産化など内面的な技術進歩が起きたという話をした。同じことが携帯電話においても起き，技術が大衆レベルにまで普及した。

　それを象徴するのが，「山寨機（ゲリラ携帯電話）」と呼ばれるジャンルの製品である。それをつくっているのは中国の深圳などにある中小零細メーカーで，無名のブランドあるいはニセブランドをつけ，携帯電話機の値段が最も安いものの場合は 1 台 1000 円以下だった。販売先は当初は中国の農村部だったがやがてインドやアフリカなど海外が中心となった。ハイテクの粋ともいうべき携帯電話を中小零細メーカーでもつくれるようになったのは，深圳を中心に携帯電話生産のさまざまな機能に特化した専門企業が細かい分業を形成しているからである（丸川 [2013]）。すなわち，携帯電話機の企画・販売に特化した会社を中心に，基板設計とソフトウェア開発を行う会社，外観デザイン会社，ケースの製造会社，そして製品の組立を行う会社などが分業している。とくに役割が大きいのが携帯電話用 IC を設計する会社（台湾のメディアテックなど）で，これが基板の製造受託会社と組んで，部品装着済みの回路基板と推奨部品リストを売り出した。携帯電話メーカーは推奨部品リストに従って部品を集めて組み立てれば短期間で携帯電話がつくれる。ハイテク製品である携帯電話が，零細メーカーにもいとも簡単に作れるようになったという点で，究極のキャッチダウン型技術進歩が起きたといえる。

　こうした状況は，実は携帯電話機の国内メーカーを育成しようとする中国政府の政策の意図せざる副産物であった。1999 年に中国政府は主に国有メーカーに携帯電話機の生産を許可したが，そのなかには社内で開発や生産を行う能力が不十分な企業も少なくなかった。そこで，国有メーカーから開発や生産の仕事を受託する民間企

業が増えた。ここから携帯電話機の企画・販売と，開発や生産の社会的分業が広まった。

　ゲリラ携帯電話は2010〜11年辺りが最盛期で，その頃は年間1億7000万台以上つくられていたが，その後は衰退した。発展途上国でもスマートフォンが人気を集め，4Gのサービスが普及するなかでは，中小零細メーカーの力では満足のいく製品がつくれなくなったためである。ゲリラ携帯電話を背後から支えていた受託開発・受託生産のネットワークはその後は国内のブランドメーカーや海外の企業からスマートフォンの開発と生産を受託する方向へ転換した。

世界の先端へ

　3Gの時代までは通信方式どうしの覇権争いがあったが，4Gになってからはそうした争いはなくなった。なぜなら集積回路（IC）の集積度の高まりとアンテナ技術の進化により，2000年代後半以降は1台の携帯電話機が複数の通信方式に対応できるようになったからである。それ以前は複数の通信方式に対応できる携帯電話機をつくることは不可能ではなかったにしてもかなりのコスト高になったため，通信事業者が1つの通信方式を採用したら，他の通信方式も使うことはなかった。たとえば通信事業者が3Gの通信方式でW-CDMAを採用すれば，他の2つの方式を使わないということを意味し，通信方式の間は相互に排他的だったのである。ところが，1台の携帯電話機が複数の通信方式に対応できるとなれば，人口が集中して通信量が多い大都市では4G，通信量が少ない農村部で3Gを自動的に切り替えながら使ったり，あるいは複数の4Gの通信方式を使うことも可能である。

　こうした状況下では通信方式の間でシェア争いをする意味がなくなるので，3Gの時は互いに譲らなかった日本・ヨーロッパ連合と北米連合は4GにおいてはLTE-FDDという通信方式を協力してつくっていくことにした。ところが中国では中国移動，大唐電信，フ

ァーウェイなどによって LTE-TDD という通信方式が開発された。
これは上りと下りの通信に同じ周波数を用いるという TD-SCDMA
のアイディアを継承するものであった。中国政府は中国移動に
LTE-TDD を採用させており，4G においても覇権争いを続けるつ
もりだったのかもしれないが，実際には LTE-FDD と LTE-TDD
は補完的に用いられることも多い。たとえば日本のソフトバンクや
ドコモは両者を併用することによって広範囲で高速の通信を実現す
るサービスを展開している。また，4G では国際的な標準化団体で
各国の企業が相談して技術標準を定めるようになったので，LTE-
TDD の標準化にはヨーロッパやアメリカの企業も参加していて，
もはや中国の独自技術という色彩はない。2018 年 11 月現在，世界
に 710 ある通信事業者のうち 148 が LTE-TDD を採用しており，
中国移動のみの採用にとどまった TD-SCDMA とは違って世界的
な技術となった。

2019 年に韓国，アメリカ，中国などで 5G のサービスが始まっ
た。4G の時代にはスマートフォンやタブレットでインターネット
を自在に操作できるようになったが，5G ではスマートフォンだけ
でなく自動車や機械など万物が移動通信を通じてインターネットと
結びつけられ，自動運転や遠隔医療，教育など，さまざまな分野で
の活用が展望されている。

5G においてはもはや技術の覇権争いのようなことはなく，国際
的標準化団体で世界共通の技術標準が定められている。ただし，
5G ではいくつかの通信方式を補完的に利用して高速性，低遅延性，
多接続を実現する。2019 年 4 月時点で 5G の標準必須特許とされ
るものは総計 1 万件余りあったが，そのうちファーウェイが持って
いるものが 1554 件で最も多かった。ZTE など他の中国企業が持っ
ているものも合わせると，中国企業が全体の 34% を占め，韓国企
業が 25%，ヨーロッパ企業が 22%，アメリカ企業が 14%，日本企

業は 5% を占めるのみだった (iPlytics [2019])。

2020 年に世界が新型コロナウイルス感染症の流行によって経済的ダメージを受けるなか、中国政府は国内経済の回復のために「新型インフラ建設」を打ち出すようになり、5G の普及に力を入れた。その結果、2020 年のうちに中国の 5G サービスの加入者は 2 億人を超え、世界のなかで圧倒的多数を占めている。こうして 5G 移動通信においては、技術の開発、スマートフォンや基地局の生産、技術の応用のすべての面において中国が世界の先端を歩むようになった。

中国は 2000 年代前半までは携帯電話機を国産化したり、移動通信の方式をめぐる覇権争いに割って入るために国家主導によるキャッチアップを目指した。だが、その意図に反して 2000 年代後半には技術の大衆化が起き、キャッチダウンへ向かった。しかし、2010 年代になるとキャッチアップを目指して開発した技術と、技術の大衆化によって形成された生産基盤とが結びつき、中国の移動通信産業は世界の先端を歩むようになった。

本書では移動通信技術を取り上げたが、このほかにも太陽電池や光触媒など、さまざまな工学の分野で中国の科学技術のレベルが世界の先端をいっている (倉澤 [2020])。また、ファーウェイが本社をおく深圳には、遺伝子のシーケンシングを世界中の研究室から受託するというユニークなビジネスを編み出した BGI (華大基因) という企業もある (林幸秀 [2013])。BGI は新型コロナウイルス感染症の原因ウイルスの特定や検査機器の開発と生産にも大きな役割を果たした。

おわりに

2 で日本の産業革命について紹介したが、日本が世界一の生糸輸出国になるに際して、官営富岡製糸場に導入したフランスの技術をそのまま複製するので

はなく，それを小規模化し，器具の材料を変えてコストを下げ，生糸を安価にしたと述べた。つまり，低賃金労働力が豊富だった日本の状況に合わせてより資本節約的な技術に転換するキャッチダウンを行ったのである。また，**8**で述べた中国の移動通信技術では，ハイテクの塊である携帯電話を中小企業の分業でつくってしまうキャッチダウン型技術進歩が起き，きわめて安価な製品がつくられた。そうした技術の大衆化を経て形成された生産基盤を土台として，今日中国は世界の移動通信技術の先頭に立っている。

この2つの例から，後発国が先進国を技術の面で追い抜く前には，技術を自国や市場の状況に適合させるキャッチダウンのプロセスがあることが推測できる。中国の例ではないが，1980年代まで集積回路の一種であるDRAM（Dynamic Random Access Memory. 読み書きが自由に行える記憶用半導体で，コンピュータに多く用いられる）の分野で，世界の上位を日本企業が占めていたのに，その後韓国のサムスン電子が日本勢を追い抜いたのも，技術の方向を変えたからだといわれている（湯之上［2009］；吉岡［2010］）。それまで日本勢は大型コンピュータや電話交換機など長期間使われる機器での使用を想定して耐用年数が25年のDRAMをつくっていたのに対して，サムスン電子はパソコンの時代にはそれほど長い耐用年数は必要ないとして過剰品質を見直し，生産コストを削減した。

この議論を**図5-6**を用いてより一般化してみたい。この図では先進企業Aと後発企業Bがつくっている製品の機能と品質および価格の水準を点で表している。図の上へ行くほど機能・品質が高く，右へ行くほど価格は安い。現状ではBの製品はAより機能・品質は低いが価格は同じなので，これではAにはかなわない。そこでBとしては機能と品質で何とかAに追いつこうと技術の習得に励む。仮に機能と品質で追いついても，評判を確立しているAと同じ値段ではかなわないので，Aの製品よりも少し安くすることを

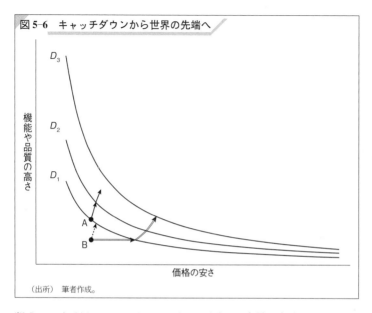

図5-6　キャッチダウンから世界の先端へ

機能や品質の高さ

D_3

D_2

D_1

A

B

価格の安さ

（出所）　筆者作成。

狙う。これがキャッチアップであり，図では点線の矢印で示している。

　だが，仮にBが機能・品質の面でAに追いつけなくても，製品の価格がAよりも大幅に安ければ売れる可能性がある。一般には消費者の需要においては機能・品質と価格との間にはトレードオフの関係があり，等量の需要規模を示す曲線は図のD_1のように描くことができる。つまり，D_1上の機能・品質と安さの組み合わせを実現できた企業は，D_1上のどこであっても同じ量の需要を獲得できる。とくにBがターゲットとする市場が発展途上国市場であれば機能・品質はAより劣っても，値段が大幅に安ければ需要が期待できる。これがキャッチダウンであり，図5-6では二重線の矢印で示している。

　先進企業Aからみれば，後発企業Bがキャッチアップしてくる場合には自分の市場が奪われると思って警戒するが，キャッチダウ

ンをしている場合は，むしろ自分のポジションから遠ざかっている
ので競争相手にはならないと慢心する。

　BがキャッチダウンによってAと同規模の需要D_1を獲得できた
とする。BもAと同じぐらいの販売規模になり，同規模の利益を
稼いで機能と品質の向上にも投資できる。その結果，BがAより
も先により大きな需要規模に対応するD_2やD_3に到達できれば市
場シェアでAを逆転することができる。

　二重線の矢印のようなキャッチダウンは，より高機能・高品質を
追求している先進企業Aからみればおよそ技術進歩ではなく，「退
歩」にしかみえないだろう。しかし，それが需要をとらえる方向へ
の動きだとするならばやはり進歩なのである。Bがキャッチダウン
によって大きな需要をつかもうとしているのであれば，Aも対抗
して低価格品をつくって需要を取り戻さなければ必ず追い越される
だろう。

第6章 | 国有企業と産業政策

鞍山鋼鉄公司の高炉から出る銑鉄（1997年）

➤Keywords

国有企業　国家資本主義　請負制　会社制度　中央企業
地方国有企業　民営化　管理体制　国家資本　混合所有制
改革　産業政策　戦略的新興産業　中国製造2025　国進民
退

国有企業は国家が計画経済体制を運営するうえで最も重要な道具であった。しかし，中国は 1992 年に「社会主義市場経済」を改革の目標と定めた。では国有企業の位置付けはどうなるのだろうか。

計画経済体制のもとでつくられた国有企業は市場経済に適応することが難しく，国家にとって負担となることが多い。計画経済のもとで，国有企業は製品の生産から販売や雇用や賃金の決定に至るまですべて政府のお膳立てのなかで生産活動をしていた。生産性を高めるよう求められてはいたが，利益を出せるかどうかは企業の努力より政府がどう価格を設定するかにかかっていた。そんな国有企業が市場経済に放り込まれると経営効率が悪化して売上が落ちてしまう。過剰な人員を抱えて賃金を支払うことも困難になり，雇用を維持するために銀行から借金するが，それも返せなくなる。中国の市場経済移行が進んだ 1990 年代前半には多くの国有企業がこうした状態に陥り，中央や地方の政府にとっての負担となった。

だが，1990 年代後半に総計で 4000 万人もの従業員を削減する大幅なリストラと（第 3 章），不良債権の処理を経て（第 4 章），2000 年代前半に国有企業の経営状況は大きく回復した。そうした状況を踏まえて，中国政府のなかで国有企業を国家の戦略的目標を追求するために役立ててやろうという野心が芽生えてきた。

アメリカの政治学者ブレマーは，中国は国家の利益を追求するために国有企業を経済に関与する手段として使っているとして，中国の体制を「国家資本主義」と名付けた（Bremmer［2010］）。そして「国家資本主義」のモデルがロシア，中東，アフリカにも広まりつつあり，アメリカなど西側自由主義陣営の脅威になりつつあると警告する。アメリカの政治学者ハルパーも同様に中国を「国家主導資本主義」と特徴付け，中国が対外援助などを通じてこのモデルをアフリカなどにも広めつつあると警告している（Halper［2010］）。

実は日本の中国経済専門家はかなり以前から中国の行く末について同様の指摘をしていた。たとえば小島麗逸は1997年に，これからの中国は巨大な国有企業グループが支配し，国有銀行が資金を提供する「官僚金融産業資本主義」に移行するだろうと述べていた（小島［1997］）。また呉軍華は2008年に中国の現状は官僚の意思と計画によってつくりだされた「官製資本主義」で，官僚とその関係者がその恩恵のほとんどを享受しているとしていた（呉［2008］）。本書執筆時点（2020年）までの状況をみる限り，現状をどう呼ぶかはともかく，これらの論者が指摘したように，中国政府は国有企業を戦略的に利用する方向に進んでいる。ただ，国有企業の現実をみた時，こうした方針に果たしてどれほどの有効性があるのか筆者は疑問である。現状を「**国家資本主義**」と呼ぶことが仮に可能だとしても，それは果たしてこれから10年も20年も持続可能なものなのだろうか。この課題を考えるために本章ではこれまでの国有企業改革の変遷をたどり，中国の国有企業がどのような問題を乗り越えて今日に至ったのかをみていきたい。

1 国有企業改革の構想と限界

経営者の権限の拡大　中国の改革開放政策が始まった当初，国有企業の利潤率は14％以上と非常に高かった（**図6-1**）。しかし，国有企業の経営効率が高かったわけではなく，国有企業が利益を出せるように価格が設定されていただけだった（第2章）。国有企業改革が全面的に開始される起点となったのは1984年の「中国共産党中央の経済体制改革に関する決定」であるが，そのなかで国有企業の経営効率の悪さが端的に指摘されていた。すなわち，「都市の企業（国有企業を指す）の経済効率はまだとても

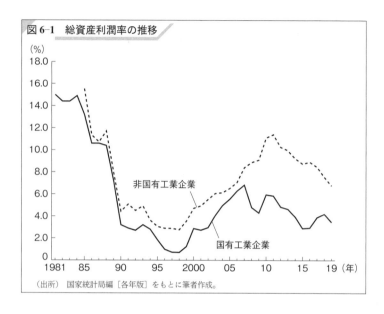

図6-1 総資産利潤率の推移

(%)

18.0

16.0

14.0

12.0

10.0

8.0

6.0

非国有工業企業

4.0

2.0

国有工業企業

0

1981 85 90 95 2000 05 10 15 19 (年)

(出所) 国家統計局編［各年版］をもとに筆者作成。

低く，生産，建設，流通の側面での損失と浪費がまだとても著しい。」

当時，すべての生産要素の価格が国有企業に有利なように設定されていた。まず，労働者の賃金が低く抑制されていた。国有企業が使う資金も1984年までは国家財政から支出されたので，資金コストがゼロ，すなわち利子を支払う必要がなかった。国有企業は多くの土地を占有しているが，それに対する地代を払う必要もなかった。国有企業が作る製品の市場では他の生産者との競争も少なく，つくったものは必ず国家が定めた価格で販売することができた。

そうした好条件は1980年代から次第に失われていった。製品市場では農村の郷鎮企業や他の国有企業との競争が激しくなっていった。国有企業が使用する資金は1985年からすべて銀行からの融資に切り替えられ（**第4章**），利子を支払わなければならなくなった。賃金も1977年から90年の13年間に実質で8割以上上昇している

（**図 2–2**）。

そうした環境の激変に対して，国有企業の経営自主権を高めることで適応能力を高める道が模索された。前述の 1984 年の決定では，「企業の活力を強めることこそが経済体制改革の中心的課題である」とし，そのために国家が国有企業を細かく管理するのはやめ，経営者の権限を高めて，国家の企業に対する所有権から分離するという方向性が示されている。

この「所有権と経営権の分離」という方針は，かつてアメリカのバーリーとミーンズが述べた「所有権と支配の分離」という言葉を彷彿とさせる（Berle and Means [1958]）。彼らは，アメリカの株式会社において会社の資本が数多くの株主によって分散的に所有された結果，所有権と企業の支配とが一致しなくなり，多くのケースでは株を所有しない経営者が会社を支配していると指摘した。日本においては，企業間の株式持ち合いによって外部の株主の力が意図的に弱められることによって経営者支配が実現していると奥村 [1984] が指摘していた。

日本やアメリカでは経営者支配を資本主義の歪みとしてとらえていたのに対して，中国の論者はそこに理想を見出した（呉家駿 [1994]）。中国では所有者（政府）による過度の支配こそが問題であり，経営者の支配力を高めた方が経営効率が高まると考えられていた。実際，中国からみれば日本の株式会社の方がずっと成功しているようにみえたのである。

日本の株式会社モデルを導入するには国有企業における国家の持ち株比率を大幅に引き下げ，株主を分散させればよいが，生産手段（企業）の全人民所有（＝国家所有）は社会主義制度の根幹に関わることであるので，1980 年代にはそれを公然と提言することには政治的なリスクがあった。まずは，政府が企業への介入を自制し，国有企業経営者の裁量権を増やしていくという小手先の改革が志向さ

れた。

　実際に行われた改革の第1は，賃金や雇用における改革である。第3章**5**でみたように，賃金の平等主義が改められ，職責や能力に応じた賃金体系と業績に応じたボーナスが導入された。また，新規採用の労働者とは有期の労働契約が結ばれた。

　第2に，製品の価格や販売先に関して国家の計画で定める割合を徐々に減らし，自由に販売先を選ぶことができ，価格も自由に設定できる部分を増やしていった（**第2章表2-4**）。

　第3に，企業と政府の間における利潤の分配関係の変革である。計画経済の時代には，国有企業の利潤はすべて政府の財政収入となったが，改革開放が始まって間もない1979〜80年の時期に一部の国有企業で，利潤の一部を企業に留保して，それを従業員にボーナスとして配ったり，企業の独自裁量による投資に充てることが認められるようになった。1984年からはすべての国有企業において利潤の一部を留保できるようになり，目標値を超えて利潤を拡大できた場合には利潤のより高い割合を留保できるので，国有企業が利潤の増大により熱心に取り組むようになった（浜［1987］第3章）。

請負制の実施と限界　　国有企業に利潤の留保を認める方策は企業の経営者と従業員にやる気を与える点でとくに効果的だと考えられた。そこで，国有企業は政府にあらかじめ定められた金額の利潤を上納しさえすれば，規定の上納額を超える利潤は企業内に留保して自由に使ってよい，という趣旨の「請負制」が1987年からほぼすべての国有企業で採用された。これは地方政府と中央政府の間で導入された財政請負制と似ており，企業が政府に上納する利潤額を3〜5年先まであらかじめ契約してしまう。上納する額は毎年5％程度増やす契約にすることが通例である。上納すべき額を超える利潤はすべて企業のものとなった。企業の政府に対する任務は，契約に従って利潤を上納すること，計画で定めら

れた設備投資を実施すること，賃金総額を国が規定した範囲に収めることとされた。

　だが，請負制が導入されて 3 年目の 1989 年に引き締め政策の強化と 6.4 天安門事件（*Column⑧*）の影響で景気が急に悪化したことで請負制はその欠陥を露呈し，事実上破綻した。国有企業の利潤率は**図 6-1** にみるように急低下し，国有企業から政府への利潤上納額も 1988 年から 91 年の間に，366 億元，257 億元，47 億元，22 億元と急減した（財政部綜合計画司編［1992］）。請負制のもとでは，国有企業から政府への利潤上納額を毎年増やす契約になっていたはずだが，利潤が減少したために契約を守れなくなってしまったのである（杜海燕［1992］）。

　国有企業による利潤の留保額も減ったものの，その額は 1988 年が 336 億元だったのに対して 91 年は 214 億元と上納額ほどの急減ではない。国有企業は本当は上納額を増やしていくことを優先し，残った分を留保するはずであったが，実際には上納額を大幅に減らして，留保額をある程度確保した。つまり，利潤の分配において国有企業に対してきわめて甘い扱いがなされたのである。

　これは国有企業の留保利潤が従業員のボーナスの財源となっており，6.4 天安門事件直後の政治的に微妙な時期に従業員の収入を減らすような措置はとりにくかったという政治的背景がある。また，もともと請負制自身に内在していた欠陥が，利潤の減少という現実のなかで露呈したともいえる。

　つまり，請負制は，利潤が増えていくものという前提で制度が設計されており，利潤が大きく減少したり，企業が赤字になったりすることを想定していなかった。請負制を杓子定規に解釈すれば，企業が仮に赤字であっても契約どおりの金額を上納すべき，ということになるが，そのためには企業は機械や工場などの資産を売却しなければならなくなるだろう。そうなると企業が利益を稼ぐ力まで衰

1978年12月に改革開放政策が始まる前後から，文化大革命時代の毛沢東の個人崇拝を批判し，民主化を求める運動が北京などで始まった。中国共産党は，共産党支配の転覆を図る運動は許されないとしてこうした運動を弾圧し，活動家を投獄した。1986年から経済改革を進めるうえでは政治も改革する必要があるとの考えを持つ学者や政治指導者が増え始め，学者や大学生による民主化運動が広がった。こうした運動に厳しく対処しなかったとして，共産党内部の保守派が当時の総書記の胡耀邦を攻撃し，1987年1月に胡は総書記を辞任した。しかし，民主化運動はその後も次第に拡大し，インフレが激しくなった1988年にはインフレや政府・党官僚の汚職への不満から大きな運動となった。共産党の内部でも胡耀邦を継いで総書記になった趙紫陽らの改革派と，1987年11月に党の長老らの後押しで首相代行になった李鵬ら保守派との対立が激しくなった。

1989年4月に党内改革派の象徴だった胡耀邦が急死したことをきっかけに民主化を主張する大学生たちが北京市の天安門広場で連日集会やデモを行った。5月には北京に戒厳令を敷くことが決定されて趙紫陽は失脚し，6月3日から4日にかけて軍隊が市民と衝突しながら天安門広場から学生たちを排除し，その過程で数百人以上の死者が出た。この事件は「天安門事件」と呼ばれることが多いが，1976年4月に起きた天安門事件（当時権力を握っていた「四人組」に反対する市民たちが，天安門広場で1月に死去した周恩来を追悼する集会を開き，武装警察に排除された事件）と区別するため，「6.4天安門事件」と呼ぶことにする。なお，6.4天安門事件以後，中国の民主化運動は封殺され，民主化もほとんど進展がなく，共産党の一党支配が今日まで続いている。

えてしまうので，企業の所有者である国家にとっても損失である。資本主義社会の株式会社の場合，利潤が減ったり赤字になったりした場合には，株主に対する利益の配当も減額されるのが通例であり，経営悪化の影響は所有者にも及ぶ。一方，請負制では所有者である国家は経営悪化の影響を全く受けない制度設計になっていたが，実際にそのように運用するのは困難だった。

それに加えて，政府の側が約束したとおりには企業に経営自主権を与えていないという問題もあった。1996年に約800社の国有企業を対象に行われたアンケート調査によれば従業員の募集・採用に関して自主権がないと回答した国有企業が37%，投資の決定権がないと回答した企業が73〜76%，資産を処分する権限がないと回答した企業が76%に上った（今井・渡邉［2006］40頁）。1994年夏に筆者を含むグループで国有企業の状況を調査した際，とくに大型の国有企業に対して地元の地方政府が地元から一定数以上の従業員を採用することを義務付けていることが明らかになった（上原［1995］31頁）。

1989年以降，限界を露呈したとはいえ，それまでの企業改革が国有企業の生産性を上昇させる効果を持ったことは疑いない。**図2-2**でみたように1978年以降国有鉱工業企業の労働生産性は上昇を続け，92年は実質で77年の120%増（年率5.4%上昇）となった。労働生産性の上昇をもたらした要因として機械設備の増加という要素は当然あったであろうが，その要素を除いた全要素生産性（TFP）も，国有企業769社のデータをもとに計算した結果によれば，1980年から89年に年率4.5%で伸びたという（Groves et al. ［1994］）。しかし，改革が功を奏して生産性が伸びたのは確かとしても，他のタイプとの企業や国有企業どうしの競争のため，利潤率が1990年代後半には1%を切るぐらいまで低下してしまっており，このままでは国有企業は存続不可能であった。

2 会社制度の導入

会社制度の意義

請負制は，国有企業の所有者（国家）と経営者の間の関係を律する制度の1つであっ

たが，利潤が大きく減った時の対応が考えられていない単純すぎる制度であった。所有者の側からみて，経営者との関係を律する制度には次の2点を求めたいところである。第1に，経営者が所有者に対して配当や利潤上納などの形で報いるだけでなく，企業価値を増やすことにも努める制度でなくてはならない。第2に，経営が悪化した時には経営者を交代させるなど応分の責任をとらせる制度である必要がある。

他方で，企業の経営が行き詰まった時に，経営者だけに責任をとらせるのも限界があり，所有者も応分の責任を果たす必要がある。資本主義の長い歴史のなかで形成された**会社制度**は，企業の所有者と経営者の関係を律する制度として成熟している。1980年代の国有企業改革の模索を経て，93年に中国で会社法（公司法）が制定されて以降は，国有企業に会社制度を導入し，株式会社または有限会社に改組することに改革の方向が定まった。

会社制度においては，企業を統治する制度として株主総会があり，出資者は株主総会での議決によって取締役を選任・解任する。こうした仕組みを通して所有者が経営陣を動機付けたり，経営悪化の責任をとらせたりすることができる。経営状況の悪化が長引き，立て直しが難しい時，企業は破産することになる。会社制度のもとでは出資者は出資額の範囲で有限責任を負うので，国有企業が多額の借金を負って倒産した場合でも，国家がそれをすべて肩代わりするわけではない。その場合には企業に資金を貸した銀行なども貸し手責任を負うことになる。そうなると，銀行は国有企業に対して貸した金が回収できなくなって不良債権を持つことになるが，その問題が1990年代後半以降どのように展開したかについては**第4章3**で述べた。

会社制度を導入すると，国有企業に国家以外の出資者が株を購入するという形で出資することが可能になり，そうした新しい出資者

たちも株主総会に参加することを通じて企業の経営に参加できる。国有企業に対する出資者として国家は株主総会を通じて企業の経営を監督することになるものの，日常の経営は取締役会による自主的な運営に委ねられることになるし，他の出資者も株主として加わることになると，企業経営の政府からの自立性が高まることになる（志村・奥島編［1998］47〜49頁）。

会社制度の展開：鞍鋼
集団の事例

1994年に中国政府は会社制度を導入する国有企業100社をモデルケースとして指定し，同時に地方政府も約2600社の地方国有企業をモデルケースとして指定して，これらを株式会社や有限会社の形態に改組することになった。その後，国有企業を母体とする株式会社が次々と誕生し，上海と深圳の証券取引所に株を上場して一般投資家からの出資も集めるようになった。

国有企業を株式会社化する際には，企業全体をまるごと株式会社に変えるのではなく，一部分だけを切り出してそれを株式会社にするのが通例である。たとえば鞍山鋼鉄公司のように（**第3章 6**），正規従業員のほか間接的に給料を払っている人も入れると50万人に給料を払っているような国有企業の場合，大量の余剰人員や老朽設備，従業員住宅などの非収益性資産を抱えたまま株式会社に転換すると，たちまち経営が行き詰まる恐れがある。そこで，1997年にまず最新設備を持っている厚板工場，冷間圧延工場，線材工場の3つだけを分離して，従業員4500人のスリムな株式会社（鞍鋼股份有限公司）をつくった（丸川［1999］）。これら3工場の資産は母体である鞍山鋼鉄公司が株式会社に対して現物出資したものとみなし，鞍山鋼鉄公司にはその出資額に見合った株が与えられた。そのうえで資本の増資を行い，増資分の株を一般の投資家に売ったのである。その後，2006年に鞍山鋼鉄公司から株式会社に対する増資が行われるとともに，製鉄や製鋼，熱間圧延，シームレスパイプ，亜鉛メ

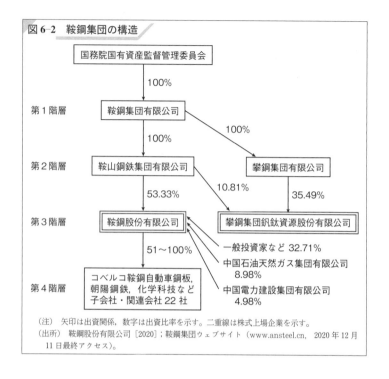

図6-2 鞍鋼集団の構造

国務院国有資産監督管理委員会

100%

第1階層 | 鞍鋼集団有限公司

100% 100%

第2階層 | 鞍山鋼鉄集団有限公司 攀鋼集団有限公司

53.33% 10.81% 35.49%

第3階層 | 鞍鋼股份有限公司 攀鋼集団釩鈦資源股份有限公司

一般投資家など 32.71%
中国石油天然ガス集団有限公司
8.98%
中国電力建設集団有限公司
4.98%

51〜100%

第4階層 | コベルコ鞍鋼自動車鋼板,
朝陽鋼鉄,化学科技など
子会社・関連会社 22 社

（注）　矢印は出資関係，数字は出資比率を示す。二重線は株式上場企業を示す。
（出所）　鞍鋼股份有限公司［2020］；鞍鋼集団ウェブサイト（www.ansteel.cn, 2020 年 12 月
　　11 日最終アクセス）。

ッキ鋼板などの工場が移管され，従業員数はそれまでの 6000 人か
ら一気に 3 万 2000 人になった。その後もコークス製造や鉄道輸送，
エネルギー供給などの部門も親会社の鞍山鋼鉄公司から移管された
が，従業員数は 2019 年末時点でも 3 万人弱にとどまっている（鞍
鋼股份有限公司［2020］）。

　2010 年に国務院が鞍山鋼鉄公司と，**第 2 章 5** で述べた「三線建
設」の中心的プロジェクトであった四川省の攀枝花鋼鉄公司とを統
合し，両者の上に鞍鋼集団公司という持ち株会社をおいた。その後，
全体の本社機能をこの持ち株会社の方に移した結果，2020 年時点
では，**図 6-2** に描いたように 4 つの階層からなる構造になっている。
まず一番上層には国家が 100% を所有する鞍鋼集団有限公司がある。

表 6-1　鞍鋼集団の収入と利潤の構造（2019 年）

	従業員数 （人）	営業収入 （億元）	利潤 （億元）	資産 （億元）
鞍鋼集団有限公司	126,909	2,171	−14.4	3,296
鞍鋼股份	33,750	1,056	17.9	878
攀鋼股份	3,376	132	14.2	130
それ以外	89,783	983	−46.5	2,288

（注）　鞍鋼股份，攀鋼股份にはそれぞれの子会社，関連会社を含む。
（出所）　各株式会社の年報，財富（中国）の情報。

ここには経営企画，人事，財務といった本社機能がおかれているほか，鉄鉱山もここに属している。その下の第 2 階層には鞍山鋼鉄集団と攀鋼集団がぶら下がっているが，前者はペーパーカンパニーであって，製鉄所としての機能は第 3 階層の株式会社（鞍鋼股份有限公司）に移されている。株式会社の鞍鋼股份はさらに神戸製鋼所との合弁企業など 22 社の子会社や関連会社を保有している。一方，攀鋼集団の方は第 2 階層の方に製鉄所としての機能が残り，チタンとバナジウムの資源開発を担う部分だけを切り出して株式会社として上場している。

　以上のように，鞍鋼集団は，現状では鞍山の製鉄所を株式会社化した鞍鋼股份，攀枝花の鉱産資源を株式会社化した攀鋼股份，そして第 1 階層と第 2 階層に残ったそれ以外の部分という 3 つに分かれている。**表 6-1** はその株式会社 2 社の年報と，財富（フォーチュン）の情報から，残りの部分の状況を割り出したものである。ここから採算部門が株式会社に移され，「それ以外」の部分に不採算部門が残されていることがわかる。後者には従業員と資産の 7 割が残っているが，営業収入は集団全体の半分に及ばず，利潤もマイナスである。改めて**図 6-2** をみると，経営が一体化していて，ほとんど名称も変わらない企業が親会社と子会社として 3 層にも分かれていて，不透明かつ不合理だといわざるをえない。鞍鋼集団が多くの不採算

部門を抱え，それを簡単には解消できないなかで，株式会社化によって外部の投資を取り入れて企業改革を進めたかった事情は理解できるが，図6-2の第1層から第3層までは早く1つの階層に統合すべきであろう。

中央企業の改革：
Sinopec と CITIC

中国最大の企業である中国石化集団公司（Sinopec）も鞍鋼集団と同様に国家が100％保有する親会社と，それが68.77％の株を所有する子会社に分割され，後者が香港や上海に株を上場するという構造になっている。2006年には株式会社の利益によって親会社を養う構造であったが（今井［2009］229～232頁），19年には従業員の7割，資産の8割が株式会社の方に移っている（**表6-2**）。集団全体で退職者が46万人いるが，そのうち25万人のコストも株式会社が負担している。「それ以外」に全体の3割の従業員がいるのに，営業収入は全体のわずか1％であるなど，いびつな構造であることは否めないものの，集団全体として大きな利潤を上げていることからみて，今では集団全体を株式会社に移すことも可能な状況であるといえる。

中央政府（国務院）の国有資産監督管理委員会が管理する国有企業，すなわち「**中央企業**」のなかで，会社制度の導入へ最も大胆な変化を遂げたのが中信集団（CITIC）である。もともと1979年に最高実力者であった鄧小平が「赤い資本家」と呼ばれた栄毅仁に対して改革開放のために一肌脱いでくれといったことがきっかけとなって，中信集団が設立された。外資導入の仲立ちをする信託投資会社としてスタートしたが，その後，銀行，信託投資，証券，鉱産資源開発，製造業（製鉄，自動車部品，大型機械など），建設，不動産などに展開する多角的なコングロマリットに成長した。

その中信集団もやはり事業の一部だけを切り出して株式会社とし，内外の株式市場に上場してきた。鉱産資源開発，製鉄などの事業を

表 6-2　中国石油化学集団の収入と利潤の構造（2019 年）

	従業員数 （人）	営業収入 （億元）	利潤 （億元）	資産 （億元）
中国石油化工集団有限公司	582,648	30,034	1,009	22,117
中国石化股份	402,206	29,662	900	17,551
それ以外	180,442	372	109	4,566

（出所）　中国石化集団，中国石化股份の年報，財富（中国）の情報。

切り出し，中信泰富（CITIC Pacific）を設立して香港に上場したほか，銀行，証券などの事業を株式会社にして上場してきた。中信泰富以外の事業は，中信集団の 100% 子会社である中信股份が統括していた。しかし，2014 年に改革を行ってそうした二重構造をほぼ解消した。すなわち，中信泰富が 4 兆円近い増資を行ってそれを中信集団と一般投資家が引き受け，その資金によって中信股份を吸収合併し，企業名を中信股份と改めたのである。こうして中信集団の資産の 98%，従業員の 95% が香港上場企業である中信股份のもとに移された。その翌年の 2015 年にはタイのコングロマリットである CP グループと日本の総合商社の伊藤忠が中信股份に資本参加した。その結果，中信股份の株主構成は中央企業である中信集団が58.13% 保有し，CP グループと伊藤忠がそれぞれ 10%，一般投資家が 21.87% 保有している（CITIC Group［2017］）。

　国有企業の多くが鞍鋼集団のように事業の一部だけを切り出して株式会社化し，それを上場するパターンをとっているが，それでは株式会社が上げた利益を親会社の方に吸い上げられて株式会社の経営が悪化させられたり，逆に株式会社が親会社に不良資産や余剰人員を押し付け，みせかけの好業績をつくりだしたりする恐れがある。前者の場合には国家の利益が増大する一方で一般株主が損をし，後者の場合には一般株主は得をするが国家の利益が損なわれる可能性が高い。そうした問題を克服するには国有企業の事業全体を株式会

社化する「全体上場」をすべきだという議論が 2000 年代からなされてきた（黄清［2004］）。中信集団はまだ形式的には親会社（中信集団）を存続させているとはいえ、ほぼ全体上場を実現しており、かつ株式会社には外資や一般投資家も出資していて、後に述べる「混合所有制」も実現している。その意味で中信集団は国有企業改革の先頭を走っている。

　大型国有企業に会社制度を導入する場合、ほとんどのケースでは国家がなお過半の株式を所有して支配しているので、株式会社化とは結局国家の経済に対する影響力を拡大することが目的だという見方がある（中屋［2009］）。他方では、仮に国有企業の一部を切りだして株式会社化するだけでも、政府に対する経営の自立性の高める効果があるという見方もある（今井［2008］）。一般に、会社の株を株式市場に上場すると、一般投資家に向けて事業内容やその現状を年報などの形で定期的に報告する必要が生じる。中信股份など株を上場した国有企業の年報をみると、そのなかで経営陣は当然ながら会社の利益の増大と企業価値の最大化に向けて努力していることをアピールしており、国益のために行動しているとは書いていない。もちろん株式会社の経営状況をよくすることが最大株主である国家の利益に沿うことでもあるが、株式会社になって一般投資家からの出資を受けた以上は、経営陣は会社の利益より国益を優越させるような経営をするわけにはいかない。やはり国有企業を部分的にでも株式会社化することで政府に対する経営の自立性が高まる効果はあるし、全体上場となればいっそう効果は高い。

　もう 1 つ指摘しておきたいのは株式会社化によって国有企業の経営情報の公開性が高まることである。一般に中国の国有企業は経営業績のデータを公開することにきわめて消極的である。それを監督する立場の国有資産監督管理委員会もごく限られた集計データしか発表していない。国有企業は国民の財産を預かって経営しているに

もかかわらず，外部に対する経営の透明性が低い。**表6-1**で鞍鋼集団の「それ以外」の部分が大きな赤字を出していることを示したが，これも限られたデータから推計したものにすぎず，なぜ赤字になっているのかを分析できるような情報は公表されていない。一方，上場株式会社になれば財務や業績に関する詳細なデータを株主に対して定期的に報告し，それは外部からも閲覧できる。中信集団のように国有企業の全体上場が実現すれば，これまで不透明だった国有企業の経営実態を国民が把握できるようになり，経営陣による不正や背任行為が行われていないか監視する助けとなるだろう。

3 地方国有企業の再編と民営化

前節では中央の国務院直属の国有企業（「中央企業」）の改革について述べたが，ここでは地方政府に所属する国有企業の改革についてみていこう。中国は地方分権の歴史が長く，地方政府が多数の国有企業を設立してきた（**第2章**，**第4章**）。2000年の時点では当時19万社あった国有企業のうち92％が省，市，県といった地方政府が管理する国有企業であった（「**地方国有企業**」）。なお，中国には「地方政府の所有」という概念はなく，地方政府は国家機関の一部として国有企業を管理するという建前なので，「省有企業」「市有企業」とはいわずに，「省が管理する国有企業」「市が管理する国有企業」と呼ぶ。

ただ，2001年までは中央企業が納める企業所得税（または上納利潤）は中央政府の財政収入に，地方国有企業が納める企業所得税（または上納利潤）は地方政府の財政収入になったので，事実上それぞれが企業を所有しているかのように扱われていた（Granick[1990]）。しかし，2002年には，国有企業が納める企業所得税は中

央企業であるか地方国有企業であるかを問わず，中央と地方とで
5:5（03年からは6:4）で分けることなった（孫勇［2002］）。この改革
によって地方国有企業は事実上地方政府の所有物だという感覚がや
や薄らいできたようである。

　さて，地方国有企業は地方政府の投資によって設立されたものな
ので一般に小規模である。1995年時点で，鉱工業の中央企業のう
ち大型と中型のものが92%を占めていたが，地方国有企業の場合
は33%で，小型のものが67%を占めていた*。中型・小型の国有
企業は1995年以降全体として赤字に陥ったが（今井・渡邉［2006］
47頁），なかでも小型の地方国有企業は苦境にあった。これらは，
日本の中小企業とは違って，部品サプライヤーとして大企業と分業
したりはしておらず，大企業と同じ製品やサービスで競合している
ことが多かったからである。

　地方国有企業は地方政府にとって負担になってきた。この事態を
受けて，1995年に中国共産党が「大をつかみ，小を放つ（「抓大放
小」）」，すなわち大型国有企業に対する国家の支配は緩めないが，
小型国有企業に関しては自由にする，という方針を決めた。それ以
来，地方政府が管理下にある国有企業を**民営化**することが公認され
るようになった。

　国有企業の民営化がまだタブーとされていた1991年に全国に先
駆けて秘かに民営化を始めたのが四川省宜賓市宜賓県である（丸川
［2000］）。宜賓県政府は当時66社の小型国有企業を傘下に抱えてい
たが，1989年以降経営が軒並み悪化していった。1991年にはその

---

　　*　2017年に定められた鉱工業企業の規模を区分する基準は，従業員数が1000人
　　以上かつ営業収入が4億元以上のものが大型企業，従業員数が300人以上かつ営
　　業収入が2000万元以上のものが中型企業，従業員数が20人以上かつ営業収入が
　　300万元以上のものが小型企業，それより小さいものが微型企業とされ，2つの
　　条件のいずれかを満たせない場合は1つ下のランクとなる。1995年の時点では
　　企業の固定資産額や生産能力を基準として区分されていたが，従業員数からみる
　　と2017年の基準とほぼ同等の規模感であった。

赤字額が県政府の財政収入を上回るまでに拡大し，県政府はやむなく企業を民営化していった。民営化の方法として最も多く採用されたのは，企業の価値を大幅に割り引いたうえで従業員に少額ずつ出資させて買い取らせる方法である。企業に残りたい従業員は必ず出資しなければならないことになっていた。企業を割引価格で従業員に売るのは，従業員に対する補償金だと説明された。すなわち，民営化によって国有企業従業員という保障された身分を失うことに対する補償金という意味である。

　従業員が全員少額ずつ出資する方法をとったのは，企業の民営化に対して「社会主義を後退させている」という批判を受けた場合に，「これは国有企業の民営化ではなくて『株式合作制企業』への改組である」という弁明ができるようにするためであった。ちなみに，「株式合作制企業」とは1980年代に集団所有制企業の一種として誕生した企業形態で，企業の資本が，集団所有の部分と個人が少しずつ出資した部分の両方で構成されているものである。結局，宜賓県は社会主義をないがしろにしているという批判を受けることなく，監督下にあった66社の国有企業を1996年までにすべて従業員や他の企業への売却などによって民営化した。

　宜賓県が禁を犯すリスクを負って始めた中小国有企業の従業員への売却の経験は，同様に地方国有企業の負担に苦しんでいた四川省の他の県にも伝えられた。中小国有企業での民営化の手法は，同じく地方政府が管理する中小公有企業である集団所有制企業にも応用された。

　さらに，1997年の中国共産党第15回大会の決議のなかで，「国有経済の戦略的調整」，すなわち国有企業を戦略的な部門に集中していくという方針が明らかにされるとともに，「非公有経済」（すなわち民間企業）がそれまでの「公有制経済の補充」という位置付けから，「社会主義市場経済の重要な構成要素」に格上げされた。微

妙な表現の変更のようにみえるが，これ以降，政策における民間企業に対する差別がかなり撤廃され，地方国有企業の民営化に対する抵抗感も薄れた。これを機に地方国有企業を民営化する動きが全国に広がり，その手法も従業員全体が所有する企業にするという社会主義色を残す方式から，経営者個人や外部の企業家に一括して売却するという，より資本主義的な方式が多くなっていった。

農村の郷，鎮，村といった行政機関が経営する郷鎮企業の民営化はそれより一歩先んじて 1990 年代半ばに進んでいた。江蘇省南部では 1980 年代に鎮や村が経営する郷鎮企業が発展し，「蘇南モデル」ともてはやされていた時期もあったが，90 年代に入ると，鎮や村の行政幹部が企業を経営することの限界がみえてきた。Kung ［1999］が 1995 年に江蘇省無錫市無錫県で 16 の村を調査したところ，うち 12 の村では村営企業の多くを経営者個人に売却して民営化していた。企業を売却する前には，まず鎮政府に純資産額を評価してもらう。経営者はその金額を 1～3 年かけて村に支払うが，個人の貯金だけで買い取れない場合には買い取り資金を金融機関から借りたり，買い取られる企業の将来の利益から返済することが認められることもある。民営化後も，企業が利用している土地は引き続き村の資産なので，企業は村に地代と管理費を支払うこととなり，村が村営企業から利潤の上納を受けていた民営化以前よりもかえって村に納入される額が増えるケースもあったという。

以上のような，郷鎮企業や地方国有企業の民営化の進展には地域差も大きく，中国全体でどのようになっているのかについては不明なことが多い。国有企業の数が 1995 年には 25 万社あったのが 2008 年には 11 万社まで減少したことは，民営化の進展によるものであったのかもしれない（今井［2009］224 頁）。しかし，その後国有企業の数は増加に転じ，2018 年には 20 万 3000 社余りとなった。国家の経済活動に対する関与が 2008 年までは弱まる傾向があった

のが，その後は強まったようである。

4 国有企業を管理する制度

新旧が混在していた企業制度

ここで改めて中国の企業の全体像を 2004年，08年，18年に行われた「経済センサス」によって俯瞰してみよう（**表6-3**）。中国の企業は大きく分けると，1993年に制定された会社法に則って設立された有限会社と株式会社，およびそれ以外の法律に基づいて設立された非会社法企業とがある。後者は，たとえば国有企業であれば「全人民所有制工業企業法」（1988年制定，2009年改正），集団所有制企業であれば「城鎮集体所有制企業条例」（1991年制定，2011年改正），私営企業であれば「私営企業暫定条例」（1988年制定，2018年廃止）など昔の法律に基づいて設立された企業である。会社法が制定された1993年には，ゆくゆくはすべての企業がこの法律の定める会社形態に移行するものだと思われていたが，それから25年経った2018年になっても，国有企業だけで7万社以上が旧来の形態のままである。会社形態に移行すると，国有企業がそれまで国有地を無償で占有していたのを，有償で土地使用権を買い取らなければならなくなったり，占有している土地と建物の権利関係が不明確だったりといった事情もあって，移行を渋る企業が少なくなかった（王璐［2020］）。

とくに**図6-2**でいうと第1階層に位置する国有企業は株式を上場して外部の資金を集める動機を持たないため，旧来の国有企業の形態にとどまるものが多かった。2016年末時点で，当時101社あった中央企業のうち69社までが旧来の形態の国有企業だった（任騰飛［2017］）。ただ，その後中央企業の第1階層を，国家が単独出資

表 6-3 企業の形態別内訳

	2004年経済センサス 企業数	2004年経済センサス 従業員数（万人）	2008年経済センサス 企業数	2008年経済センサス 従業員数（万人）	2018年経済センサス 企業数	2018年経済センサス 従業員数（万人）
非会社法企業	1,660,109	8,511	2,240,732	9,714	1,986,111	4,468
全人民所有制企業（国有企業）	178,751	2,409	142,937	2,202	71,790	581
集団所有制企業	342,569	1,515	192,248	905	98,337	257
株式合作制企業	107,021	379	63,957	264	25,056	45
連営企業	16,499	86	11,226	59	6,597	10
私営企業	811,054	1,748	1,531,827	3,053	1,565,674	1,077
その他内資企業	54,662	106	118,974	237	682	3
外資系企業	149,553	2,267	179,563	2,994	217,975	2,494
合弁企業	54,099	812	54,529	940	51,757	718
合作企業	10,388	154	7,970	117	3,852	44
外資企業	85,066	1,301	117,064	1,937	155,201	1,690
その他外資系企業	—	—	—	—	7,165	42
会社法企業	1,589,233	8,182	2,718,939	12,175	16,582,506	25,360
有限会社	1,454,312	6,806	2,505,732	10,178	16,209,082	23,246
国家単独出資会社	9,725	489	10,648	458	57,544	1,006
私営有限会社	1,099,228	3,304	1,954,499	5,686	13,875,479	15,457
その他有限会社	345,359	3,013	540,585	4,034	2,276,059	6,783
株式会社	134,921	1,376	213,207	1,997	373,424	2,114
私営株式会社	71,826	253	110,097	411	172,472	523
外資系株式会社	2,230	64	5,784	119	4,018	90
その他株式会社	60,865	1,059	97,326	1,467	196,934	1,501
自営業	39,216,016	9,422	28,736,900	8,195	62,958,721	14,931

（注）　経済センサスは2013年にも行われているが，他の3回と同じ基準で表を作成することができないため，ここでは取り上げていない。

（出所）　国家統計局編『中国経済普査年鑑2004』中国統計出版社；国務院第2次全国経済普査領導小組弁公室編『中国経済普査年鑑2008』中国統計出版社，2011年；国務院第四次全国経済普査領導小組弁公室編『中国経済普査年鑑2018』中国統計出版社，2020年。

ないし過半数出資する有限会社に転換する改革が進められ，2017年末までにすべてが会社形態に移行した。**図6-2**に示した鞍鋼集団も，2017年に国有企業の鞍鋼集団公司から国家が100%所有する有限会社の鞍鋼集団有限公司に転換した。2020年11月の時点では旧来の国有企業の形態にとどまっているのは約8000社であり，これらも近いうちに会社形態に転換される見込みである（王璐[2020]）。

外資系企業に関しては，1979年に外資との合弁企業について定めた「中外合資経営企業法」が施行されるなど，他の企業形態に先行して法体系が整備されたため，それらに基づいて「合弁企業」（＝外資側と中国側が共同出資して作る企業），「合作企業」（＝外資側と中国側の協力関係が契約によって定められている企業），「外資企業」（＝外資側の単独出資によって設立された企業）の3種類の企業が数多く誕生した。会社法が制定された後も，外資系企業については旧来の法律に基づく企業形態が認められてきた。しかし，2020年に「外商投資法」が施行され，3種類の外資系企業について定められた法律が廃止されたため，外資系企業も会社法またはパートナーシップ企業法など他の法律に定められた企業形態に移行することになった。

全体としてみると，非会社法企業が企業全体に占める割合は2004年には51%，08年には45%だったのが，18年には11%に下がっている。国有企業と外資系企業については2020年以降すべて会社形態に移行する見通しとなったため，新旧の企業制度が混在した長い過渡期は遠からず終わりそうである。

国有企業の管理体制の矛盾と変革

2018年時点で，中国には国有企業（旧来の形態の国有企業と，会社法に基づく国家単独出資会社および国家が支配株主である株式会社や有限会社）が20万3017社あった。この膨大な数の企業を国家という単一の主体が所有し支配している，というのが建前であるが，全

知全能の神でもない限り，単一の主体が 20 万社以上に目を配るというのは土台無理な話である。実際には，中央政府だけでなく，全国に 31 ある省・市・自治区，333 ある地区レベルの行政体（市や地区），2844 ある県レベルの行政体（県，市，区）のそれぞれが「国家」を代表して国有企業の管理に当たっている。

計画経済期には中央および地方の政府に業種ごとの省庁が設けられていた。たとえば中央政府では鉄鋼業を管轄する冶金工業省，機械産業を管轄する第一機械工業省，電子産業を管轄する第四機械工業省……というように細かく分かれており，それぞれが傘下に国有企業を従える構造になっていた。同様に地方政府にも産業別の部局が設けられ，それぞれの業種の国有企業を管理していた。

しかし，市場経済化が進むと，こうした**管理体制**の矛盾が明らかになってきた。国有企業改革によって，企業は何を生産するかについて自主権を与えられ，利益を上げないと企業が存続できないので，儲かる製品に転換しようとする。その結果，兵器メーカーがオートバイをつくったり，軍用電子機器メーカーがテレビをつくったりということが始まる。

一方，産業別に分かれた省庁にとって，自らの管轄下にある企業が税収などの利権の源泉なので，他の省庁に属する企業が自らの管轄する産業に入ってきて市場シェアを奪うのは困る。こうして各省庁は管轄下の企業と結託した利益団体と化し，自らの管轄下の企業を優遇し，他の企業を排除するような政策をとろうとする。

こうした矛盾を打開するため，1998 年から数年の間に中央政府の産業別の省庁がすべて一掃された。2008 年以降は，産業別省庁が担っていた機能は工業・情報化省に統合され，また一部は業界団体として独立した。また，中国船舶集団有限公司，中国石油化工集団公司などはもともと行政機関だったものが，傘下の国有企業と統合されて，企業グループとして再出発した。中国煙草総公司も全国

のシガレットメーカーを統合した企業グループとなったが，同時に葉タバコ農業やタバコの販売流通を管理する行政機関の国家煙草専売局でもある，という二枚看板の組織となった（丸川ほか［2021]）。

　地方政府においても産業別の部局が廃止され，国有企業の整理と再編が行われた。江蘇省蘇州市の例をみてみよう（以下は2015年3月に蘇州市国有資産監督管理委員会，創元投資集団有限公司などで行ったインタビュー調査に基づく）。蘇州市は地区レベルの行政体ではあるが，その経済規模は山西省や黒竜江省を上回っている。かつて蘇州市のもとには鉄鋼メーカーやテレビメーカーなど500社以上の国有企業および蘇州市政府と外国企業との合弁による製造業企業があり，それらを10の工業管理部局と4つの国有企業グループを通じて管理していた。1995年に工業管理部局を持ち株会社に転換したのち，国有企業の売却や民営化を推し進めるとともに中心市街から郊外の工業団地への企業移転を進めた。工業管理部局が転換してつくられた持ち株会社は，2008年には創元投資発展集団有限公司（創元集団）という1社に集約され，15年現在これが91社の子会社や関連会社に出資している。その成り立ちの経緯から創元集団は雑多な産業をカバーしているが，出資や撤退を通じて，自動車・部品，省エネ環境保護機器，送変電という3つの分野に集約していく方針である。創元集団はシンガポールの**国家資本**を内外の企業に投資する投資会社「テマセク」を想起させる。事実，創元集団は多数の職員をテマセクに派遣してその運営方法を学んできた。

　蘇州市はこうして500社以上の製造業企業などを抱えていた状態を大転換し，製造業に関しては投資会社1つを持つのみとなった。市政府はこれ以外に旧市街の保全と観光，都市開発，金融，園林の運営，上下水道，交通投資，農業発展，低所得者向け住宅，鉄道を担当する国有企業9社を持っている。蘇州市は競争的な産業からはほぼ撤退し，政府の役割は公共財の提供に限定し，直接管理する国

有企業はわずか10社のみとなった。ただ、蘇州市政府のように明確な方向性をもって政府の役割を転換した例は必ずしも多くないと思われる。とりわけ中央政府のレベルでは競争的な産業からの撤退とは程遠い現状にあり、改革の方向性も曖昧である。

| 国家資本の所有権を行使するのは誰か |

1980年代における国有企業改革では「所有権と経営権の分離」ということが課題であったが、会社制度の導入により、「経営権」については所有者の代表が選任にする取締役会が持つということで一応の決着をみた。問題は、むしろ国家が国有企業に対して持つ「所有権」を実際には誰が行使するのかが不明瞭なことにある。地方政府においては、市政府のもとに国有資産監督管理委員会が設置され、この委員会に所有権を行使する役割が集中している。たとえば蘇州市では市国有資産監督管理委員会が10社の国有企業の経営指標を監督し、納税後の利益の30%前後を市の財政に上納させて、それを社会保障などに使っている。

中央政府のもとにも2003年に国務院国有資産監督管理委員会（国資委）が設置され、中央企業の管理に当たることになった。しかし、国資委は中央企業に対する国家資本の所有者としての権限をフルに持っているわけではない。実際には、所有者としての権限は共産党および国務院各省庁に分散しているのが現状である。**表6-4**に、中央政府に所属する企業に対して政府のどの省庁がどのような管理権限を行使しているかをまとめた。

中央政府に所属する企業は大きく分けて企業の財務や人事に関する指標を担当省庁（財政部と人力資源・社会保障部）に直接報告している企業と、それらの指標を所属する省庁を通じて報告している企業がある。前者が「中央企業」で、後者は各省庁に属する「中央各部企業」と称され、一般に前者の方が大規模である。前者のうち、国資委が出資者としての立場から経営状況を監督しているのは表

表6-4 中央企業の管轄官庁

	出資者機能	トップ人事	副トップ人事	財務	人事
実業系中央企業（106社） 中国核工業集団公司，中国移動通信集団公司，中国第一汽車集団公司，中国石油化工集団公司，鞍鋼集団公司など51社	国資委	党中央政治局	国資委党委	財政部	人社部
中国化工集団公司，中国中車集団公司，電信科学技術研究院など55社	国資委	国資委党委	国資委党委	財政部	人社部
金融系中央企業（27社） 国家開発銀行，中国工商銀行など15社	財政部	党中央政治局	党中央組織部	財政部	人社部
中国信達資産管理公司，中国華融資産管理公司など12社	財政部	銀監会党委または証監会党委	銀監会党委または証監会党委	財政部	人社部
文化系中央企業（2社） 中国出版集団公司	財政部	党中央政治局	文化部党委	財政部	人社部
中国対外文化集団公司	財政部	文化部党委	文化部党委	財政部	人社部
行政系中央企業（3社） 中国鉄路総公司	財政部	党中央政治局	党中央政治局	財政部	人社部
中国煙草総公司	財政部	党中央政治局	党中央組織部	財政部	人社部
中央郵政集団公司	財政部	党中央政治局	党中央組織部	財政部	人社部
中央各部企業（約6000社）	各部	各部党委	各部党委	各部	各部

（注）1　国資委：国務院国有資産監督管理委員会，党委：党委員会，銀監会：銀行保険監督管理委員会，証監会：証券監督管理委員会，人社部：人力資源・社会保障部。
　　　2　図6-2の鞍鋼集団の例でみたように，個々の中央企業のもとに膨大な数の子会社・孫会社があるため，それらを含めると2018年時点で中央企業は約4.4万社，中央各部企業は約1.8万社あった。
（出所）　澎湃新聞［2016］より筆者作成。

6-4 で「実業系中央企業」に分類された 106 社（2020 年現在，統合や再編を経て 97 社に減っている）のみであり，これらのみを「中央企業」と呼ぶ場合もある。金融系中央企業は，銀行・保険業は銀行保険監督管理委員会が，証券業は証券監督管理委員会が直接の管理に当たっており，これらの企業で国家資本の出資者を代表するのは財政部である。また文化部が管轄する文化系中央企業，単なる国有企業ではなく行政機関としての側面も持つ行政系中央企業についても財政部が出資者を代表する。

　トップ人事を決定する権限は，中央企業の行政ランクに応じてどの機関が持つかは異なる。実業系中央企業のうち，鞍鋼集団公司など 51 社の大企業のトップ（取締役会長，党委員会書記，総経理）は行政ランクが「副部級（＝副大臣クラス）」であるため，これらの人事は行政機関の正副大臣と同様に共産党中央委員会政治局が決定する（澎湃新聞［2016］）。国資委は形式上これら 51 社の支配株主の代表者になっているが，実際にはトップの人事権を持っておらず，副トップ（副会長，副書記，副総経理）の人事権を持っているにすぎない。一方，実業系中央企業の他の 55 社のトップは行政ランクが 1 つ下なので，国資委の党委員会で決めることができる。

　金融系，文化系，行政系の中央企業はそもそも国資委の管轄外であり，これらにおいても，行政ランクが高い企業のトップ人事権は党中央政治局が持ち，副トップ人事および行政ランクが低い中央企業のトップ人事は行政的に管轄する部門の党委員会が決める。

　では出資者のもう 1 つの権限である利益の分配を受ける権利についてはどうであろうか。実は 1994 年から 2007 年まで，国有企業の経営状況が悪かったため，国有企業から国家に対する利益の分配が停止されていた（楊・謝［2019］）。国有企業はもちろん付加価値税や企業所得税を国家に納めてはいたが，それは国有企業に限らずすべての企業の義務であり，企業は通常はそれに加えて出資者に対す

表6-5 国家財政の国有資本経営会計の収支

（単位：億元）

年	2012	2013	2014	2015	2016	2017	2018	2019
収　入	1,496	1,713	2,008	2,551	2,609	2,581	2,906	3,972
中　央	971	1,058	1,411	1,613	1,430	1,244	1,326	1,636
地　方	525	655	597	938	1,179	1,337	1,579	2,336
支　出	1,403	1,562	2,014	2,067	2,155	2,015	2,153	2,295
一般会計繰入 [1]	56	78	223	230	551	614	885	1,459
一般会計繰入の国有資本経営収入に対する割合（%）	4	5	11	9	21	24	30	37
国有資本経営収入の国有企業の利潤 [2] に対する割合（%）	6	7	8	10	10	8	9	11

（注）1 2012〜15年は支出の内数，16年は支出の外数。
　　　2 国有企業の利潤には金融業の利潤は含まれていない。金融業からは国有資本経営会計への利潤上納はほとんど行われていない。
（出所）中国財政部預算司「全国財政決算」各年版より筆者作成。

る利益の配当を行うべきものである。国家への利益配当が停止されていた間，国有企業は納税後の利益をすべて使うことができたので，利益が過剰に投資されたり，経営目的にそぐわない消費に回されたりした（李・陳［2020］）。

　そこで国務院は2007年に国家財政のなかに「国有資本経営会計」という特別会計を設け，国有企業から国家に対する利益の配当をそこに集めることにした。この制度が発足した初年の2007年はこの制度に入る中央企業の数がまだ限られていたため，会計の収入は140億元にすぎなかったが，その後，この制度に参加する企業が増えるにつれ，**表6-5**のように国有資本経営会計の規模が拡大した。2013年秋の中国共産党中央委員会で行われた「改革の全面的深化に関する決議」では，「国有資本経営会計の制度を改善し，国有企業の収益を公共財政に上納する割合を20年には30%にまで高め，社会保障と民生の改善により多く使う」としており，国有企業の利益を一般会計に繰り入れて社会保障などに支出する方針が定められ

た。

　しかし，財政部が 2016 年に公布した中央企業の国有資本経営会計に関する規定（財政部 [2016]）では，この会計の資金の用途として，国有企業のリストラを進めるための支出，国有企業の重点分野への投資，国有企業への政策的補助金を挙げており，要するに国有企業から上納された利益は国有企業のために使うと定めている。これは前述の 2013 年の共産党中央決議に示された方針とは異なる。もっとも，この会計の収入のうち一般会計に繰り入れられる割合が 2019 年には 37% にまで高まったこと（表6-5）は，党の決議に沿う動きだが，それでも現状「国有企業の収益の 30% を公共財政に上納する」という方針とは程遠い。国有企業の利潤のうち国有資本経営会計に上納されている割合は 2019 年の段階でも 11% にとどまり，そのうち一般会計に繰り入れられているのは 37% である。つまり，国有企業の利潤のうち一般会計に納付されているのはわずか 4%（＝11%×37%）にすぎないのである。

　国有資本経営会計は**表6-4** に示した実業系中央企業のみならず，行政系中央企業の 3 社までカバーしているが，金融業はカバーされていない（蔣 [2019]）。金融業から国家への利益の配当は一般会計歳入の方に繰り入れられているようであるが，その実態は明らかではない。

　以上のように，中央企業に対する国家の所有者としての権限は党・政府のいろいろな機関に分散しているし，国有企業の収益に対する党の方針も貫徹されているとはいいがたく，果たして所有者としてのコントロールが十分に効果を上げているかどうか疑わしい。国家という単一の主体がコントロールするには国有企業の数があまりにも多く，かつ各国有企業の政治的影響力も大きいことが問題である。

5 産業政策の担い手としての国有企業

国有企業の役割の限定

改革開放政策を実施した結果，中国は市場経済体制に移行し，どんな産業でも国有企業が担う経済から，国有企業と民間企業や外資系企業などさまざまなタイプの企業が併存するようになった。そうしたなかで改めて国有企業は何のために存在するのか，国有企業は経済のなかでどのような役割を果たすべきなのかが問われるようになった。1995年に中国政府は「大（企業）をつかみ，小（企業）を放つ」という方針を提示し，小企業は民営化する一方，大規模な国有企業はグループ化して政府のコントロールのもとにおくことにした。

　より系統的な方針は1999年に中国共産党中央委員会で採択された「国有企業の改革と発展に関する若干の重要問題の決定」で示されている。そこでは「国家の経済力を高め，国防力と民族の凝集力を高めるには国有企業の発展を促進する必要がある」として国有企業を持つ理由が提示されている。他方で，国有企業をあらゆる産業に設置するのは合理的な資源配分とはいえないので，国有企業が支配的地位を保つべきなのは「国家の安全に関わる産業，自然独占の産業，重要な公共財や公共サービスを提供する産業，および支柱産業とハイテク産業の基幹企業」であり，これ以外の分野については民間企業などの発展も奨励すべきだとした。ちなみに「支柱産業」とは経済の発展を主導する産業という意味で，当時の第9次5カ年計画（1996～2000年）では「機械，電子，石油化学，自動車，建築・建材工業」が支柱産業と定められていた。当時の中国の政策の流れからすれば，前述の1997年の第17回党大会で「国有経済の戦略的調整」が打ち出されて，小型国有企業の民営化が公認され，国

有企業の大幅な人員削減も進められていたさなかだったので，その真の意図は国有企業の役割を限定し，経済体制を徐々に民間主導に切り替えていくことにあると受けとめられた。

　ところが，この決定から 2013 年まで国有企業に関する共産党と政府の方針は変化せず，国有企業改革は地方政府のレベルでは蘇州市の例のように大いに進展があったものの，中央企業に関しては **2** でみた鞍鋼集団公司のような部分的な株式会社化にとどまるケースが多かった。国有企業が支配的地位を保つべきと定められた分野の多くでは民間企業の参入が排除され，国有企業の独占が維持された。たとえば，ガソリンなどの石油製品の生産と流通においては 1999 年までは多くの民営ガソリンスタンドや民営製油工場などが存在したが，99 年に原油の精製と流通を最大手の中央所轄企業である中国石化集団公司（Sinopec）と中国石油天然気集団公司（CNPC）の 2 社に限定する通達が出されて以来，ガソリンスタンドはこの 2 社が占めるようになった（加藤・渡邉・大橋［2013］第 4 章）。

混合所有制改革と産業政策の新たな展開

2013 年秋の中国共産党中央委員会による「改革の全面的深化に関する決議」はそうした改革の長い停滞を打破する画期的な内容を含んでいた。まず，国有資本と民間資本が株式を所有する「混合所有制経済」を積極的に発展させるとしている。**2** でみた中信股份は株式市場に「全体上場」し，そこへ外国企業や民間人も出資するようになったが，これが中央企業における**混合所有制改革**の先例となった。2017 年には 3 大通信事業者の 1 つで，中央企業でもある中国聯通も混合所有制改革を行い，テンセントやアリババといった民間企業も出資する株式会社に転換した。

　決議では国有企業を国有資本投資会社に改組し，国家の戦略目標に沿って「国家の安全と国民経済の命脈に関わる産業や重点領域により多く投資し，公共サービスを提供し，先見性をもって戦略的産

業を発展させ，生態環境を保護し，科学技術の進歩を促し，国家の安全保障に貢献すべきである」としている。1999年に決まった方針と比べると，まず国有企業の役割を「支配」から「投資」に変えたという大きな違いがある。つまり，重点領域といえども国有企業が独占する必要はなく，その発展を促進するよう投資する役割だけが期待されている，と読める。また，「支柱産業」への言及もなくなり，代わりに「戦略的産業」を発展させる役割が国有企業に与えられている。

このように，決議には国有企業の役割を重点分野への投資に限定する，という縮小的なニュアンスと，戦略的産業を発展させる**産業政策**の担い手として国有企業を役立てるという拡大的なニュアンスの両方があった。その後の展開をみると，後者の色彩が強く現れてきた。

ここでいう戦略的産業とは，この決議の時点では2010年に国務院が定め，その後第12次5カ年計画（11〜15年）にも盛り込まれた「**戦略的新興産業**」，すなわち省エネ・環境保護，新世代情報技術，バイオ技術，精密・高性能機械，新材料，新エネルギー自動車，新エネルギーの7産業を指していた。

さらに，2015年には，25年までに「世界の製造強国」の仲間入りを目指す「**中国製造2025**」という産業政策が国務院によって定められた。そこでは戦略的産業の範囲が広がり，医療機器，航空宇宙機器，ロボット，海洋構造物と船舶，鉄道設備，電力設備，農業機械なども加わっている。「中国製造2025」はこうした産業における輸入代替を目指すものである（Wübbeke et al. [2016]）。その目標は，「重点産業における核心的な部品と重要な基礎材料の『自主保障』の割合を2020年には40％，25年には70％に高める」と表現されている。この「自主保障」という言葉がいったい何を意味し，それをどのように計測するかは「中国製造2025」のなかで明らかにさ

れていない。それはハイテク産業における IC（集積回路）などの主要部品の国産化率を高めることだと解釈できるが，「自主」という言葉の中国での使われ方（第5章）を考えると国産化の担い手として中国企業のみが想定されているとも考えられる。

発展途上国が国産化率を高めるためにその製品の輸入に課する関税を高く設定したり，輸入を制限したりすることは歴史上しばしばみられた。しかし，2001 年に世界貿易機関（WTO）のメンバーとなった中国はもはやこうした手段をとることは許されない。とりわけ重点産業の 1 つである情報技術に関しては，WTO の情報技術協定（ITA）によって関税が全廃されている。「中国製造 2025」の目標実現のために政府がなしうることは公的な研究開発センターを設立したり，国有企業や投資ファンドを通じて重点産業に投資するといった手段に限られることになる。

「中国製造 2025」と米中貿易戦争

「中国製造 2025」が公布された当初，それが関税など具体的手段を欠き，いわば願望ばかりを書き連ねたビジョンのようにみえたため，果たしてどれほどの重要性を持つのか判然としなかった。しかし，その後「中国製造 2025」の内容を具体化する多数の政策文書が政府から公表されたのをみると，中国政府がこの政策の実現に並々ならぬ意欲を持っていたことがわかる。すなわち，イノベーション促進や人工知能（AI）の応用といった政策課題ごとに 7 つの計画，重点産業ごとに 11 の計画，そして重点産業の製品ごとの国産化率目標を定めた「技術ロードマップ」が作成されている（丸川[2020a]）。「技術ロードマップ」では，たとえば IC について国内市場に占める国産品の割合を 2020 年に 49%，30 年に 75% に高めるとしている。

実際，2014 年に財政部および国家開発銀行，中国煙草総公司などの中央企業の出資により，国家 IC 産業投資基金が設立され，IC

産業のさまざまな分野を担う企業に対して第1期総額1387億元，第2期総額2000億元の出資を行った。出資先には多数の民営企業を含んでいるものの，最も多額の出資を受けたのが清華大学傘下の紫光集団（Unigroup）である（丸川 [2020b]）。同社は清華大学の100%子会社である清華股份が51%，民間の不動産業者が49%を持つ混合所有制の企業で，もともと何かの製品で競争力を持っていたわけではない。ところが，2013年以降，潤沢な資金を繰り出して，携帯電話の基幹ICをつくるファブレスメーカー（自社では工場を持たず，ICの設計に特化した企業）の展訊（Spreadtrum）を買収したり，中国が輸入に全面的に依存しているDRAMとフラッシュメモリーの工場を設立したりするなど，IC国産化を目指す産業政策に沿った経営を展開している（佐伯・広岡・岡田 [2020]）。その動きはまさに国策企業というにふさわしい。

このように，「中国製造2025」は単なる絵に描いた餅ではなく，中国政府は投資ファンドと国有企業を使ってその実現に向けて動いている。そのため，アメリカが強い警戒感を抱くようになった。2017年にアメリカでトランプ政権が発足して以降，アメリカ政府は中国の野心を挫こうとさまざまな圧力をかけるようになった。2018年7月にアメリカは通商法301条を発動し，中国の知的財産権侵害に対する制裁を理由として中国からの広範な輸入品に25%の関税を上乗せしたが，その目的の1つは中国政府に「中国製造2025」を撤回させることである。アメリカはまた中国の通信機器メーカーのファーウェイとZTEに対するアメリカ産ICの輸出を禁止することによって圧力をかけたが，そのことでかえって中国国内でIC国産化の機運が高まるという悪循環が起きている。

アメリカが情報技術やIC製造設備において強い国際競争力を持っている現状のもとで，中国がアメリカの警戒心をいたずらに高めて，ハイテク製品の中国に対する輸出禁止を招くことは中国のハイ

テク産業の発展を妨げる。そのため，2018年下半期頃から中国政府は「中国製造2025」をあまり声高に推進しないようになった。2021年にスタートした第14次5カ年計画（2021〜25年）でも「中国製造2025」には言及せず，第12次5カ年計画の戦略的新興産業が復活し，それによって「中国製造2025」を撤回させることを目指すアメリカに歩み寄る姿勢をみせた。

　ただ，国家IC産業投資基金などハイテク製品の国産化を目指して動き始めた制度がこれで停止されるとは思えない。また，中央企業が産業政策の道具として使われるケースが今後もみられそうである。現に2020年は新型コロナウイルスの流行によって落ち込んだ経済を回復させるために，中国政府は「新型インフラ建設」を打ち出したが，その担い手として活躍したのも中央企業であった。1つの目標が第5世代移動通信（5G）のネットワークを全国の都市に広めることであったが，いずれも中央企業である中国移動，中国電信，中国聯通という3大通信事業者が投資に邁進した結果，2020年末までに70万基の基地局が全国に敷設された。中国は5Gサービスの普及において世界で最も急速なスタートを切ることになった。

6 国有企業の実力

「グローバル500社」
に入る中国企業

国有企業改革は長い停滞の後，2013年の決議によって再始動し，混合所有制企業や国有投資会社への転換が始まった。だが，その後「中国製造2025」が始まり，国有企業には産業政策の担い手という役割が強く期待されたため，国有企業が次第に投資会社へ身を引くという流れが必ずしも明瞭ではなく，むしろ国有企業が強化されているのではないかという疑いも生じている。そうした警戒

表6-6　フォーチュン誌の 2020 年版「世界の大企業 500 社」の上位
100 社に入った中国企業

世界ランキング	企業名	営業収入(百万ドル)	分　類	産　業
2	中国石化集団公司	407,009	中央実	石油石化
3	国家電網公司	383,906	中央実	送配電
4	中国石油天然気集団公司	379,130	中央実	石油石化
18	中国建築集団有限公司	205,839	中央実	建設
21	中国平安保険集団股份有限公司	184,280	民営	保険
24	中国工商銀行	177,069	中央金	銀行
30	中国建設銀行	158,884	中央金	銀行
35	中国農業銀行	147,313	中央金	銀行
43	中国銀行	135,091	中央金	銀行
45	中国人寿保険集団公司	131,244	中央金	保険
49	華為投資控股有限公司	124,316	民営	電子情報
50	中国鉄道工程集団有限公司	123,324	中央実	建設
52	上海汽車集団股份有限公司	122,071	地方	自動車
54	中国鉄道建築集団有限公司	120,302	中央実	建設
64	中国海洋石油総公司	108,687	中央実	石油石化
65	中国移動通信集団公司	108,527	中央実	電気通信
75	太平洋建設集団	97,536	民営	建設
78	中国交通建設集団有限公司	95,096	中央実	建設
79	中国華潤有限公司	94,758	中央実	投資
89	中国第一汽車集団公司	89,417	中央実	自動車
90	中国郵政集団公司	89,347	中央行	郵便
91	正威国際集団	88,862	民営	非鉄金属
92	中国五鉱集団有限公司	88,357	中央実	鉱産資源
100	東風汽車公司	84,049	中央実	自動車

（注）　分類の意味は，中央実：実業系中央企業，中央金：金融系中央企業，中央行：行
　　　政系中央企業，地方：地方国有企業，民営：民営企業。
（出所）　財富（中国）ウェブサイト，および各種情報より筆者作成。

感を引き起こすのは，実際に大手国有企業の経済力が巨大だからで
ある。アメリカのフォーチュン誌は毎年営業収入に基づき世界の大
企業 500 社のランキングを発表しているが，そこに入る中国企業
（香港企業を含む）は 2011 年には 69 社を数えて日本を抜いて世界第
2 位となり，20 年には 124 社となってついにアメリカ（121 社）を
抜いて世界で最も多くなった。

124社の内訳をみると，実業系中央企業が47社，金融系中央企業が9社，行政系中央企業が1社，地方政府傘下の国有企業が32社，民営企業が31社，香港企業が4社となっている。2012年の73社から大幅に増加したが，中央企業は5社増えたのみで，地方国有企業が19社，民営企業が28社も増えている。トップ100位以内に入るのは依然として中央企業が多いものの（**表6-6**），中国における世界的大企業の急増は主に地方と民営の企業の躍進によるところが大であった。

| 「国進民退」の検証 | 政府が国有企業を国策の遂行に役立てたいという思いを最も強めるのが不況の時期である。

政府は投資を奨励することによって景気拡大へつなげていきたいが，国有企業を使えば，政府の意向に沿って投資を増やすことができるであろう。実際に中国政府がそうした意向を強めたのが2008〜09年に世界経済を襲ったリーマン・ショックの時期である。中国政府は国有企業の投資を拡大させて基幹産業を大企業を中心に再編することを狙い，10の産業に関して「産業調整振興計画」というものを立てた。そして一部では国有企業による民営企業の合併も試みられ，中国の経済学者の一部はこの動きを「**国進民退**（国有企業の増進，民間企業の後退）」と呼んで批判した（加藤・渡邉・大橋 [2013]）。

しかし，当時国有企業による民営企業の合併の典型例として語られた山東鋼鉄による日照鋼鉄の合併は結局成立せず，鉄鋼業における民営メーカーの勢力はその後むしろ強まっている。**第2章の図2-4**でみたように，「国進民退」が問題視された2010年頃も鉱工業における国有企業の拡大は起きていないようである。（なお，図2-4では2017年以降国有企業のシェアが拡大にしているようにみえるが，統計の対象が毎年入れ替えられているため，必ずしもそのようには結論できない。）

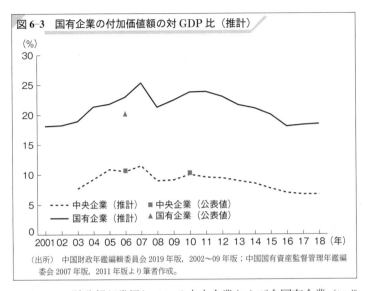

図 6-3　国有企業の付加価値額の対 GDP 比（推計）

（出所）中国財政年鑑編輯委員会 2019 年版，2002〜09 年版；中国国有資産監督管理年鑑編委会 2007 年版，2011 年版より筆者作成。

　そこで，財政部が掌握している中央企業および全国有企業（いずれも金融業は含まない）の利潤と納税額のデータから，中央企業と全国有企業の付加価値額を推計し，GDP と比べてみる。なお，中央企業については 2006 年と 10 年，全国有企業は 10 年に付加価値額が公表されている。それと同じ年の利潤と納税額の比率を計算し，その比率を今度は他の年の利潤・納税額に乗じることによって 2001 年から 18 年までの付加価値額を推計した。金融業の国有企業の付加価値額は，金融業の付加価値額に金融業における国有企業の投資比率を乗ずることで推計した。こうして導き出した国有企業の付加価値額の GDP に対する比率を示したのが**図 6-3** である。「国進民退」が指摘された 2009 年と 10 年は確かに中央企業および国有企業の対 GDP 比率が少し拡大したが，11 年以降はかなり急速に下がっている。営業収入から推計してもやはり同様の結果である。2018 年の段階で，国有企業全体では GDP の 2 割前後，中央企業は GDP の 7〜8% を占めていると推計される。以上の検証から，2011

年以降は「国進民退」は起きておらず，中国経済全体に占める国有企業および中央企業の割合は減少傾向にあると推察される。

移ろいゆく「国民経済の命脈」

実際，国有企業，とくに中央企業は国民経済の命脈に関わる産業を任され，さまざまな優遇を受けつつも，中国経済のダイナミズムのなかではゆっくりと脇に退きつつあるのが現状だと思われる。そのことは株式時価総額における中国企業のランキングをみると実感できる。株式時価総額とはその時々の株価に株の発行数をかけたものであり，株式市場がその企業をどう評価しているかをみる指標である。2020年12月現在の中国企業の第1位はテンセントで7211億ドル，アリババが7196億ドルで僅差の2位である。フォーチュンのランキングで中国企業の第1位とされていた中国石化は株式時価総額では724億ドルと，テンセントやアリババの10分の1にすぎない。金融系以外の中央企業は株式市場ではあまり高く評価されていない。

　何が「国民経済の命脈」であるかは，技術と経済の発展のなかで変化していく。たとえば電気通信ネットワークは国民経済の命脈とみなされているので，中国では3社の中央企業による寡占となっている。ところが，中国の人々は今やテンセントのアプリであるウィーチャット（微信）を通じて通話やメッセージのやりとりをすることが多く，中央企業が担う電気通信ネットワークはいわば信号が通過するだけの土管のような存在になりつつある。

　また銀行業も国民経済の命脈と位置付けられ，大手銀行はすべて中央企業だが，近年中国の人々はアリペイ（支付宝）やウィーチャットペイ（微信支付）といったモバイル決済を盛んに使うようになり，銀行口座は給料の振り込みからモバイル決済口座に資金が移されるまでの一時的な保管場所にすぎないものになりつつある。今では，各種公共料金の支払いや送金，資金の運用まで行えるモバイル

決済口座の方がむしろ国民経済の命脈と呼ぶにふさわしい存在となり，それを運営するテンセントとアリババが株式市場で高い評価を受けるのも当然のように思える。

　何が国民経済の命脈であるかは時代と共に移ろいゆくものであるにもかかわらず，政府が命脈だと決めつけた産業を国有企業が担わなければならないとしたら，国有企業は必然的に国民経済の主役ではなくなっていくであろう。

第7章 外資系企業と対外開放政策

深圳で委託加工に従事する電子製品工場にて

➜Keywords

外貨　外資導入　経済特区　為替レート　二重貿易体制
幼稚産業保護政策　委託加工　技術移転　スピルオーバー
世界貿易機関（WTO）　自由貿易試験区

一般には，1978年12月の中国共産党中央委員会の総会が対外開放政策の始まりだといわれる。だとすれば，それ以前の中国は閉鎖的な政策がとられていたように思われるかもしれないが，実はそうではない。中華人民共和国が成立した翌年の1950年に朝鮮戦争が勃発し，中国は北朝鮮を助けるために参戦したことから，アメリカをはじめとする西側陣営からの経済封鎖にあい，西側諸国との経済関係が限定された。それ以来，1950年代を通じて，西側陣営にとって中国が相対的に閉ざされた国であったことは間違いない。しかし，中国は同盟国だったソ連・東欧諸国とは貿易を活発に行い，経済技術援助も受け，ソ連との間では石油開発，非鉄金属開発，航空輸送の合弁会社も設立された（汪［1994］302～303頁）。

ところが，中国が頼みとしていたソ連との関係は，1960年のソ連技術者たちの一斉引き揚げによって途切れた。これ以降，中国では外国の技術や外国貿易に頼らない「自力更生」というスローガンがたびたび叫ばれるようになった。しかし，実際には**図7-1**にみるように，中国が外交的に孤立していた1960年代にも外国との貿易は続いていた。この時期にはむしろ西側諸国，とくに日本の貿易が多くなった。**第5章**でもふれたように，1962年から中国は日本や西ドイツからの工場設備の導入を始めた。その後，日本側はアメリカや台湾（中華民国）からの反発，中国側では文化大革命による内政の混乱の影響を受けたものの，日本と中国の貿易は次第に拡大していった（岡本［1971］）。

そして，1972年に日本と中国の国交が回復すると，いよいよ中国の日本に対する傾斜は強まる。中国は日本から鋼材や化学肥料など基礎的な工業製品を輸入するとともに，これらを生産する工場設備も輸入した。一方，日本は中国を石油と石炭の供給源として重視した。1975年時点で，日本との貿易は中国の貿易額全体の25.7%

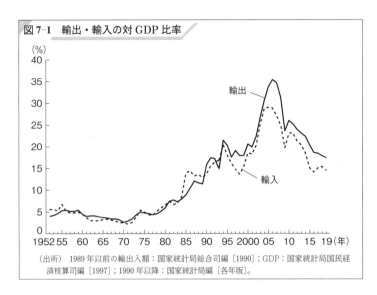

図7-1 輸出・輸入の対GDP比率

（出所）1989年以前の輸出入額：国家統計局総合司編［1990］；GDP：国家統計局国民経済核算司編［1997］；1990年以降：国家統計局編［各年版］。

を占め，中国にとって日本は最も重要な貿易相手国であった。

　貿易額からみれば中国の貿易の拡大は1972年に始まっており，78年末に大きな画期があったわけではないが（**図7-1**），中国の対外政策の他の側面では79年に大きな変化があった。それは外国資本を受け入れ始めたことである。外国資本の受け入れには，外国金融機関からの借入や，外国での債券の発行，外国人による株式投資などといった「間接投資」と，外国企業が入ってきて工場や商業施設などを経営する「直接投資」とがあるが，中国は1979年からこの両方を受け入れるようになったのである。

　中華人民共和国ができてから外国資本を受け入れたのはこれが初めてではない。直接投資としては，1950年代にはソ連との合弁会社がつくられたし，間接投資としては，ソ連から鉱工業設備を導入する際に資金を借りたり，63年に日本から化学繊維の工場設備を輸入する際には日本輸出入銀行からの融資を受けた。しかし，これらがいずれも単発の外資導入に終わったのに対し，1979年からの

Column⑨ 輸出依存度，輸入依存度 🆂🆂🆂🆂🆂🆂🆂🆂🆂🆂🆂🆂🆂🆂🆂🆂🆂🆂🆂🆂🆂🆂

図**7-1** に示した輸出額と輸入額の GDP に対する比率は一般に「輸出依存度」，「輸入依存度」と呼ばれる。だが，これは誤解を招きやすい表現なので図 7-1 では用いていない。この数値は一国の経済がどれぐらい開放的かを大まかには示しているが，たとえば「輸出依存度」（＝輸出額／GDP）が 30% だったからといって，経済が輸出に 3 割も依存していると考えてはならない。というのは，輸出額は輸出製品の製造に必要な中間財の価値も含んだ総額であるのに対し，GDP は中間投入を含まない付加価値であり，両者は本来比較できないからである。もし一国の輸出に対する依存度を測ろうとすれば輸出産業および輸出産業によって誘発される国内の他産業の付加価値額の合計を GDP と比較する必要がある。

たとえ同じ 100 万ドルの輸出額だとしても，下図の A のように部品を輸入して中国の工場で最終組立の工程だけを行っている場合と，B のように石油や鉄鉱石といった基礎的な原材料を輸入し，それを中国のなかで部品や材料に加工して最終製品の組立まで至る場合とでは，輸出が国内の経済に与える影響は大きく異なる。A は「転廠」がない場合の委託加工に当たるが，この場合には 100 万ドルの輸出をしても国内には

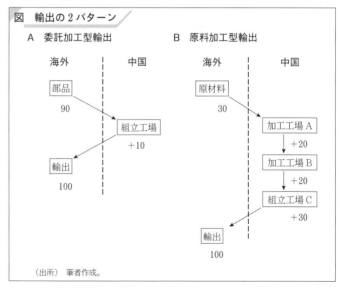

図 輸出の2パターン

（出所）筆者作成。

10万ドルしか付加価値が生じない。Bは1970年代までの日本の貿易パターンであるが、この場合には100万ドルの輸出をすると70万ドルの付加価値が国内に発生する。日本の1975〜85年の輸出のGDPに対する比率は11〜15%で、90年以降の中国よりずっと低いが、その割には日本では円高や円安になるたびに一喜一憂していたのは、日本の貿易パターンがBであって、輸出に多くの国内産業が関連していたからである。一方、中国の2000〜08年の輸出のGDPに対する比率は20〜35%であったが（**図7-1**）、この時期には輸出に占める委託加工の割合が高く（**図7-4**）、Aの貿易パターンであるため、輸出が国内の産業に与えるインパクトはさほど高くなかったのである。

では輸出が中国の国内経済に与える影響をどのように測ればいいだろうか。1つの簡便な手段として毎年のGDP成長率に対する純輸出の寄与率をみる方法がある。リーマン・ショックの影響を受けた2009年と10年は例外的なので除き、2000〜08年と11〜19年の純輸出の寄与率の絶対値を比べると前者は平均で6.7%、後者は平均で6.3%だった。輸出のGDPに対する比率は2000〜08年が平均28%、11〜19年は平均で21%と大きく下がっているが、ここには中国の貿易パターンがAからBへ徐々に転換していることも影響しているので、「中国経済が輸出依存型から脱しつつある」とみるのは早計である。むしろ、2000〜08年も11〜19年も、輸出が国内経済の変動に与えた影響は6%台で微減したのみ、とみた方が実態に合っている。

外資導入は今日まで継続しており、その規模も次第に拡大し、外資系企業は中国経済の1つの柱といえるまでに成長したのである。

本章では、外資導入を中心とする対外開放政策がどのように展開し、中国に進出してきた外資系企業がどのような役割を果たしてきたかをみていく。今日では中国経済のなかで外資系企業はきわめて多様な分野でさまざまな役割を果たしているが、中国の外資導入政策は、市場経済への移行過程全般がそうであったように、徐々に国の門戸を外国企業に開く漸進的なプロセスで、外資が進出する分野や外資の役割は少しずつ増えていった。したがって、改革開放政策以来三十余年の経緯をたどることは同時に外資系企業が今日果たし

ている多様な役割を1つひとつ解明することでもある。

1 外貨不足の時代

外資導入の発端 中国は1950年代にはソ連からの技術導入を行うためにソ連から借金をした。その借金を返済するために，中国は国内で飢餓が蔓延している時でさえ穀物を輸出せざるをえず，借金を返し終えたのはソ連との関係がすでに悪化していた1965年だった。こうした厳しい経験の記憶を乗り越えて中国が再び外資導入へ踏み出したのは，1977年からの経済政策の失敗がきっかけであった。

中国は1977年から78年にかけて重化学工業を飛躍的に発展させようと日本など西側諸国から大量の工場設備を購入した。ところが，急激な購入の拡大によって中国の保有する**外貨**が急減してしまい（第5章4），中国政府はやむなくすでに発注していた工場設備についても，日本の購入先企業に対して契約の解除を申し入れた。

しかし，すでに生産を始めていた設備の契約を解除されてしまうのは売り手の企業にとって大きな損失となるため，日本政府が間に入って，中国政府に対して何とか解約を思いとどまるよう説得した。日本政府はその際に日本輸出入銀行や日本の民間銀行から資金を融資する道もあることを中国側に伝えた（小島［2012］）。イギリスやフランスの政府も中国に対して融資を提供することで契約解除を避けようとした（平野［1984］）。1979年に中国政府はこれらの申し出を受け入れて，日本の銀行などから借金をして工場設備の輸入を再開した。これがすなわち西側諸国からの**外資導入**の始まりである。

もっとも，中国政府は単に緊急避難的に借金をしたというよりも，この時に幅広い外資の導入に踏み切ったのである。同じ1979年に

中国政府は**経済特区**を設置し，外国企業の直接投資を広く受け入れる場所とした。また，それまで企業に関する法律が全く存在しないなか，外資との合弁企業について定めた「中外合資経営企業法」を真っ先に施行したが，このことも外資導入に対する中国政府の期待のほどを表しているといえよう。また，日本からの円借款など外国からの援助の受け入れも始まった。

> **外貨獲得への模索**

外資導入のきっかけとなった外貨の急減は，輸入に頼っていた工業製品を国産化しようとした結果起きたものであった。1978年の時点で鉄鋼，化学肥料，化学繊維は中国の輸入の35％を占めていたが（アジア経済研究所編[1982]），77年からの工場設備の輸入は，これらの国内での生産を拡大することによって輸入を減らすこと，すなわち輸入代替工業化を目指していた。ところが，そのために工場設備を輸入しようとすると外貨が足りなくなってしまう，というジレンマに陥ったのである。

このジレンマを打破するには輸出を拡大して外貨を獲得する必要があり，これこそが1979年から90年代までの対外開放政策における至上命題であった。1979年から中国は日本政府からの円借款を受け入れるが，これも輸出の拡大を図るために使われた。その対象となったプロジェクト6件のうち4件は山東省と山西省の石炭を輸出するための鉄道と港湾を整備するものだった（関山[2012]）。**図7-2**にみるように，1980年頃の中国にとって鉱物燃料（石油，石炭）は輸出額の4分の1ぐらいを占める重要な輸出品であり，輸送インフラを整備すれば輸出の拡大が見込めたのである。しかし，中国は人口が多いので，やがて国内のエネルギー需要が伸びて，鉱物燃料の輸出が難しくなることが予想された。中期的には鉱物燃料の輸出に代わる外貨獲得の手段が必要だった。

鉱物燃料の輸出額が1985年をピークとしてそれ以降減少する一

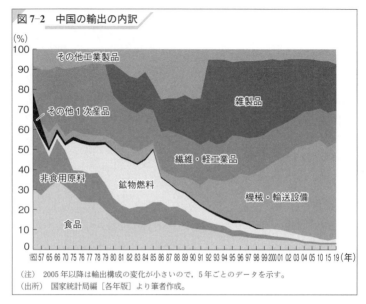

図7-2　中国の輸出の内訳

(%)

- その他工業製品
- その他1次産品
- 雑製品
- 非食用原料
- 鉱物燃料
- 繊維・軽工業品
- 機械・輸送設備
- 食品

1953 57 65 66 70 75 76 77 78 79 80 81 82 83 84 85 86 87 88 89 90 91 92 93 94 95 96 97 98 99 2000 01 02 03 04 05 10 15 19 (年)

(注)　2005年以降は輸出構成の変化が小さいので，5年ごとのデータを示す。
(出所)　国家統計局編［各年版］より筆者作成。

方，50年代から80年代後半まで一貫して中国の重要な輸出品であったのが繊維製品である。1980年の時点で繊維（繊維原料，糸・織物，衣服）の輸出は中国の輸出の27%を占めていた。しかし，1980年代までの中国の繊維製品輸出はさまざまな政策的な仕掛けによって可能となっていたのである（辻［2000］）。

第1の仕掛けは繊維製品の原料である綿花の値段を人為的に低く抑えたことである。綿花の生産から販売まで政府が統制することで，国有繊維メーカーに低価格の綿花が供給された。

第2の仕掛けは国際繊維取極（Multi-Fiber Arrangement: MFA）という，繊維製品に関する世界的な管理貿易の枠組みである。この枠組みのもとで欧米諸国は繊維製品輸入に関して国と品目ごとに輸入数量の上限を決めていた。中国は1984年にMFAに参加し，欧米諸国から輸出数量枠を与えられるようになり，それを中国政府は国有繊維メーカーに分け与えた。数量枠の範囲であれば，他の国や

企業との競争に邪魔されずに輸出が可能となる。

第3の仕掛けは輸出補助金である。仮に数量枠があっても値段が高すぎれば輸入国は製品を買ってくれない。中国政府は国有繊維メーカーが確実に数量枠までの輸出ができるように輸出補助金を与えることで繊維製品の輸出価格を抑えた。

為替レートの切り下げ　このように政府がさまざまな仕掛けを施すことによって国有繊維メーカーの輸出が可能となっていたが、これほどの無理を重ねなければならなかったのは、人民元のドルなどに対する**為替レート**が高すぎたことが一因である。

一般に自国の通貨の為替レートが高いことは輸出には不利だが輸入には有利である。中国の人民元の対ドル為替レートは1955年に1ドル＝2.46元に決められ、71年までその水準に固定されたが、これは人民元の価値を過大評価していたので、たとえば62年には1ドルの輸出を行うのに必要なコストは6.65元にも達していた（Lardy［1992］pp.24-29）。これでは1ドル輸出するごとに輸出企業には4元以上の赤字が生じるので、輸出企業の赤字を政府の補助金で補わなければならない。

他方で、自国通貨が高ければ海外の機械・設備や化学肥料など国家が必要と考える物資を安く輸入できる。ただ、同時に外国産の贅沢な消費財など国の経済発展に役立たないものまで安く輸入できてしまうので、外貨がそういうものの輸入に回らないようにするためには政府は輸出産業が獲得した外貨を政府（中国銀行）に売り渡すよう強制しなければならない。しかし、消費財が何でも不足していた1970〜80年代の中国では、外国製の消費財に対する潜在的需要は大きかったので、法を犯してでも外貨を公定レートより高く買い集めて外国製品を輸入する闇経済の発生を抑えることは難しかった。一般に自国通貨を人為的に過大評価している国では必ずといってよ

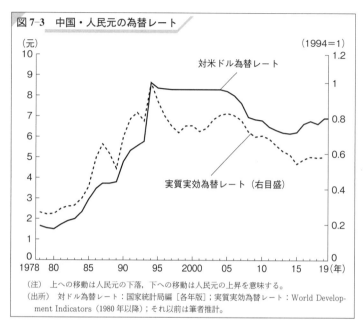

図7–3　中国・人民元の為替レート

（元）　　　　　　　　　　　　　　　　　　　（1994＝1）

対米ドル為替レート

実質実効為替レート（右目盛）

1978 80　　85　　90　　95　　2000　　05　　10　　15　19（年）

（注）　上への移動は人民元の下落，下への移動は人民元の上昇を意味する。
（出所）　対ドル為替レート：国家統計局編［各年版］；実質実効為替レート：World Development Indicators（1980年以降）；それ以前は筆者推計。

いほど闇外貨市場が発生し，そこでは外貨が公定レートよりも高く取り引きされる。

　改革開放以降の中国でも，多くの外国人が中国に来るようになったり，輸出産業の輸出意欲を高めるために獲得した外貨の一部を中国銀行に売却せずに手元に保持しておくことができるようになると，そこから闇市場へ流れる外貨も増えていった。外貨の横流しを防ぐためには，政府は公定レートの切り下げを余儀なくされた。**図7–3**にみるように，人民元の対ドル為替レートは1980年の1ドル＝1.5元から94年の1ドル＝8.7元へどんどん切り下げられていった。

　もっとも，自国通貨の為替レートを切り下げても，国内の物価上昇が激しいと，それによって切り下げの効果が相殺されてしまい，輸出には有利にならない。そうした物価上昇の影響を加味して，本当に為替レートが下落したかどうかを調べるのが「実質実効為替レ

ート」である。これはある国とその主要な貿易相手国との為替レートと物価上昇率とを総合して為替レートが実質的に上がっているか下がっているかをみる指標である。図7-3の実質実効為替レートの動きをみると，中国国内で激しいインフレが起きた1987〜89年の時期には上昇していることがわかるが，それ以外は94年まで下落しつづけており，輸出に有利なように調整が行われたことがわかる。

　こうして輸出に不利な為替レートという問題は1980〜90年代に是正されていったが，中国が世界に冠たる工業製品の輸出大国に飛躍するうえでもう1つ重要な制度上の仕掛けがあった。それがすなわち次に述べる「**二重貿易体制**」である。

2　二重貿易体制の意義

幼稚産業保護政策のジレンマ

比較優位の原理に従えば，適切な為替レートのもとでは，どの国でも相対的に生産性の高い産業が輸出産業になっていくはずである。だが，計画経済のもとで長く内外からの競争から遮断されていた中国の産業は生産効率が悪く，為替レートを切り下げても競争力を持たない可能性がある。国有繊維メーカーに輸出させるために政府がさまざまな仕掛けを設けなければならなかったのも，為替レートのせいばかりではなく，国有繊維メーカーの生産性が低かったからである。

　企業の生産性を高めるには，第6章で述べたような国有企業改革を進めつつ，外国との貿易も開放して企業に競争の圧力を加えていくことが有効である。ただ，あまりにも急激に競争圧力を高めると，企業が生産性を高める前に潰れてしまうかもしれない。実際，ロシアは急激な経済の開放と市場経済化を進めた結果，製造業が衰退し，

石油や天然ガスなど鉱物資源の輸出に特化したモノカルチャー経済になってしまった（田畑編 [2008]）。中国も1970年代から80年代前半にかけて石油と石炭の輸出が拡大していたので、のちのロシアと同じ運命をたどる可能性もあった。そうした事態を避けるには、国内産業への競争圧力を徐々に強めていくさじ加減が有効であろう。つまり、移行経済国においても発展途上国と同様の**幼稚産業保護政策**が必要となる。

　ただ、関税や非関税障壁によってある産業を保護すると、その産業の製品を中間財として使う他の産業の国際競争力を低下させるという問題がある。たとえばミシン製造業を保護するためにミシンに輸入関税を課すと、ミシンが高価になり、ミシンを使って衣服を縫製する産業の競争力が失われる。衣服の輸出を拡大するにはミシンを関税なしで自由に輸入できる方がいいのだが、そうすると国内のミシン製造業が打撃を受ける。

　こうしたジレンマを克服する方策として発展途上国が採用してきたのが二重貿易体制である。1960年代から台湾や韓国などアジアの発展途上国でつくられた輸出加工区は二重貿易体制の典型例である。輸出加工区とは、地理的に限定した地域を外国企業に開放し、関税や法人税を減免する代わりに生産した製品は全量輸出することを義務づける地域である。

　台湾、韓国の輸出加工区に強く刺激されてつくられたのが中国の経済特区である。1979～80年に深圳、珠海、汕頭（スワトウ）、厦門（アモイ）に経済特区が設置された。まだ計画経済体制のもとにあった中国において経済特区は、単に外資系企業に対して法人税を低くし、部品・材料などに対する関税を免除することで輸出産業を育成する場というだけでなく、不動産開発を香港資本に委ねたり、国内他地域に先駆けて土地の商品化を進めるなど資本主義の実験場としての意味合いも持っていた。ただ、旧体制からの隔離を徹底するため、とくに深圳で

は経済特区と特区外の間の貨物の出入りばかりでなく人の出入りまで厳しく管理した結果，特区内では賃金などの生産コストが高くなった。そのため経済特区は初期の頃は輸出加工区としては十分に機能せず，深圳の対外貿易は1986年までは赤字だった。

| 委託加工の広がり |

経済特区よりもいっそう効果があった輸出振興制度が「**委託加工**」である。これは1976年頃から広東省で始まったもので，外国側が提供する部品・材料を中国国内の工場で外国側の指示に従って加工する取引である。この取引のために持ち込まれる部品や材料は関税が免除されるが，加工された製品は全量輸出しなければならない。加工の報酬として，従事した労働者の数に応じて加工賃が外貨で中国側に支払われる。

この制度も韓国などの保税加工工場の制度を模したものであるが，違いはこの制度が広東省の珠江デルタ地帯では単なる貿易制度から次第に直接投資の一形態に変質していったことである。すなわち，委託加工を行う中国国内の工場は，名目上は村に所属し，村が標準的な建屋を準備していたが，工場の機械設備は外国側が持ち込み，生産管理や労務管理も外国側が取り仕切り，企業の実態は外資企業に近かった（黒田 [2001]）。

委託加工が最も盛んな広東省東莞市で，市政府がその実態を把握するために行った統計調査のデータ（東莞市統計局・東莞市企業調査隊 [2000]）には「三来一補企業」（「三来一補」は委託加工を意味する）というジャンルがある。中国で公式に認められている企業形態は**第6章表6-3**に列挙したもののみであり，「三来一補企業」などというものには法的な根拠がないのであるが，珠江デルタ地帯ではそれがあまりにも大きな存在であるために，統計にそうしたジャンルを設けたのである。この統計によると，1999年の東莞市では三来一補企業は市の工業付加価値額の30%，輸出額の49%，工業就業者数の53%を占めていた。「三来一補企業」の資本の96.2%は外国側

が出資したものであり，名目上は村営であっても実質的には外資企業であったことがわかる。

　外国企業にとって，合弁企業など法的根拠のある企業形態によって中国に進出することは，政府に財産を没収されるといったリスクを避けるうえで有効である。にもかかわらずなぜ外国企業は，現地法人をつくらない三来一補企業という道を選んだのだろうか。それはこれが外国企業にとってきわめて身軽な投資の形態だからである。三来一補企業の場合，現地法人を設立する手続きを経ることなく，工場に機械設備を持ち込めばすぐに生産を始められる。1980年代には合弁企業などの現地法人を設立する認可を得る手続きは煩雑だった（Chen, Chang and Zhang［1995］）から，衣服の縫製や電子製品の組立など設備投資が比較的少額で済む産業では外国企業が中国での生産拠点を構えるうえで委託加工を選択することが多かった。

　外国企業にとって委託加工は，現地法人の設立にともなう税や社会保険料，その他さまざまな費用や罰金の納付といった義務を免れることができ，撤退する時にも従業員に対する補償などのやっかいな問題に巻き込まれる心配がないというメリットがある。三来一補企業の場合，加工を委託する外国企業側は村に従業員の数に応じた手数料を支払うだけであり，納税や社会保険料の支払いといったことは村の方で処理してくれる。

「転廠」制度の意義

ただ，委託加工の制度にはサポーティング・インダストリーが形成されにくいという欠点がある。委託加工を行っている工場の近くで，その工場が使う部品を生産した場合，その部品は国内に販売されることになるので委託加工の制度が利用できず，部品をつくるための材料の輸入に関税がかかってしまう。部品生産にも委託加工の制度を利用するためには，つくった部品をいったん中国国外に輸出し，完成品工場がそれを再び輸入すれば，部品工場と完成品工場の双方が委託加工の

制度を利用できる。ただ，そのためには部品をいったん国境の外へ持ち出して再び持ち込むという無駄な輸送が必要になる。

広東省南部では委託加工のこうした欠点を克服する柔軟な制度の運用が行われた。それは「転廠」（あるいは「深加工結転」）と呼ばれるもので，材料を輸入して広東省内で部品をつくり，それを製品を組み立てる省内の別の企業に販売し，そこで組み立てた製品を全量輸出すれば，この一連の取引全体が委託加工扱いになるという制度である。

ただ，「転廠」を認めてしまうと，輸出産業向けの部品をつくるという名目により免税で輸入された材料が輸出産業以外に転売されてしまうリスクがある。実際，1990年代にはこの制度の抜け穴を利用してかなりの密輸が行われた。そこで，中国政府は1995年に「銀行保証金台帳制度」を導入して規制の強化を図った。この制度は，委託加工のために輸入をする場合に，企業が中国銀行に保証金台帳を開設し，輸入した部品を加工して輸出したことを税関が確認したらその台帳を帳消しにするという制度である（郭［2011］）。多くの場合には委託加工企業は実際に保証金を積み立てる必要はないのであるが，法令違反の回数が多い企業や，政府が規制を強めたい品目を輸入する場合には保証金の積立を求められた。

こうして委託加工制度を柔軟に運用する「転廠」制度のおかげで珠江デルタ地帯全体が事実上の緩やかな保税加工区となった。多くの途上国では，保税加工制度や輸出加工区は輸入した部品を組み立てるだけの「飛び地経済」を形成することが多いが，珠江デルタ地帯では電機製品，衣類，雑貨の産業の分厚い産業集積が形成されたのである。委託加工による輸出が中国の輸出全体に占める割合は1980年代後半から次第に上昇し，96年から2007年まではずっと半分以上を占めていた（図7-4。なお，委託加工輸出の担い手は珠江デルタ地帯では三来一補企業であることが多いが，他の地域では外資系企業や

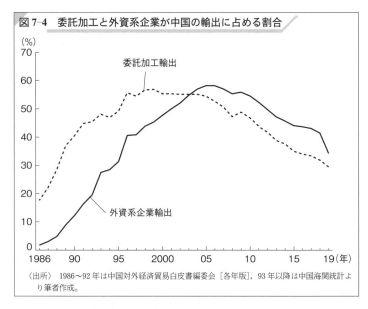

図7-4　委託加工と外資系企業が中国の輸出に占める割合

（出所）　1986〜92年は中国対外経済貿易白皮書編委会［各年版］，93年以降は中国海関統計より筆者作成。

国有企業などが委託加工に従事している。**図7-4**で外資系企業による輸出と委託加工輸出を合計すると時に100％を超えるのは外資系企業も委託加工輸出をしていることがあるためである）。

委託加工の貢献と限界　委託加工の特徴は，中国で部品・材料を加工し，付加した価値の分だけ外貨で加工賃が得られるため，ほぼ確実に外貨の受取超過になることである。図7-4にみるように外資系企業も輸出拡大に貢献しているが，外資系企業の輸出入をみると，1997年までは輸入が輸出を上回る赤字であった。一方，委託加工は1980年代には外国側が工場に持ち込む機械設備を中国側が分割払いで買い取る仕組みになっていることが多かったので，88年までは輸入額が輸出額を上回っていたが，その後は外国側が機械設備を無償で貸すことが多くなったこともあって，89年以降は一貫して輸出が輸入を上回る黒字である。

1980年代までは貿易赤字に悩んでいた中国が90年以降は93年

を例外とすればずっと貿易黒字を維持できたのは，委託加工で黒字を稼いだことが大きく貢献している。珠江デルタ地帯は衣服，パソコン，事務機器，旅行用品，玩具などの世界的な生産基地となり，「世界の工場」中国のまさに中心地となった。

　委託加工が大きな広がりをみせたことにより，1980年代後半から90年代の中国経済は高い関税と輸入数量規制によって保護された国内産業の世界と，関税ゼロの開放的な輸出産業の世界との二重構造を呈するに至った（Naughton［1996］）。その状況を端的に示すのが，平均関税率と関税負担率（関税収入／輸入額）との大きな乖離である。1991年の時点でみると，平均関税率は43.1％だったが，委託加工のための輸入や外資系企業の設立時の設備輸入などさまざまな免税の枠組みでの輸入が多いため，関税負担率は5.5％にすぎなかった（**図7-5**）。

　ちなみに，インドも輸出加工区などの制度を持っているので，関税負担率が平均関税率を下回る状況にあるが，中国ほどの大きな乖離はない。それは二重貿易体制が中国ほど利用されていないからである。また，ロシアは関税自体を1992年に大幅に下げたため，二重貿易体制をつくる余地もなく，したがって関税負担率と平均関税率の間にほとんど乖離がない（金野・丸川［2013］）。

　中国は二重貿易体制により，高い関税による強力な保護政策と，委託加工の制度による開放とを同時に実現できた。そうしたことが可能になったのは国土の広さが影響しているように思われる。広東省では，法律上の根拠がない三来一補企業が1つの企業のジャンルといえるほど広く認められ，「転廠」も可能であるが，他の地方ではそうではない。広東省が計画経済の中心地である華北や東北から遠く離れた辺境の地だからこそ制度の柔軟な運用が可能になったといえよう。物理的な距離が大きく，国内市場の統合もあまり進んでいない大国だから，関税ゼロで輸入品が盛んに入る広東省南部と，

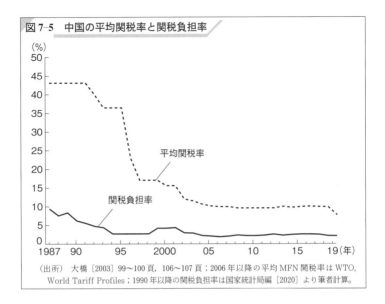

図7-5　中国の平均関税率と関税負担率

(%)

平均関税率

関税負担率

1987　90　　95　　2000　　05　　10　　15　　19(年)

（出所）　大橋 [2003] 99〜100頁，106〜107頁；2006年以降の平均MFN関税率はWTO,
　　World Tariff Profiles；1990年以降の関税負担率は国家統計局編 [2020] より筆者計算。

計画経済の色彩が濃厚な北方の国有企業の世界という二重経済が成
り立ちえた。

　2006年以降，委託加工が中国の輸出に占める割合は下落し始め
た（**図7-4**）。中国は1994年以降，貿易黒字がすっかり定着し，21
世紀に入ってからはむしろ黒字が多すぎることによって欧米との貿
易摩擦が起きるようになった。中国政府は2004年以降，がむしゃ
らに輸出を促進する政策を転換し始めた。それ以前は，輸出促進の
ために，輸出の際に部品や材料にかかった付加価値税を還付する政
策をとっていたが，2004年以降，輸出品によっては還付をしなか
ったり，還付する割合を下げるようになった。委託加工に関しても
保証金を積み立てなくてもよい品目の範囲を狭めるなどの規制強化
を行った（郭 [2011]）。また，2008年頃から広東省の地方政府が三
来一補企業に対して法的根拠が明確な外資企業に改組するよう促す
ようになった。外資企業になれば国内に製品を販売することができ

るようになり，外国への輸出が難しくなっても企業として生き延びていくことができるからである（楊政華［2012］）。2019年の段階で委託加工が輸出に占める割合は29％にまで下がっており，委託加工は歴史的役割をほぼ終えつつあるといってよいであろう。

3 外資に期待された役割

技術移転への期待

中国政府が外資導入に踏み切った動機の1つは，外資系企業に輸出の拡大を通じて中国にとって貴重だった外貨を獲得させることだった。この面では前項でみたようにむしろ委託加工の方が大きな貢献をしており，外資系企業の貢献はそれには及ばなかったが，1997年以降は外資系企業も貿易黒字をもたらすようになった。外資系企業が中国の輸出拡大に貢献したことは**図7-4**からも明らかであるが，各省ごとの輸出額と直接投資導入との関係を調べた研究（Zhang and Song［2001］）によると，直接投資が1％増えれば輸出が0.29％増えるような関係がみられたという。

一方，多くの発展途上国が外資を導入するもう1つの重要な動機は国内の資金不足を補うことであるが，中国の場合は，**第4章**で述べたように，1980年代前半に貯蓄率が上昇して国内でかなりの資金がまかなえる状況になったため，結果的には外資に大きく依存することはなかった。国内の固定資本投資に対する外資の割合をみると，1980年代は5％，90年代は9％，2000年代は3％であった。貯蓄率が上昇したとはいえ，1980年代には中国はまだ貯蓄不足の状況にあったので，たとえ5％でも資金不足を補う意味があったが，90年代後半からは貯蓄が投資を上回っているので，外資が資金不足を補う意義は低下した。

中国が当初から外国直接投資に最も強く期待していたのは**技術移転**である。対外開放政策の開始直後の1979年に制定された合弁企業法では「外国の合弁パートナーが投資する技術と設備は，必ず我が国の需要に適合した先進的技術・設備でなければならない。もし，故意に遅れた技術・設備を導入してだまし，損失をもたらした場合は，損失を補償しなくてはならない」と書かれており，「先進技術」を中国にもたらすことは外資の義務とされていた。**第5章**でふれた適正技術論の立場からいえば，先進国からみて遅れた技術ではあっても，途上国の状況には適合している可能性もあるので，この条文をみた外国企業は技術の先進性を重視すべきなのか，損失を出さないことを重視すべきか戸惑ったであろう。立法者の意図は明らかに前者にあり，先進国との技術格差を少しでも詰める役割を外国企業に期待していたのである。

| 外国側と中国側の期待のズレ |

しかし，こうした中国側の期待と外国企業側の中国に対する期待との間には大きなギャップがあった。外国企業は中国を低賃金の労働力が豊富な輸出拠点として，もしくは潜在的な巨大市場として期待していた。中国を低賃金の輸出拠点として期待している外資は，日本や韓国，台湾などでは賃金が高くて成り立たないような労働集約的な生産活動を中国に移そうとしたので，移転する技術は必ずしも先進技術ではない。一方，中国を市場として期待している外資は輸出をしないだろう。ところが，外貨不足に悩む中国政府は1980年代を通じて外資系企業に対して「外貨収支バランス」をとること，すなわち部品や資材の輸入，外国人従業員に対する給与の支払いなどに必要な外貨を，輸出など自らの努力で獲得することを求めた（上原［1987］）。このように，中国政府は外資系企業に対して先進技術を持ってこい，輸出もしろ，と過剰な期待を寄せていたため，それに応えられる外国企業は少なく，1991年まで直接投資

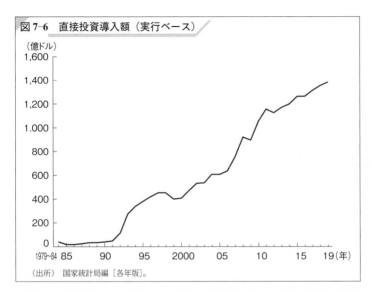

図7-6　直接投資導入額（実行ベース）

（億ドル）

（出所）　国家統計局編［各年版］。

　の導入は低調だった（**図7-6**）。中国を輸出拠点にしたい外国企業は
より手軽な委託加工の方へ流れていった。

　そこで，1986 年に中国政府は「外国投資奨励に関する規定」を
公布し，「製品輸出企業」と「先進技術企業」に的を絞って優遇措
置が打ち出すようになった。要するに，輸出も先進技術もではなく，
どちらか一方に貢献してくれればよくなったのである。

　また，同じ規定のなかで外資系企業どうしで外貨の過不足を調整
することが認められた。たとえば，外国人がよく泊まるホテルのよ
うに外貨の恒常的な余剰が生じる外資系企業から，中国国内に販売
する製品をつくるのに部品を輸入する必要がある外資系企業へ外貨
を売ることができるようになった。こうした取引を行う「外貨調整
市場」が全国各都市に設けられた（大橋［2003］47〜51 頁）。

　外貨調整市場ができたことで，中国の国内市場を狙う外国企業も
中国への投資がしやすい状況になった。さらに，1994 年には公式
の為替レートが大幅に切り下げられて外貨調整市場のレートと統一

され，国内企業は輸入のために必要な外貨を銀行で自由に購入できるようになったので，80年代以来，外資系企業を悩ませつづけた「外貨収支バランス問題」が事実上解決された。1993年頃から直接投資の導入額が急増した背景にはこうした事情があった（**図7-6**）。

4 さらなる技術移転への期待

「市場によって技術を獲得する」

1993年以降，中国の国内市場を狙って多くの外国企業が進出してきたため，国内企業が外資系企業との競争にさらされた。折しも国有企業が深刻な経営状況にあったため（**第6章**），門戸開放に対して国内企業から不満の声が高まった。そうした批判に対して中国政府が開放を続ける理由として掲げたのが，「市場（の開放）によって技術を獲得する」という方針であった。こうした方針は1980年代の外資導入政策のなかにも現れているが，広く展開されるようになったのは92年以降で，たとえば94年に制定された「1990年代国家産業政策綱要」で支柱産業（**第6章5**）を振興するうえで，「重要な技術や設備を獲得するために，国内市場の一部を条件付きで開放することを認める」と記されていた。もっとも，実際には，重要な技術を提供した外国企業だけに国内市場を開放する，といった厳格な運用がされることは少なく（夏・趙［2012］），国内市場の開放を正当化する論理としてこの言葉が使われた。

ただし，この方針がかなり厳格に運用された産業も存在する。それは自動車産業で，1994年に公布された「自動車工業産業政策」のなかで，外国自動車メーカーは，中国の自動車メーカーとの合弁企業で，かつ外資側の出資比率は50％以下という条件でしか進出が認められず，世界の1990年代のレベルの自動車を生産し，かつ

合弁企業のなかに研究開発機構を設けて自動車のモデルチェンジを
できるような態勢をつくることを求められた。また，合弁企業で生
産する乗用車の部品国産化は最低でも 40％ 以上とすることを求め
られた。この時期には，中国の自動車市場の将来性に対する期待が
高まり，世界の有力自動車メーカーがこぞって中国進出の意向を表
明したにもかかわらず，この厳しい規制のゆえに，1994 年から 97
年の間に進出が認められたのはアメリカのゼネラル・モーターズ
（GM）のみだった。

　GM が選ばれた決め手となったのは，GM が中国側と合弁で新
車開発を担う技術センターを設立することに同意したことである
（李春利［2005］）。自動車メーカーにとって新車開発の技術は競争力
の根幹に関わる部分であり，それを技術の流出が懸念される合弁企
業に委ねるというのは思い切った決断である。一方，中国側にして
みれば「市場によって技術を獲得する」戦略が見事に成功した事例
といえよう。

開発能力の移転　だが，中国政府はこれでも満足しなかった。
2004 年に公布された「自動車産業発展政
策」では自動車メーカーが研究開発能力を持ち，「自主的知的財産
権」を有する製品を積極的に開発すべきだ，と定められたのである。
この政策からは外資から自立した中国の自動車メーカーを育てたい
というニュアンスが読み取れるが，中国政府関係者が外資との合弁
会社で開発した新車も「自主的知的財産権」を有すると認められる，
と発言したので，ホンダや日産は現地で中国向け専用ブランドの車
を開発した。

　以上のように，自動車産業においては，中国市場の魅力をテコと
して外国自動車メーカーから部品生産や新車開発技術に至るまで徹
底して技術を移転させようとする政策が続いてきた。実際，2009
年以降，中国は世界最大の自動車生産国になり，自動車部品から自

動車用鋼板などの材料に至るまでおおむね国内で生産されるように
なり，外資系自動車メーカーの新車開発も一部中国で行われている。
ところが，中国政府関係者にはこれでもまだ不満を持っている人が
おり，中国政府の元幹部から「合弁企業はアヘンだ」という発言ま
で飛び出している（曹［2012］）。この発言は，外資との合弁によっ
て技術を吸収して自立することを期待されている中国の国有自動車
メーカーが，実際には合弁企業からの配当を得ることに満足して，
自主的な技術の獲得に汗をかいていないことを批判している。

　　　　　　　　　　　　　　　この元幹部が指摘する現実は，それをどう
スピルオーバー効果　　　　　評価するかは別として，確かに存在する。
ただ，**第5章5**で指摘したように，外資系自動車メーカーからさま
ざまな経路を通じて政府の予想しない形で技術の**スピルオーバー**が
起き，それによって新興の自動車メーカーが成長していることもま
た事実である。

　外資系企業からのスピルオーバーが国全体あるいは産業全体とし
てどのような効果を及ぼしているかに関してはいくつかの実証研究
がある。1995年の工業センサスのデータを使い，直接投資が入っ
ていることで生産性にどのような効果が現れるかを検証した研
究（Chuang and Hsu［2004］）によれば，直接投資が入ることで当
該地域・産業の生産性が上昇する効果があったことを確認してい
る。ただ，これでは入ってきた外資系企業そのものが生産を増やす
効果も含んでいるので，外資系企業からそれ以外の企業へのスピル
オーバーのみを純粋に取り出して計測しているわけではない。一方，
1995～99年の電子産業と繊維産業について調べた研究（Hu and
Jefferson［2002］）によれば，電子産業では直接投資が入ってくるこ
とで，非外資系の企業の生産性がかえって下がっており，これは外
資系企業が入ってきて非外資系企業と競争し，その市場を奪ってし
まうからではないかと推測している。また，2001～03年の省別，

産業別の工業生産に関するデータから，外国資本の流入が生産に与える効果を計測した研究（Ran, Voon and Li［2007］）によれば，外資の流入が少ない中西部の省や，外資が入っていない産業では，外資の流入がマイナスの効果を与えたとしている。

ただ，これらの実証研究が一様に抱える問題は，スピルオーバーが生じる範囲を何も根拠がないまま先験的に限定していることである。Chuang and Hsu［2004］と Ran, Voon and Li［2007］の場合は，省と2桁産業分類（＝食品，飲料，繊維，医薬といった大まかな分類）ごとにデータを分けて分析しているので，スピルオーバーが生じる範囲を省内および2桁の産業分類のなかでのみ起きると前提していることになるし，Hu and Jefferson［2002］の場合は4桁産業分類（電線ケーブル，光ファイバー，絶縁製品，電池といった細かい分類）でデータを分けて分析しているのでスピルオーバーが生じる範囲を4桁産業分類のなかと想定していることになる。

しかし，外資系企業から地場企業へのスピルオーバーの経路として最もありそうなのが，自動車や家電製品といった完成品を生産する外資系企業からその部品調達先である地場企業に対する技術指導，という経路である（方［2011］）。外資系企業が同じ市場で競合している地場企業に技術を教える動機は全くないが，部品メーカーに対しては積極的に技術を開示することでより安価で品質のよい部品を調達できるようにする動機がある。こうした部品取引は，たとえば冷蔵庫製造業とプラスチック製造業，というように産業をまたぐ形で起きる。スピルオーバーが同じ産業のなかでのみ生じるという前提は現実離れしている。

同じ産業のなかでスピルオーバーが生じるパターンとしては，外資系企業のエンジニアが中国系の新興企業にスカウトされるケースがしばしばみられる。この場合，エンジニアは省をまたいで移動することも多い。したがって同じ省のなかでのみスピルオーバーが生

じるという前提もまた現実離れしている。

　中国の新興企業の技術獲得プロセスを調べていくと（**第5章**），外資系企業からさまざまな経路で技術のスピルオーバーが生じているようである。上で紹介した統計データを使った分析は，スピルオーバーが生じる範囲を先験的に仮定しているため，かえって実態を見誤っている可能性がある。

5 WTO体制のもとでの外資導入

サービス業の開放

　1986年に中国は関税と貿易に関する一般協定（GATT）への加盟を申請した。当時，中国の平均関税率は40％を超え，輸出入に関する規制も多かったなかで，自由貿易を目指すGATTに加盟するには徹底した改革が必要だった。1990年代に入ると中国は**図7-5**でみたように関税を下げ始め，GATT加盟に少し近づいたが，95年にGATTが**世界貿易機関（WTO）**に発展的に改組されると，加盟交渉はさらに長引いた。結局，2001年12月に，中国はGATT加盟申請から15年目にしてようやくWTOへの加入が認められた。これは中国の対外開放政策の完成ともいうべき画期的な出来事である。

　WTO加盟によって，中国の貿易政策は多くの修正を迫られた。たとえば，自動車メーカーに対して乗用車の部品国産化率を40％以上とすることを求めたり，外資系企業が自ら外貨収支バランスをとることを求めることは，いずれもWTOの協定に違反する（海老名・伊藤・馬［2000］）。WTOは「内国民待遇」が原則であり，関税以外の方法によって輸入品を国産品に比べて不利にするのは違反なのである（中川［2013］）。

　また，WTOでは金融，保険，通信，運輸，流通などのサービス

業の開放も重要なテーマになっている。中国はそれまで工業への外資導入には熱心だったが，サービス業の対外開放には消極的だった。そのため，欧米諸国は中国の WTO 加盟交渉に際して，とくに金融や流通などサービス分野での開放を迫り，中国政府は WTO 加盟を実現するためなら致し方ないとして開放を受諾した。たとえば，銀行業では加盟から 5 年以内に外国銀行に完全な市場アクセスを認めることを約束した。中国は約束どおりに外国銀行の進出を認めたものの，2019 年末現在，外資系銀行の総資産は中国の銀行全体の 1.6% を占めるにすぎず，その存在感は小さい。

　一方，直接投資の導入が中国の日常生活にも大きな変化をもたらしたのが小売業である。WTO 加盟以前には，中国政府は主要都市に 1，2 社に限定して外資の小売業への進出を認める方針をとっていた（黄磷 [2003]）。1990 年代までの中国の小売業を支配していたのは国有百貨店であったが，そのサービスの水準の低さと経営効率の悪さは明らかであった。外資系小売業の進出を認めたのは，それらが先進的な小売サービスのショーウィンドーとして作用し，国有百貨店の変革を刺激する役割を期待したからである。他方で，進出する数を限定したのは，外資系小売業が既存の国有百貨店の市場を奪うことを恐れたからであろう。

　WTO 加盟以後，中国政府が外資系小売業に対する出資比率制限や地理的制限を段階的に撤廃するや，フランス資本のカルフール，アメリカ資本のウォルマート，台湾系の大潤発などの大型スーパーマーケットが急速に全国に店舗網を広げていった。2019 年には中国の小売チェーンの売上ランキングで大潤発が第 4 位（486 店舗），ウォルマートが第 7 位（442 店舗）に入っている（中国連鎖経営協会 [2020]）。また，北京や上海などの大都市ではファミリーマート，ローソン，セブン‐イレブンなど日本のコンビニエンスストア・チェーンの進出も進んでおり，都市の生活に浸透している。かつての

国有百貨店はすっかり影が薄くなった。

　ただ，2019年に，家電量販店から台頭してきた民営小売企業の蘇寧易購集団がカルフール中国の株式の80%を取得した。中国の小売業界は外資系企業によるサービス刷新の時代から，そのノウハウを取り込んだ地場の民営小売業による巻き返しの時代を迎えている。

　　　WTO加盟の影響　　中国の各産業はWTO加盟を戦々恐々として迎えた。これまで手厚い保護のもとにあった各産業は外国企業への市場開放に耐えられないと考えられたのである。実際，国有百貨店のように影が薄くなった分野もあるが，打撃を受けると思われていたのに逆に急成長した産業もある。その1つが自動車産業である。1998年の時点で中国は乗用車の輸入に対して100%もの関税をかけ，しかも輸入の数量制限も行っていたのを，加盟時には関税を43.8%，2006年には25%まで関税を下げ（排気量3ℓ以下の場合），数量制限も撤廃することを約束した。こうした自由化によって，2005年の輸入額は加盟が実現しない場合に比べて2倍以上に増え，国内の生産額と就業者は15%ほど減少するだろうと予測されていた（李善同ほか［2000］）。

　ところが実際にフタを開けてみると自動車の生産台数は2001年の207万台から05年の571万台へ2.4倍も増えた。その後も中国の自動車産業は躍進を続け，2009年からは世界のトップとなった。中国は約束どおり関税を引き下げたが，国内の販売台数に占める輸入品の割合は3〜6%程度にとどまり，国内市場が輸入品に席巻されるような状況は起きていない。

　なぜ予想を覆す展開になったのだろうか。それはWTO加盟が自動車の需要と供給の双方を刺激する効果を持ったからである。WTO加盟以前の中国の自動車産業政策は供給側の事情しか考えていなかった。乗用車生産に参入する企業を絞り，それぞれの生産規

模を拡大させてコストを引き下げることで競争力を高めようとした。だが，参入の制限によって価格が高止まりし，需要が抑制されていたため，1990年代の間，中国の自動車産業の成長は予測を大幅に下回った。ところが，WTO加盟によって輸入品が安くなったことで国内のメーカーに競争圧力が加えられ，国内産の自動車の価格も下がった。しかも，これまで参入を許されなかった外国自動車メーカーが，参入制限政策が緩んだことをきっかけに中国での工場を立ち上げたことで，国内での競争も激化し，これも価格下落に拍車をかけた。価格下落によってこれまで抑制された需要が爆発的に拡大し，供給側もそれに刺激されてさらに増産する，という好循環によって2002年以後の急成長が起きたのである。

中国のGDPにおける外資系企業のシェア　WTO加盟以後の18年間（2002〜19年）に中国に流入した直接投資は1兆8952億ドルで，同じ期間に日本が受け入れた直接投資額（1493億ドル）の13倍に当たる。人口規模の違いを考慮しても中国は直接投資に非常に開放的だったことがわかる。これほど大量に流入した外国資本は中国経済のなかでどれぐらいのウェイトを占めているのであろうか。

　工業についてはデータが豊富にあるが，問題はサービス業に関するデータが少ないことである。ある研究は，直接投資額と付加価値額の比率が工業（製造業，鉱業，電力・ガス・水道など）と工業以外とで同じだという仮定をおいて推計し，2004年に外資系企業がGDPに占めるシェアは22.4％だったと推計している（Whalley and Xin [2010]）。いささか強引な方法であることは否めないが，投資額以外に有力な手掛かりもないことから，この推計手法を借りて最近までの外資系企業のシェアを調べてみよう。すなわち，

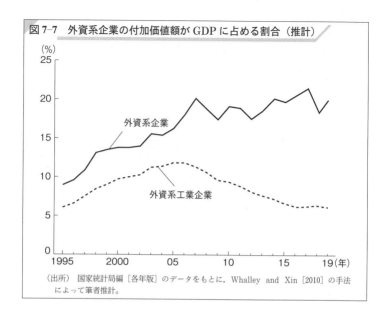

図7-7　外資系企業の付加価値額がGDPに占める割合（推計）

（出所）国家統計局編［各年版］のデータをもとに，Whalley and Xin［2010］の手法によって筆者推計。

外資系企業の対GDPシェア（％）＝（①工業付加価値額に占める外資系工業企業のシェア）×（②GDPに占める工業のシェア）÷（③直接投資導入額に占める工業直接投資のシェア）

という式で推計を行う。ただし，外資系工業企業の付加価値額のデータは2008年以降得られないので，工業生産額から付加価値額を推計している。すなわち，2007年まで10年間の実績をみると，外資系工業企業の付加価値額シェアは生産額シェアの87％前後の水準でほぼ安定しているので，08年以降の生産額シェアに87％を乗ずることで付加価値額シェアを推計した。

　こうした推計作業に基づいて作成した**図7-7**からは次のことが読み取れる。第1に，2007年までは外資系企業の中国経済におけるシェアは年々拡大していた。また，2005年までは外国直接投資の7割以上が工業への投資であった。第2に，2006年以降，外国直接

投資のなかでサービス業の占める割合が高まり，19年には7割を占めるまでになった。また，この時期には外資系工業企業の中国のGDPに占めるシェアが下がりつづけている。第3に，外資系の工業企業は衰退傾向にあるものの，外資系サービス産業が拡大しているため，2007年以降，全体として外資系企業は中国のGDPの2割前後で推移している。

第6章では国有企業がGDPに占める比率を推計したが，国有企業は2割弱であった。ということは外資系企業は中国経済のなかで国有企業と同等ないし若干それを上回る程度の比重を占めているということになる。ただし，統計の分類上，外国資本が25%以上入っていれば，仮に国有資本が過半数であっても，その企業は外資系企業として扱われることは念頭においておく必要がある。

| 自由貿易試験区 | WTOに加盟し，加盟時の市場開放の約束 |

をその後果たしたことによって，中国の経済開放におけるキャッチアップは終了し，ようやく普通の自由貿易国になったといえる。そうした基盤のうえで，中国政府は2013年から**自由貿易試験区**を設立することによってさらなる経済開放に踏み込んだ。まず，2013年9月には上海自由貿易試験区が設立され，その後4度の拡大を経て19年8月までに広東省，天津市，福建省，遼寧省，浙江省，河南省，湖北省，重慶市，四川省，陝西省，海南省，山東省，河北省，江蘇省，広西自治区，雲南省，黒龍江省で自由貿易試験区が開設された。それぞれ120 km^{2}程度の地域を区切り，貨物がその域内にとどまる限りは免税とするものである。海南省（海南島）については全島が自由貿易試験区となった。

自由貿易試験区は単なる輸出基地というよりも改革の実験場という位置付けを与えられている（王・肖・張［2020］）。まず，外国資本の投資についてはネガティブ・リスト方式，すなわちリストに掲載されている分野以外の投資はすべて受け入れる，という方針をとっ

ている。上海の場合，2013年の発足時にはネガティブ・リストに190の分野が挙げられていたが，20年時点ではタバコの卸売・小売など30の分野で投資禁止または中国側が過半数を支配するなどの条件が付いているのみである。また，自由貿易試験区では貿易や投資の円滑化，金融の開放などの制度面での革新や規制緩和を実験し，それを全国に広めるという役割も期待されている。2018年末までに自由貿易試験区から全国に普及可能な202項目の制度革新の実例が生み出されている（杜・徐・尹［2020］）。

　2019年には，全国の自由貿易試験区を合計すると，輸出入総額の14.6%，外国直接投資額の15.2%を占めるまでに成長した。もっとも，自由貿易試験区は新規の投資を吸引したというよりも，すでに中国にある多国籍企業の本部を引き寄せるばかりだったという評価もある（王・肖・張［2020］）。たしかに，自由貿易試験区の拡張によって中国の貿易が自由貿易に大きくシフトしたのだとすれば，関税負担率が下がるはずであるが，図7-5にみるように，2012年の2.43%から19年2.02%へわずかに下がったのみである。ただ，自由貿易試験区は現時点（2020年）ではまだ拡張中であり，その効果を評価するのは時期尚早であろう。

　　おわりに　1970年代末に「自力更生」の方針を転換するところから始まった中国の外資導入は，40年間に大きな飛躍を遂げた。中国はアメリカに次ぐ世界第2位の直接投資受入国となり，人口1人当たりの受入額でも日本を上回っている。WTO加盟以後，外資系企業は工業以外にサービス業にも浸透し，中国の技術的キャッチアップを推し進めると同時に，中国人の日常生活まで変えた。外資系企業は今や中国のGDPの2割前後を生み出していると推計される。

　しかし，これまで順調に展開してきたグローバリゼーションと中

国の対外開放政策が逆回転したときの恐ろしさを垣間みせる出来事が，2012年以降たびたび発生している。2012年に日本政府が尖閣諸島の国有化を発表した時，それに反発した中国の群衆がいくつかの都市で日系企業の工場や商店を襲撃し破壊したほか，日本製品の不買運動が展開された。身の危険を感じた日系企業の日本人駐在員は家族を日本に帰すなどの対応を迫られた。中国側の熱心な誘致に誘われて進出したものの，いざ日中関係が悪化すると，逆にあたかも膨大な数の人質を取られているかのように，攻撃の対象とされてしまった。2017年には韓国と中国の間で，韓国における米軍のTHAAD（終末高高度防衛ミサイル）の配備をめぐる紛争が起きた。韓国側は北朝鮮のミサイルの脅威に備えるためだと説明したが，中国政府は中国に対する脅威を高めるとして猛反発し，韓国への団体旅行の禁止，韓国製品や韓国製コンテンツのボイコットといった運動が広まった。なかでもTHAADの配備に自社のゴルフ場を提供したロッテ・グループに対しては苛烈な報復が行われた。ロッテ・グループは中国で小売店の「ロッテ・マート」を112店舗展開していたが，防火の備えが十分ではないという口実によって閉鎖を命じられ，結局事業の売却を余儀なくされた。

　一方，中国企業も2017年にアメリカでトランプ政権が誕生するや，アメリカ政府からの攻撃にさらされるようになった。中国からは数多くの企業がアメリカ市場に進出したり，アメリカの株式市場に株を上場して資金を調達したり，アメリカ企業から機械や部品を購入している。アメリカとの幅広い経済関係は，改革開放期の中国の経済発展を支えた重要な要素である。ところがトランプ政権成立以来，アメリカ政府は安全保障上の脅威があるとの口実で，ファーウェイなど特定の中国企業をターゲットにして，アメリカ企業からの機械や部品やソフトウェアの購入を禁じたり，アメリカ市場からファーウェイなどの通信機器を排除したり，株式市場から中国企業

を追放するといった攻撃を続けている。民生品や民間向けのサービスを提供する中国企業がなぜアメリカの安全保障に脅威をもたらすのかという説明がないまま，日本などの同盟国にも同調するよう圧力を加えている。アメリカを重要な市場としていたり，アメリカ企業からの機械や部品やソフトウェアの供給に依存していた中国企業にとって痛いところを突かれた格好であり，売上や市場シェアの減少は不可避で，場合によっては企業の売却や倒産に至る可能性もある。

　もともとWTOの前身である関税と貿易に関する一般協定（GATT）が成立したのは，大恐慌後の経済のブロック化が戦争の引き金になったことへの反省からだった（中川 [2013]）。各国が貿易と直接投資を通じて深く結びつき，相互依存関係を築くことは，国際間の平和を維持する大きな動機となる。二国間の対立も，それが貿易や直接投資の分野に及ぶ時にはWTOという多国間の枠組みのなかで自由貿易一般の問題になる。たとえ特定国に対して不満があったとしても，その国との貿易・投資関係を人質にとるような行動は世界の自由貿易の秩序を脅かす行為なので慎まなければならない。そうした行動は世界から掣肘を受けるべきだし，WTOがそうした行為を有効に抑制できるよう機能を強化しなければならない。

第8章

民間企業と産業集積

温州市の革靴材料市場（2016年）

→Keywords
民族資本家　　社会主義改造　　社隊企業　　自営業　　私営企業
共産党　　3つの代表　　起業　　プラットフォーム　　大衆資本
主義　　産業集積

民間企業は，第6章で取り上げた国有企業や，第7章で取り上げた外資系企業に比べて，いっそう大きな役割を中国経済のなかで果たしている。まずそのことを示しておこう。

第6章**6**では国有企業が中国の GDP に占める割合を推計したが，2018年には 18.5% であった。また，第7章**5**では外資系企業が中国の GDP に占める割合も推計したが，2018年は 18.4% であった。このほかに，さまざまな公的機関，すなわち中央や地方の政府，小学校から大学に至るまでの公的教育機関，病院などが GDP の 10.7% を生み出した。さらに，第1次産業が GDP の 7.3% を生み出した。以上を合計すると 55.0% となり，残りの 45.0% は第2次，第3次産業の民間企業が生み出した，ということになる。このように民間企業は中国経済のなかで，国有企業と外資系企業を合計したよりも大きな役割を果たしているとみられるのだが，本書以外の中国経済の教科書では1章を当てられることがなかった。それは，中国の民間企業の大多数が中小企業であって，きわめて多数かつ多様であり，その全貌をとらえることが容易ではなかったからである。民間企業が果たしている役割を測ろうとしても，国有企業，外資系企業を除いた「その他企業」としてしか計算できないところに民間企業のとらえがたさが現れている。

ただ，民間企業が盛んな浙江省や広東省に行くと，民間企業が地域経済において1つの層として大きなかたまりを形成していることがわかる。これらの地域には，一定の地域に同業種の民間企業が多数集まった産業集積が数多い。そこに集う民間企業はおおむね似たような歴史を持ち，1つの類型として把握できる。産業集積に着目することで，中国の民間企業の特徴が浮かび上がってくる。

そこで，本章の前半では中国の民間企業全体の発展の状況や民間企業に対する政策を検討する。後半では民間企業がつくりだしてい

る産業集積の事例をいくつか検討し，産業集積が民間企業の揺籃の地となることを明らかにする。

1 民間企業の広がり

鉱工業における民間企業の広がり

中国経済のなかで民間企業が占める割合はどのように変化しているのか。ここではデータが比較的豊富な鉱工業についてみてみよう。用いるのは中国の経済データのなかで最も網羅的な調査が行われている「経済センサス」である。この調査は 2004 年に第 1 回が行われた後，4〜5 年に 1 回ずつ実施されている。その特徴は中国に 2200 万戸近くあるすべての法人を調査していることである。そのうち鉱工業企業は 345 万戸あるが，毎年調査がなされるのはその 10 分の 1 ほどにすぎず，4〜5 年に 1 度の経済センサスによって初めてその全貌がわかる。

表 8-1 では，経済センサスをもとに，鉱工業の企業数，資産額，営業収入，従業員数に占める国有企業，外資系企業，民間企業，および小企業の割合を示した。国有企業とはここでは国家が支配的な株主である企業という意味で，具体的には国家が株の過半数以上を持っているか，あるいは過半数に満たなくても相対的に多数の株を所有している企業のことを指す。また，外資系企業とは一般には外国資本が株の 25% 以上を持っている企業である。そして，全体の数字から国有企業と外資系企業を引いた残りを民間企業としている。したがって，民間企業のなかにも国家が株の一部を持っている企業だとか，外国資本が 25% 未満の株を持っている企業も含まれることになる。

また，小企業とは，2004 年と 08 年の調査では営業収入が 500 万

表8-1　鉱工業における国有・外資・民間の割合（経済センサス）

(単位：%)

年	企業数				資産額			
	国有	外資	民間	小企業	国有	外資	民間	小企業
2004	3	4	13	80	46	23	21	11
2008	1	4	17	78	40	24	28	9
2013	1	2	12	85	33	18	32	17
2018	1	1	9	89	33	16	34	17

年	営業収入				従業員数			
	国有	外資	民間	小企業	国有	外資	民間	小企業
2004	33	30	29	9	21	19	31	29
2008	28	27	38	7	15	21	37	26
2013	23	21	47	9	13	18	38	30
2018	25	20	45	11	13	16	43	27

（注）「小企業」とは，2004年と08年は営業収入が500万元以下，13年と18年は2000万元以下。

（出所）国務院全国経済普査領導小組弁公室編［2006］［2011］［2015］［2020］のデータをもとに筆者作成。

元未満の企業，13年と18年の調査では営業収入が2000万元未満の企業である。そのなかに国有企業，外資系企業，民間企業がどれぐらいの割合で入っているかは合算されてしまっているのでわからない。ただ，2018年の場合，小企業全体の資本のうち，個人によって保有されている割合が58%，法人によって保有されている割合が19%，外資によって保有されている割合が13%，国家によって保有されている割合が6%だった。個々の企業のなかには国家が過半数を持つ企業や外資が25%以上持つ企業もあるだろうが，その数は明らかに少ないので，ここでは小企業はみな民間企業だと仮定して話を進めよう。

　すると，企業数では圧倒的多数が民間企業（表8-1の民間＋小企業）で，その割合は2004年の93%から18年には98%に高まった。資産額では国有企業がまだ大きな比重を占めており，民間企業の割

合は 2018 年時点で 51% にとどまる。営業収入では民間企業が 2018 年時点で 56% を占めるが，13 年から 18 年にかけて国有企業が若干盛り返している。従業員数では民間企業が 2018 年に 71% を占めた。

業種別の状況　次に，第 2 次・第 3 次産業の業種ごとに，民間企業や国有企業がどれぐらいの割合を占めているかをみてみよう。ここでは 2018 年の経済センサスのデータを使っており，各種の企業が各産業の就業者数に占めるシェアを示している。なお，ここでは小企業を含む 1857 万戸の企業法人が，企業の支配株主によって分類されている。

まず**表 8-2** は国有企業（国家が支配株主である企業）が支配的な産業を示している。石油・天然ガス採掘業，鉄道輸送業，タバコ製品製造業は国有企業がほぼ独占している。パイプライン輸送業以下は国有企業が支配的であるものの，民間企業もある程度参入している。国有企業が 50% 以上を占めているのは**表 8-2** に載せた産業を含め全部で 13 業種ある。

一方，**表 8-3** は民間企業が就業者数の 8 割以上を占める産業を示している。製造業のなかでもとくに軽工業の分野，および各種のサービス業において民間企業が圧倒的な比重を占めている。第 2 次・第 3 次産業が全部で 86 業種に分けられているなかで 68 業種では民間企業の就業者が全体の 5 割以上を占めている。そのなかには鉄鋼業，化学工業，自動車製造業など，かつて国有企業が主たる担い手であった産業も数多く含まれている。国有企業が完全に退出した産業が家具製造業しかないというのは，それはそれで興味深いが，8 割の業種ですでに民間企業が最大の雇い主になっていることに注目したい。なお，外資系企業が就業者の 5 割以上を占める産業は 1 つもないが，ただ 1 つ電子機器製造業だけは外資系企業の就業者の割合が 44% で，民間企業や国有企業より多い。

表8-2　国有企業が支配的な産業（就業者数シェア）

（単位：%）

	国有	集団	民間	外資	その他
石油・天然ガス採掘業	98	0	1	1	0
鉄道輸送業	96	2	2	0	0
タバコ製品製造業	95	2	3	0	0
パイプライン輸送業	85	1	8	2	4
航空運輸業	81	2	10	1	7
新聞・出版業	79	1	16	0	3
電力・熱生産供給業	75	3	19	2	2
石炭採掘・選炭業	72	3	22	1	3

（出所）　国務院全国経済普査領導小組弁公室編［2020］のデータをもとに筆者作成。

表8-3　民間企業が優位な産業（就業者数シェア）

（単位：%）

	国有	集団	民間	外資	その他
木材加工・木竹籐製品製造業	1	1	94	3	2
建築装飾・その他建設業	3	1	92	0	4
娯楽業	3	1	91	1	4
教育産業	3	2	89	1	4
住民サービス業	3	2	89	1	5
リース業	5	1	89	2	4
科学技術サービス業	5	1	86	3	5
家具製造業	0	0	85	11	3
文化芸術業	11	1	83	1	4
卸売業	7	1	83	5	4
非金属鉱物製品業	6	1	83	5	4
紡織業	2	1	83	11	3
非金属鉱採掘業	10	3	83	1	4
資源リサイクル業	5	5	82	4	4
小売業	5	2	82	5	6
医療衛生	6	2	82	2	8
金属製品業	3	2	82	10	3
農副食品加工業	4	2	81	8	5
スポーツ	5	1	81	7	7
家屋建設業	10	5	80	0	5
設備据付業	10	5	80	1	4

（出所）　表8-2と同じ。

表 8-2 と表 8-3 のもととなった 2018 年の経済センサスによれば，第 2 次・第 3 次産業の企業で働く 2 億 9828 万人のうち，民間企業が 73%，国有企業が 13%，外資系企業が 8%，その他の企業が 5%，集団所有制企業が 2% を占めている。

2 根絶から容認へ

民間企業の「社会主義改造」

このように 2018 年の段階では中国の第 2 次・第 3 次産業のうち 8 割の業種が民間企業主導になっているし，就業者の 7 割以上が民間企業で就業しており，全体としてみて中国経済はすでに民間主導になっているといってよい。しかし，ここまでの道のりは平坦ではなかった。中国が社会主義を標榜する国である以上，資本家が経営する民間企業など存在してはいけないのだというイデオロギーが強かったからである。

中国共産党が政権を握って中華人民共和国が成立する以前の中華民国の時代にはもちろん多数の民間企業が中国で活動していた。中華民国時代の経済は今の中国と同じように国有企業，民間企業，外資系企業が鼎立する状態にあった。日本の中国に対する侵略の動きが強まった 1930 年代に国民党政府は抗戦力を高めるために国有企業を数多く設立し，日中戦争終了後は日系企業も接収して国有企業はますます肥大化した（第 2 章）。一方，民間企業の活動範囲は繊維産業，食品工業など軽工業と化学工業，およびサービス産業であった。

中華人民共和国が成立すると，共産党政権は国民党政権が築き上げた国有企業を引き継ぐとともに外資系企業を接収し，その多くを国有企業に改造した。民間企業に対しては建国当初は政権を支える

「民族資本家」と呼んで尊重し，戦争と革命で痛んだ国民経済を回復する原動力となることを期待した。中華人民共和国が成立した1949年における工業生産額の72%は私営企業と自営業が占めており，これら民間企業の回復なくしては経済の復興はなかったからである。

しかし，建国後4年目の1953年に中国共産党は社会主義への転換を決め，それにより，民間企業は徐々に死滅すべきものと位置付けられた（第2章3）。民間企業に対する「公私合営」が実施され，経営の実権が経営者から政府の官僚に移り，最後には国有化された。また，零細な自営業者たちはグループにまとめられて，集団で事業をするように組織され，集団所有制企業に組織されていった。こうして1958年には中国から私営企業も自営業も，およそ民間企業らしきものは根絶やしとなり，民間企業の「社会主義改造」が完成した。

しかし，中国の社会主義経済を構成する国有企業と集団所有制企業によって人々の欲する財やサービスが十分に提供されるようになったわけではないし，中国共産党は失業を完全に撲滅したと宣言したものの，十分な仕事がない人々もいた。そうした人々が飲食などのサービスを提供したり，内職でモノをつくったりしてお金を稼ごうという動きは1960年代から澎湃と湧き上がってきたのである。農村の人民公社や生産大隊が営む企業は「社隊企業」と呼ばれたが，社隊企業の名目を借りた民間企業が少なからず存在した。文化大革命の終盤の1975年に中国政府がつくった公式の統計によるとその当時自営業者が24万人いて，都市部の就業者の0.3%を占めていた。「隠れ自営業者」や「隠れ民間企業」はもっと多数存在したと推測される。

民間企業の復活　　1978年末に改革開放政策が始まると，それまで人目を忍ぶ存在だった民間企業が公

然と活動できるようになった。最初に認められたのは従業員が7人以内の**自営業**である。当時，中国政府が自営業を認めたのは，民間の活力を部分的に生かす新たな経済体制をつくるためであると同時に，少しでも雇用を拡大したいという切実な動機に基づいていた。第3章で述べたように，文化大革命の間，農村部に送り込まれていた若者たちが1978年以降都市に帰還したため，失業問題が深刻になったのである。政府としては帰還者の就業先確保に力を入れる一方で自営業の創業も支援した。その頃は銀行も自営業に対して積極的に創業資金を融資してくれたという（Huang［2008］）。

そのような経緯によって誕生した民間企業の代表例として，2019年には中国のアパレル産業で売上額第2位のヤンガー（雅戈爾）集団を挙げることができる。ヤンガーの前身は，寧波市郊外の鎮政府が農村での労働から帰還した若者たち54人に就業先をあてがうために1979年に設立した工場であった。政府からは創業を助けるために2万元が補助されたが，作業場としてあてがわれたのは講堂の地下室で，ミシンや裁ちバサミなどの道具は従業員が持ち寄った。名目上は鎮営企業であったものの，経営は従業員たちに任された。材料の布を遼寧省の国有企業と話をつけて買い付け，上海の国有企業向けに相手先ブランドで衣服を縫製して提供するなどして，同社は計画経済の狭間を縫うように成長した。1986年からは自社ブランドを持つアパレルメーカーとして成長し始め，93年には従業員などが出資する株式会社に転換した（任斌武［1997］；陳万豊［2004］）。

改革開放政策が始まった頃はいろいろな日用品が不足していたし，国有の商店や飲食店のサービスは概して悪かったから，自営業者や民間企業が付け入る隙間も存在した。1986年には，従業員7人以内という自営業者の限度を超えて発展した企業は，**私営企業**としてその存在が法的にも認められるようになった。だが，実際のところ1990年代半ばぐらいまでは，民間企業はいつまた「公私合営」の

ような動きが起きないか恐れながら経営するような状況にあった。

　実際，1982年には自営業が盛んだった温州市楽清県で8名の民間企業家が摘発される「八大王事件」が起きた。この前年に中国政府は資材の横流しや投機を厳重に取り締まる方針を打ち出した。民間企業は国有企業から余った資材などを払い下げてもらい，それを使って商品をつくることが多かったが，そうした行為が計画経済体制の秩序を乱す「経済犯罪」だとされて，企業家たちが逮捕，投獄されたのである（呉暁波［2007］；高［2008］）。2年後にこの事件は冤罪だったとして刑の執行が取り消されたものの，あとあとまで民間企業家であることのリスクを印象付ける事件だった。

　1989年の6.4天安門事件（*Column⑧*）の後も，民間企業に対する政治的な逆風が強くなり，海外に避難した企業家もいれば，企業の存続のために自分の会社を地方政府に寄付してしまった企業家もいた。また，実質的にはオーナー経営者が出資してつくった純然たる民営企業でありながらも，登記上は集団所有制企業とする企業も少なくなかった。こうした企業は「赤い帽子をかぶった企業」と呼ばれた。つまり，「資本主義だ」と指弾されないように，社会主義的な企業の姿を偽装したのである。

　民間企業がようやく大手を振って活動できるようになったのは，**第6章3**でもふれた1997年の中国共産党第15回大会の後である。この大会で「非公有経済」，すなわち民間企業が，社会主義経済の「重要な構成要素」に格上げされたことで，民間企業の肩身が狭い状況が再び来ないことが確定した。それまで集団所有制企業などを偽装していた民間企業は，ようやくこの時に「赤い帽子」を捨て，登記上も私営企業などに転換した。

3 制約から参入促進へ

民間企業に対する制約 | 1997 年の第 15 回大会以降，民間企業の存在自体が否定される心配はなくなった。しかし，その時点でも民間企業はなお少なからぬ産業から排除されていた。

　たとえば，乗用車は，政府からの許可を受けなければ工場の新設ができないが，2001 年までは国有企業か，もしくは国有企業が外国の自動車メーカーとつくった合弁企業にしか生産許可が下りなかった。民間企業の吉利汽車は 1994 年にオートバイの生産に進出したのち，乗用車メーカーへの転換を狙っていたが，まともに申請しても認可される可能性がなかったので，97 年に四川省の国有企業と合弁企業を設立した。この国有企業は「小型バス」をつくる許可証を持っていたので，吉利汽車はこの許可証を利用し，乗用車の形をした自動車を「小型バス」という名目で生産するようになった（百本［2007］）。2001 年になってようやく吉利汽車がつくる自動車は正式な乗用車として認可された。吉利はその後スウェーデンのボルボの乗用車部門を買収するなどして成長を続け，2019 年には中国国内で年間 139 万台の乗用車を生産する中堅メーカーとなった。

　携帯電話機の生産も認可制によって民間企業の参入が制限されていた分野である。1992 年に，若い技術者たちが寧波市郊外の鎮に出資してもらって波導公司というページャー（日本では「ポケットベル（ポケベル）」と呼ばれる，携帯電話が普及する前に使われていた無線通信機器）のメーカーを設立した。波導公司は中国市場で第 2 位になる成功を収めたが，ページャーが近い将来携帯電話にとって代わられるのは必至とみて，1998 年に携帯電話メーカーに転身すること

に決めた。ところが，携帯電話に郷鎮企業の参入が認められる可能性は低かったので，波導公司は寧波市政府傘下の国有企業に資本の45％を持ってもらうことで国有企業に転換した（丸川［2004b］）。

これによって波導公司は携帯電話生産への参入に成功し，参入するなり既存の国有企業を追い越す急成長をみせて，2003年には中国市場で外国ブランドを抑えてトップのシェアを獲得した。その後，2007年に携帯電話生産の認可制は廃止され，数多くの民間企業が参入するようになった。激烈な競争のなかで波導公司は急速に衰えたが，今日世界のスマートフォンのトップ10の常連である華為技術（ファーウェイ），小米（シャオミ），ヴィーヴォ，オッポなどはすべて参入が自由化されて以後に参入した民間企業である。

| 共産党との関係 | 中国の民間企業が中国の産業と社会のなかでしかるべき地位を得るうえで生産や営業 |

の許可をとる以外にもう1つ重要なことは中国**共産党**と良好な関係を保つことである。中国共産党は中国社会の津々浦々に根を張っており，企業や政府機関や学校など，党員が3人以上いるところには必ず党支部が存在する。外資系企業といえども例外ではなく，外資系企業でも党支部の責任者が工会（労働組合）主席などの名目で経営に関与することが多い。民間企業でもある程度の規模になれば必ず党支部が存在する。党支部は，労働者の待遇改善を要求して経営側と対立したりするものではなく，企業の経営が党と政府の政策に沿っているかどうかを監督したり，党の方針を従業員に伝えたりするのが役割なので，必ずしも経営陣にとって邪魔になる存在ではない。しかし，政権党の支部が企業内に存在するということは，党支部が必然的に大きな権力を持つことを意味し，党支部の責任者の権力が時として社長のそれを上回ることもある。民間企業にとっての大きな悩みは，資本家である社長は共産党に入党できなかったため，社長以外の誰かが党支部の責任者となり，第2の権力が企業のなか

に生まれてしまうことであった。筆者がかつて訪問した民間企業では第2権力の発生を防ぐため，社長の父親に党支部の責任者を務めてもらっていた。

こうした民間企業の悩みを解決したのが，当時の江沢民総書記が2000年に打ち出した「3つの代表」という方針である。江沢民は，中国共産党は「先進的な社会生産力の発展要求，先進的文化の前進する方向，広い人民の根本的利益を代表する」と述べ，従来の「労働者階級の前衛」という共産党の自己定義を事実上拡大した。これ以降，民間企業の経営者にも党員への門戸が開かれた。これによって民間企業のなかで社長が党の指導的なポジションを兼任することが可能となり，二重権力の発生を防ぐことができるようになった。インターネット企業アリババの創業者で，中国で第1の資産家とも目されている馬雲（ジャック・マー）も共産党員とのことである。中国最大の資本家をも取り入れるほど党が変貌したともいえるし，新興勢力である民間企業も党が政治的に支配しているともいえる。

民間企業の参入促進 こうして民間企業の発展を妨げる政策・制度上の問題は2000年頃までにかなり解決されたのであるが，それでも民間企業の進出を妨げるような規制はさまざまな業種に残っていた。そこで，中国政府は2005年と10年の2度にわたって民間企業の参入を奨励するという内容の通達を行った。そのなかでは，大学や図書館，病院など，中国では公的な機関が担ってきた分野も民間資本に開放するとしている。また，電力，電気通信，鉄道，航空，石油といった自然独占の産業にも民間企業が資本参加できるとしている。ただ，これらの産業での民間企業の役割は資本参加までが限度であり，民間企業が独占企業になることは許されない。**表8-2**でみたように，2018年の時点でも石油・天然ガス採掘業と鉄道輸送業で民間企業の割合はきわめて低く，民間企業の資本参加が許されているといっても，あまり参入が進んでい

ないのが現状である。また，専売制が敷かれているタバコ産業には民間企業の参入は認められていない。

2015年からは民間企業が参入していい産業を列挙するのではなく，逆に国有企業，民間企業の別を問わず，参入が規制される分野を列挙することで，それ以外の分野は自由化する「ネガティブ・リスト方式」による規制が始まった。2020年版のネガティブ・リストによれば，製造業の場合，食品，化粧品，自動車など19の産業において安全性などの面から審査を受けて認可を得る必要があることが示されている。政府が果たして国有企業と民間企業を差別せずに認可制を運用しているのかという問題は残るものの，自然独占産業を除いては，民間企業を差別する制度は存在しなくなった。

4 民間企業の活発さに関する国際間・地域間の比較

起業に関する国際比較　　中国の法人企業の数は2004年の経済センサスでは325万社だったが，08年には496万社，18年には1857万社とうなぎ上りに増えている。日本の法人企業数は2017年に279万社だったので，人口当たりの企業数ではまだ日本の方が多いものの，中国も急速に民間企業中心の経済になってきていることがこの数字からも裏付けられる（なお，国有企業の数は04年26万社，08年22万社，18年24万社であり，増加したのはもっぱら民間企業であった）。

本書のなかで取り上げてきた中国のさまざまな産業をみても，1980年代から今日までの間に次々と新たな企業が現れ，新興企業が既存の大企業のシェアを上回る「下剋上」が繰り返されてきた。こうした状況からみると，中国では起業活動が盛んなように見受けられるが，果たして国際的にみてもそういえるのであろうか。

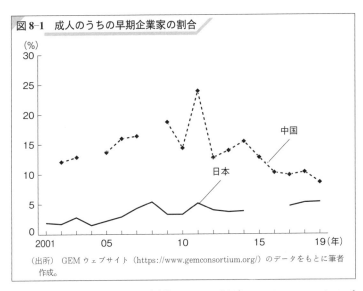

図8-1　成人のうちの早期企業家の割合

(%)

（出所）　GEM ウェブサイト（https://www.gemconsortium.org/）のデータをもとに筆者作成。

　そのことを検証するのに便利なデータがグローバル・アントルプレナーシップ・モニター（GEM）という国際的な研究プロジェクトの調査である。この調査は世界の数十カ国でそれぞれ成人 2000 人以上を対象にアンケート調査を行い，これから**起業**しようとしている人，および起業してから 3 年半以内の人を「早期企業家」と呼んで，その割合を算出している。**図8-1** では調査対象者のなかで早期企業家が占める割合を中国と日本とで比較している。広大な中国でたかだか 2000 人余りの調査であるため，統計的な有意性には疑問が残るものの，2011 年頃までは増加傾向，それ以降は減少傾向という趨勢は，中国の経済成長率の趨勢とも一致している。この調査で，中国は 2011 年には早期企業家の割合が 24.0％ にも及び，この年に調査が行われた 54 カ国中最高であったが，その年は例外的である。2019 年には 8.7％ で，50 カ国中 35 位とあまり高い方ではなくなった。一方，日本は早期企業家の割合が調査対象国のなかでは最も低い部類に属していたが，緩やかに上昇する傾向がみられ，

2019年には中国との差がだいぶ縮まってきた。

　上述のように，2011年の調査では，中国の早期企業家の割合が24.0％であったのに対して，現に企業のオーナーである比率は12.7％で，起業意欲が活発な割には，実際に企業として定着しない，すなわち多くの企業ができてもすぐに消えてしまう「多産多死」の状況にあったとみられる。それが2019年の調査では早期企業家の割合が8.7％だったのに対して，現に企業オーナーである割合が9.3％となっており，ビジネスがより長く持続するようになった。

　中国の早期企業家に一貫してみられる特徴として，他に生計を立てる手段がみつかりにくいので起業する人が多いことが挙げられる。起業する理由としてそうした生計維持動機があったと答えた早期企業家の割合は，2019年の調査では65.8％で，日本の32.7％を大幅に上回った。一方，金持ちになりたいという致富動機に基づいて起業したと答えた早期企業家の割合は中国の場合は48.4％で，日本（48.5％）とほぼ同じである。中国では第3章で指摘した戸籍に基づく労働市場の分断がいまだに完全に払拭されたといえず，そのために生計維持動機から起業する人の割合が高いのである。

民間企業の発展における地域差

起業が生計維持動機に基づくケースが多いため，人口密度が高いが国有企業や農業など他の就業機会に乏しい地域で起業が活発になる傾向がある。また，親戚や友人など身近なところに企業家がいると，その人から刺激を受けたり，さらにそうした企業家から創業に対するアドバイスや援助を受けることで起業が促される側面もある。こうしたことから地域によって創業に対する積極性に大きな差があり，そのことが民間企業の発展における地域差となって現れる。

　実際，人口1万人当たり何社の民間企業があるかを地域別に比較すると（図8-2），地域によって大きな差がある。中国全体では人口

図 8-2 人口 1 万人当たり民間企業数（2018 年）

（社）
400
200
100
50

（出所）国務院全国経済普査領導小組弁公室編 [2020] のデータをもとに筆者作成。

1 万人当たり 125 社の民間企業があるが，北京市は 407 社と最も多い。これに次ぐのが浙江省（232 社），広東省（231 社），江蘇省（220社）である。北京市は首都だからという理由で会社をおく企業が多いのだと思われるが，浙江省，広東省，江蘇省は**5**，**6**でみるように産業集積が多い地域であり，地域社会のなかで互いに影響しあって起業が促進されている。

　一方，人口 1 万人当たりの民間企業数が最も少ないのは吉林省（45 社），黒龍江省（47 社），甘粛省（49 社）である。これらの地域は人口に比べて農地が広大であり（人口当たりの耕地面積は黒龍江省が0.4 ha で全国 1 位，吉林省は全国 3 位，甘粛省は全国 5 位である），かつては比較的多くの国有企業が設立された。そのために生計維持動機に基づく起業があまり活発でなくなったのだろう。

しかし，近年これらの地域では経済の低迷が続いている。2019年の人口1人当たり域内総生産をみると甘粛省が全国で最下位，黒龍江省が2番目に低く，吉林省は4番目に低かった。民間企業が活発でないために所得水準が高まらず，そのためビジネスチャンスが生まれないのでますます起業が不活発になる，という悪循環に陥っている可能性がある。

5 温州における産業集積の発生

産業集積の発生 *2*では，1982年に浙江省温州市で民間企業家が逮捕・投獄される事件があったことにふれた。温州市では，逮捕されるリスクを冒してまで人々が熱心に起業していたのである。温州は海峡を挟んで台湾と向かい合う場所であったため，国有企業の立地が少なく，1980年の段階では農業人口が人口の9割を占めていた。他方で，平地が少なく，人口1人当たりの耕地面積はわずか3a ほどしかなかった。農業以外の就業先がほとんどないのに，農業だけでは食べていけないため，企業活動が厳禁されていた文化大革命の時代から，温州の人々は全国で行商をしたり，「社隊企業」（人民公社や生産大隊が運営する企業）の名義を使って起業したりしていた。

1970年前後に，どこかから石油化学工場で使うバルブの需要があるらしいという情報が温州に伝わってくると，温州市の甌北鎮と永中鎮で数多くの社隊企業がバルブをつくり始めた。2つの町でのバルブ製造はきわめて活発になり，1976年の時点で1069社のバルブ工場を数えるに至った（兪・兪［1995］）。

同様の現象は温州市の他の地域でも起きていた。たとえば，柳市鎮では1972年にある社隊企業が電磁スイッチの生産を開始した

（黄・羅［2002］）。数年後には柳市鎮でスイッチを製造する企業の数は数百社に達していた。この2つの事例をみても，温州の人々が民間企業の存在が許されていなかった時期においてさえきわめて積極的に起業したことがわかる。温州の企業家たちの特徴として，その大多数が農村の出身だということが挙げられる。農村社会では，隣家が何かの事業で成功したからうちも真似する，という形で1つの産業が広まっていく。温州出身の企業家たちから聞いたところでは，彼らは何か儲かる事業をみつけると，その情報を隠したりせずに，周りの人々に積極的に教えるのだそうである。ただ，温州の人々は学校で技術を学んで生産を始めるわけではなく，隣家の模倣から始めるので，劣悪な品質のものが大量につくられることになる。そのため，温州の産業集積から生み出される工業製品は粗悪品，模倣品だとしてたびたび政府の取り締まりの対象となった。

　しかし，悪評や取り締まりのもとでも温州の人々は起業をあきらめようとしなかった。取り締まり強化と激しい競争のなかで多くの企業が退出する一方で，いくつかの企業は生き残って競争力をつけていった。今日では甌北鎮と永中鎮は中国最大のバルブとポンプの産業集積に成長したし，柳市鎮には中国で最も大きなスイッチとブレーカーのメーカーが集まっている。温州にはこのほかにも革靴，アパレル，バッジ，印刷，人造皮革，皮革，不織布，自動車部品，ライター，ボールペン，ボルト・ナット，眼鏡などの産業集積があり，各産業の大企業も輩出している。

　温州市は総人口が930万人（2019年）で，面積が日本の秋田県と同じぐらいある。温州市は297の鎮（および鎮と同レベルの地方政府である郷や街道）に分かれているが，温州の産業集積の多くは1つの鎮にあり，スイッチ・ブレーカーやバルブ・ポンプなど大きな産業集積は3つから4つぐらいの鎮にまたがっている。

産業集積の構造	温州の産業集積は単なる製造業者の集まり

というだけではなく，多くの場合，その中
心には製品を販売する卸売市場がある。卸売市場はその産業集積で
生産された製品を全国の市場へ持っていく商人たちに売る場である。
また，その産業集積で必要とされる部品や材料を調達するための卸
売市場もある。たとえば温州市中心部の鹿城区には革靴の産業集積
があるが，区内には革靴材料の市場もあり，皮革や靴底などが調達
できるのである（本章扉の写真）。大手のメーカーになると，卸売市
場には頼らずに，独自の販売ネットワークを持ち，材料もサプライ
ヤーから直接仕入れるが，小企業は製品を販売したり，材料を調達
したりするのに卸売市場は欠かせない。こうした市場があれば，誰
でも簡単に靴生産に参入できるであろう。

　温州の人々は工場を自ら設立するのに熱心なばかりでなく，商業
にも熱心である。文化大革命の時代においてさえ，温州の人々は行
商人として全国を回っていた。温州の産業集積の多くはそうした行
商人たちからもたらされた情報がきっかけとなって生まれたもので
ある。産業集積の中心にある卸売市場は地元の産業と全国に散らば
る商人たちとを結びつける**プラットフォーム**（Ding［2012］）として
機能している。

　温州の人々は，中小企業の集積，市場を介した工業と商業の結合
という発展のパターンを，移民を通じて中国各地や海外にも広げて
いる。2010 年の人口センサスによれば，温州市に戸籍のある 785
万人のうち 127 万人の人々が温州市以外の場所に住んでいた。外地
に住む温州人たちの多くは自営業など自分の事業を営んでいる。移
住先でも温州人たちは集住してコミュニティをつくっていることが
多い。

　たとえば，北京市の郊外には 1980 年代に温州からの移住者たち
によって「浙江村」と呼ばれる町がつくられた。移住者たちは農家

の庭先にレンガを積み上げて作業場を兼ねた住居を建て，革衣料の縫製業を営んでいた（王春光 [1995]）。この町にある数百社の家内工場で縫製された革衣料は隣接する市場で販売されていたが，そこで店を経営したのも温州人たちだった。浙江村の住民はピーク時には7万人いたといわれるが，北京市政府が何度かにわたって浙江村に対する取り締まりを行ったこともあって，2000年にはこの地域から温州人たちはほとんどいなくなった。1990年代には浙江村と似たような温州人の集住地が西安，天津，瀋陽などにもあり，さらにパリ，モスクワ，ドバイにもあったという。2000年代には深圳市でのゲリラ携帯電話（**第5章8**）の生産に多数の温州人たちが従事していた。

　このように温州人たちは集住して製造と販売の集積をつくるというパターンを最初は温州市の郊外農村で，1990年代以降は中国のいくつかの大都市や海外の都市で繰り返している。こうした発展パターンの展開には共通性があり，それは次のようなプロセスをたどることが多い。

　まずコミュニティのなかで誰かが新しいビジネスで成功する。するとその隣近所の人々が同じ事業に従事することで彼の成功に倣おうとする。たとえば，国有靴メーカーに勤めていた人が1979年に退職して出身地の仙降鎮に戻り，そこで廃物のプラスチックを溶かして靴底をつくり，それと甲革とをはんだゴテでつなげてつくったプラスチック靴をつくり始めた。物不足の時代だったので製品はよく売れて彼はひと儲けしたが，するとその隣人たちが彼の真似をしてプラスチック靴をつくり始めた。5年後の1984年には仙降鎮のプラスチック靴メーカーの数は1500社になり，8000人がそこで働いていた。きわめて多数の新規参入の結果，競争が激化するとともに，粗悪な製品も増えて悪評が高まった。悪評によって需要が減り，利潤率が下がる。するとコミュニティのなかの誰かがこれまでの事

業とは少し異なる事業を始める。それが成功すると周りの人が真似をし始める。たとえば，沙頭鎮では1984年に仙降鎮からプラスチック靴づくりの技術が伝わってきてメーカーが増えたが，プラスチック靴の利潤率低下に直面し，一部の企業がゴム靴の生産に転換し，それが成功するや，沙頭鎮の靴メーカーがみなゴム靴生産に転換した。

　以上のような革新と模倣の繰り返しがあるために温州にはきわめて多様な産業集積が生まれた。温州人たちは地元の温州ばかりでなく，各地で似たような集積をつくりだしている。温州大学の張一力らによれば，もともとボタンやジッパーの産業集積で有名だった橋頭鎮からは5000人以上が広東省に移住し，そこでアパレルや革製品の国際的ブランドの代理商を営んでいるし，花旦鎮の出身者の多くは中国各地でスーパーマーケットを経営しているという（張一力・倪・余 [2011]）。

　以上のような発展パターンは温州人たちのきわめて強い企業家精神の産物であるが，中国の民間企業発展の典型的なパターンを示している。すなわち，起業家たちは創業の時にきわめて限られた資金と人的資本しか持っておらず，身近な人の成功に倣おうとして自分で事業を始める。温州には，起業に対するハードルを低くするさまざまな条件もある。まず，温州には製品を販売し，材料を調達する卸売市場があるので，物のつくり方は何とか覚えたが販売についてわからない人，あるいはその逆の人でも簡単に事業が興せる。また中国経済が急成長している時には，新規参入した企業でも拡大する市場のパイの一部を獲得できる可能性があるので起業が容易になる。これらの条件が揃った場合には事業を始めることに対するハードルはきわめて低くなる。つまり，資金や技術がなくても誰でも資本家になれる「**大衆資本主義**」の状況が生じ，起業がきわめて活発になるのである（丸川 [2013]）。

ただ，2010年代に中国の経済成長が鈍化しだすと，市場の獲得が以前ほど容易ではなくなってきた。図8-1でみたように，早期企業家の割合が減ってきているのもその影響だと考えられる。

　このように，中国における起業への熱意は2010年代に下がる傾向があるが，政府の政策の面ではむしろ近年になって創業の促進が本格的に取り組まれるようになった。すなわち，2014年に中国政府は「大衆創業，万衆創新」というスローガンを掲げ，大衆による起業と，それによるイノベーションの推進に力を入れるようになったのである。それ以前の産業政策のテーマは，各産業で大企業への集中度を高めることであり，品質や生産性に劣る中小企業は淘汰すべき対象としかみなされていなかった。しかし，2014年以降「小微企業」の振興が政策課題となっている。なお，中国での企業の分類基準は，鉱工業の場合，「小企業」は従業員数300人未満，「微企業」は従業員20人未満とされているので，「小微企業」は日本でいう中小企業と同じとみてよい。

　ハイテク産業での起業を促進するために中国の各都市では「コワーキングスペース（衆創空間）」と呼ばれるシェアオフィス・作業場が不動産会社，大学・研究機関，インターネット企業などによってつくられ，これから起業しようとする人々に比較的安い賃料で提供されている。そこでは創業を促進するためのイベントや，投資や融資の仲介といったサービスが提供され，有望な起業家に対する地方政府の補助金も出されている（伊藤［2019］）。

6 各地の産業集積

　温州でみられるような，近隣の人々の間で知識や技術やノウハウが交換されることを通じて**産業集積**が形成され，発展していくとい

うメカニズムは，19世紀末にイギリスの経済学者マーシャルが指摘したものである（Marshall [1920]）。しかし，中国では民間企業の産業集積には模倣や粗悪品といったネガティブなイメージが付きまとっており，政府は積極的に支援してこなかった。だが，21世紀に入ってから，欧米でのクラスター論の隆盛に刺激されて，中国でも産業集積の意義を見直す機運が高まった（王緝慈 [2001]）。2014年に政府が打ち出した「大衆創業，万衆創新」はそうした産業集積観の転換を政策に定着させるものである。

　気がつけば温州だけでなく中国のさまざまな地域に産業集積が存在していた。製靴やライター，眼鏡といった，比較的構造が簡単で，小規模な企業でも生産できる製品の集積は浙江省や広東省などを中心に各地に存在する。また，自動車組立工場とその周囲の部品サプライヤーというように大規模な企業どうしが連携する産業集積も上海市や広州市などに存在する。北京の中関村と呼ばれる文教地区にはパソコン関連の企業，ソフトウェア会社，販売店などが集積し，さらに大学からスピンオフしたさまざまな分野のベンチャー企業もあり，複合的な産業集積になっている。

　ここではこれら3つのタイプの産業集積のうち，第1のタイプ，すなわち温州にみられるような産業集積が中国全体でどこにどれぐらいあるかを検証する。こうしたタイプは「産地型産業集積」と呼ばれ（橋本 [1997]；中小企業庁 [1998]），日本では福井県鯖江市の眼鏡産業や新潟県燕市の金属洋食器産業などが典型的である。その特徴は比較的狭いエリアに同業種の中小企業が多数集まっていることである。

　中国の鎮（および鎮と同レベルの行政体である郷や街道）は面積50 km^{2}前後，人口数万人で，鯖江市や燕市を一回り小さくしたような規模であることが多い。多くの産地型産業集積は1つの鎮ないし隣接する2，3の鎮に存在する。ここでは2004年の経済センサス

を用いて産業集積をみつけていく。ミシガン大学の中国データセンターではこのセンサスで調査された企業法人のデータを業種ごと，郵便番号ごとに集計し，「中国2004年経済普査電子地図（China 2004 Economic Census Data with ZIP Maps）」として提供している。郵便番号の地域ごとに鎮の名前が付されており，郵便番号はおおむね1つの鎮と対応しているようである。そこで，1つの郵便番号がカバーする地域を1つの鎮とみなし，そこに1業種の企業が何社あるかを数えた。業種の分類は，2002年に改訂された「国民経済産業分類」の4桁分類に従っている。この産業分類は国際標準産業分類（ISIC/Rev.3）を参考にしてつくられており，第1次，第2次，第3次産業合わせて889業種に分類されている。4桁分類だと，たとえば洋食器製造業や眼鏡製造業がそれぞれ1つの業種として数えられている。

　そして1業種の企業が一定数を超えた場合にそこを当該業種の産業集積とする。この一定数は，業種全体の企業数に応じて変化し，たとえば全国の同業種の企業数が300社であれば，全国の5%（15社）以上が1つの鎮に集まっていればそこを産業集積とみなすし，全国の企業数が1万社ある場合には1.03%（103社）以上集まっているところを産業集積とみなす。より詳しくは丸川［2019］を参照されたい。

　こうした方法によって析出された産業集積の数は製造業632カ所，サービス業320カ所，鉱業23カ所，その他4カ所であった。**図8-3**は製造業の産業集積632カ所を中国の地図上に点で表したものである。なかでも最も多いのが浙江省（186カ所）で，浙江省のなかでは温州市（57カ所），その北に隣接する台州市（36カ所），寧波市（27カ所）がとくに多い。省レベルでは，浙江省に続いて，江蘇省（107カ所），広東省（86カ所），山東省（54カ所），河北省（49カ所），河南省（37カ所），福建省（34カ所）が多い。一方，西部や東北部に

図 8-3　中国の産業集積の分布（製造業）

（出所）　China 2004 Economic Census Data with ZIP Maps のデータをもとに筆者作成。

は 1 つも産業集積がない省もあるし，ある場合でもきわめて少ない。

　表 8-4 は 632 カ所の産業集積のうち，1 つの郵便番号地域で 1 業種の企業数が 400 を超えるものをリストアップした。ここに挙げられたものは各産業で大きな影響力と長い歴史を持っているが，ここでは 3 つだけ紹介しよう。

　単一の産業集積で規模が最も大きいのが温州市楽清市の柳市鎮，白石街道，北白象鎮にまたがる配電スイッチ，制御盤などの産業集積である。隣接する鎮や業種の企業を合計すると全部で 1700 社以上に上る大きな産業集積となっている。これは前項で述べた，1972 年に柳市鎮に誕生した電磁スイッチのメーカーを発端としており，80 年代には多数の中小企業の集まりであったが，90 年に政府が生産許可証を持たないメーカーを市場から締め出す政策を強化したことをきっかけに正泰集団，徳力西集団など大手企業への集中が進んだ。許可証を持たない中小メーカーはこれら大手メーカーのブランドと許可証を利用するために合弁企業をつくるなどして大手のグル

表 8-4　企業数 400 社以上の産業集積

業　種	企業数	所在地
配電スイッチ・制御盤	928	浙江省温州市楽清市柳市鎮・白石街道
織物衣料	904	福建省泉州市石獅市湖濱街道
自動車部品	890	浙江省台州市玉環県珠港鎮
革靴	839	福建省泉州市晋江市陳埭鎮
綿・化繊製品	818	河北省保定市高陽県高陽鎮
ボルト・バネ	642	河北省邯鄲市永年県永合会鎮
綿・化繊紡織加工	546	江蘇省常州市武進市湖塘鎮
織物衣料	526	福建省泉州市晋江市英林鎮
絹紡織	505	江蘇省蘇州市呉江市盛沢鎮
ナイフ・ハサミ	501	広東省陽江市江城区南恩街道
織物衣料	459	広東省広州市増城市新塘鎮
綿・化繊紡織加工	458	重慶市沙坪壩区回龍壩鎮
プラスチック板管型材	450	山東省煙台市萊州市路旺鎮
包装品印刷	427	浙江省温州市蒼南県龍港鎮
電子部品	421	浙江省温州市楽清市虹橋鎮
日用プラスチック製品	419	浙江省台州市黄岩区城関鎮
包装品印刷	407	広東省潮州市潮安県庵埠鎮
自動車部品	402	浙江省温州市瑞安市塘下鎮

（出所）　China 2004 Economic Census Data with ZIP Maps のデータをもとに筆者作成。

ープに入り，大手メーカーが急速に拡大した（丸川 [2004a]）。

　中国の北方地域で最大のものは，河北省保定市高陽県の綿・化繊織物産業である。この産業は県の中心地である高陽鎮をはじめとして県内の広い地域に広がり，県全体で織物業に従事する人は 12 万人に及ぶという。高陽県での織物生産は長い歴史があるが，とくに20 世紀初頭に高陽県の企業家たちによって日本で開発された足踏み式の木鉄混製織機を用いた綿織物業が広がった。中華人民共和国成立後は国有化・公有化が行われ，繊維産業の伝統はタオル工場や捺染工場に引き継がれた。1980 年代以降，往時の産地を取り戻すように織物業が大きく発展した（Grove [2006]）。

　広東省で最大の産業集積は陽江市の刃物産業である。その起源は南北朝時代にさかのぼるといわれるが，それが全国に知られるよう

になったのは 1920 年代のことである。1950 年代に刃物業者たちは
集団所有制企業に組織され，のちに国有企業に統合された。改革開
放期に入ると国有企業から人材がスピンアウトして民営の刃物メー
カーを創業し，やがて国有企業は淘汰されて，多数の民営の刃物メ
ーカーによる産業集積を形成した（丸川 [2009]）。

おわりに 第 2 次・第 3 次産業のうち 8 割の業種は民
間主導になっているし，就業者の 73% が
民間企業に就業している。しかし，ともすると中国は国有企業が中
心の経済だとみなされてしまう。それは中国を代表し，他の企業に
も影響を与えるような民間企業が存在してこなかったことも影響し
ている。本章でみたように，民間企業の重要性は全体数から国有企
業や外資系企業など他のタイプの企業を除いた「その他」としてし
か浮かび上がってこない。各産業のなかでも主要企業が国有企業や
外資系企業で占められるなかで，民間企業はその他多数のマイナー
の企業であることが多かった。

　しかし，そうした民間企業のイメージは大きく変化しつつある。
第 5 章でみたように，今や中国を代表するハイテク企業は通信では
ファーウェイ（華為技術），生命科学では BGI（華大基因）などの民
間企業である。また，株式上場企業のなかで時価総額が最も大きい
のはテンセント，次いでアリババであり，これらも民間企業である。
百度，アリババ，テンセント，そしてファーウェイは BATH とも
略称され，アメリカの GAFA（Google, Apple, Facebook, Amazon）
と並び称される。BATH は新興ベンチャー企業に投資して育成し
ており，ハイテク産業の成長を促進する役割を担っている。

　中国政府が 2009〜10 年に Google や Facebook などを中国市場
から締め出したこともあり，コミュニケーションのツールとしての
ウィーチャット（微信），ネット検索の百度，ネット商取引のアリ

ババ，モバイル決済のテンセントやアリババは，それぞれの分野で
非常に高いシェアを持つようになった。これらの企業は優越的地位
を背景として，たとえばアリババに出店した小売業者に対して他社
のサイトへの出店を認めないといった独占的行為も目立ってきた。
2020年12月の共産党の経済政策に関する会議で「反独占の強化と
資本の無秩序な拡張の防止」がテーマの1つとなったことは，民間
企業の行き過ぎた独占的行為に歯止めをかける意向を示す。ただ，
21世紀のインフラともいうべきインターネットやモバイルの分野
を民間企業が占めている状況に対して，「国有化」ではなく「反独
占」という方向でメスを入れるということであれば，経済が民間主
導で発展していく趨勢には変化はないであろう。

高所得国時代の課題

砂漠化を食い止めるために植えられた灌木（2019 年，甘粛省）

➜ Keywords

持続可能性　　資本主義　　所得格差　　社会主義　　資本蓄積メ
カニズム　　南北問題　　天然資源の呪い　　一帯一路　　二酸化
炭素　　高所得国

はじめに　2020 年に中国および世界は新型コロナウイルスという新たな脅威にさらされ，多くの死者が出て，経済も落ち込んだ。中国はこのウイルスと最初に対峙したため，1〜2 月に武漢で多くの犠牲者が出たが，武漢を封鎖し，そこに全国の医療資源を投入するという徹底した封じ込め策が功を奏し，4 月にはほぼ正常な日常を回復できた。1〜3 月には GDP 成長率が対前年同期比でマイナス 6.8% と大きく落ち込んだ経済は V 字回復し，2020 年全体では 2.3% と，主要国のなかでは唯一プラス成長を実現した。**第 1 章**では，中国が 2024 年には世界銀行の分類における高所得国になるだろうと予測したが，コロナ禍の影響を加味しても，この予測を変える必要はないと考える。

とはいえ，これから 10〜20 年の中国およびそれを取り巻く世界はなお不安に満ちている。中国に対する世界の懸念は，第 1 に，中国経済の成長が持続可能かどうか，第 2 に，地球環境が果たして中国の経済成長を支えられるか，第 3 に，中国はアメリカをはじめとする世界と安定的な関係を持続できるか，という 3 点に集約されよう。ここではこれらの懸念について簡単に検討しておきたい。

1 中国経済の持続可能性と所得格差問題

持続可能性を考える枠組み　中国経済の全体像を明らかにすることを目指す類書に比べての本書の特徴は，経済の供給側に話題を絞ったことである。すなわち，中国をさまざまな財やサービスを生み出す巨大なマシーンと見立て，その燃料ともいうべき生産要素（労働，資本，技術）の供給能力を検討し，さらにマシーンを駆動するエンジンともいうべき企業（国有企業，外資系企業，民間企業）の状況を検討した。

一国の GDP は，その国の経済が持つ供給能力を長期にわたって超えることはできないので，供給側をみればその国が持つ潜在的な成長の可能性がわかる。しかし，供給能力があっても，生み出される財やサービスに対する需要がないと能力を十分に発揮できない。

ただ，世界経済に与える影響が小さい小国の場合であれば，国内の需要が足りないことを心配する必要はあまりない。国内の需要が十分でなくても広い世界経済のなかで必ず販売先はみつかるからである。改革開放期の中国も供給能力のはけ口を外国への輸出に求めることで，経済成長を続けてきた。しかし，2008〜09年のリーマン・ショックを端緒とする世界同時不況によって中国も輸出の大幅な減少に見舞われた。**第7章の図7-1**は，その時期を機に中国が輸出への依存を低下させていることを示している。

これはすなわち中国が国内需要主導の経済成長パターンに転換したことを意味しているが，そうなると国内需要が果たして持続的に成長するかどうかということが問題になってくる。

本書全体の整理を兼ねて，中国経済の**持続可能性**を考えるうえで考慮すべき要素を図式としてまとめたのが**図終-1**である。

本書で取り上げたのは主に図の左側の諸要素である。

第3章で取り上げた労働供給は，経済成長を規定する重要な要素である。それは人口によって制約されるが，中国の場合は労働市場制度や戸籍制度の影響も大きい。

全要素生産性はこれからの中国の経済成長で最も重要な要素となる。技術の発展（**第5章**）が全要素生産性を押し上げる重要な要因となるが，国有企業の改革（**第6章**），外資系企業の進出とそこからの技術のスピルオーバー（**第7章**），そして民間企業の発展（**第8章**）などの制度改革や企業発展も重要な要因である。また，農業から第2次・第3次産業への労働移動や，斜陽産業の国有企業のリストラなどを通じた産業構造調整も全要素生産性を引き上げる。教育の普

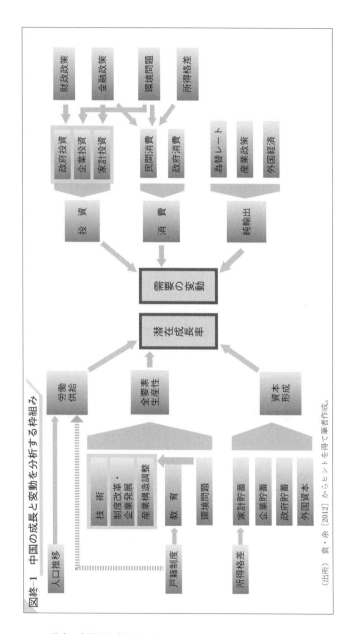

図終-1 中国の成長と変動を分析する枠組み

（出所）袁・余［2012］からヒントを得て筆者作成。

及による労働者の能力向上も重要である。

資本形成は，家計，企業，政府の貯蓄によって制約されるが（第4章），外国資本の流入はその制約を緩和するのに役立つ。

図終-1の右側，すなわち需要側については，第7章において，中国が為替レートの引き下げ，外資の導入，二重貿易体制の採用などによって輸出を拡大してきたことを明らかにした。以下では右側の残る2つの要素，すなわち投資と消費の関係について俯瞰的に議論したい。

資本主義と社会主義

近代以降の経済発展とは，財やサービスの生産に機械を導入するプロセスであった。人間や家畜の肉体を使った作業を耐久性のある機械による作業に置き換える過程がすなわち近代産業の発展であり，そのプロセスは今や人間の脳を使う作業もコンピュータや人工知能に置き換えるところまで進んでいる。機械化が進むとともに，機械を据え付ける工場，機械に電気や熱や水を供給する施設，機械化された工場から大量に生み出される財を保管・輸送する施設などもつくられる。これらすべてを指して「資本」と呼ぶのであるが，その特徴は一定の年月の間使用されつづけることである。近代以降の経済発展とは，投資によって資本がどんどん蓄積されるプロセスだといえる。

資本主義とは，個人の致富動機を動力として資本蓄積を進めていく社会の仕組みである。人は金持ちになるために投資をして企業をつくり，金持ちになってもその金をすべて消費するのではなく，ますます大金持ちになるためにさらに企業に投資する。しかし，誰もが企業家として成功できるわけではないので，資本主義は必然的に**所得格差**をもたらす。致富動機が強く，才能や運にも恵まれた資本家が金持ちになり，資本家のもとで労働者として雇われるしか生きていくすべのない人々との間の所得格差が開いていく。

マルクスとエンゲルスは，このような体制は持続不可能だと考え

た。一方では資本家が致富動機に駆り立てられて資本を蓄積するので、社会の生産力はどんどん高まる。だが、他方では大勢の労働者が搾取されていて貧しいため、高まった生産力によって生産された財を十分に消費できないのである。この矛盾は周期的な恐慌によって企業が倒産し生産力の一部が破壊されることで一時的には解決されるものの、そのたびに少数の資本家のもとに資本が集中し、最後には資本主義という体制自体が持続不可能になる、と彼らは論じた（エンゲルス［1883］）。

しかし、資本主義はマルクスとエンゲルスが持続不可能とみてから今日まで150年以上存続している。それは資本蓄積が進むなかで労働力が不足する局面が出現し、賃上げを求める労働運動が高まって賃金が上昇し、さらには国家が福祉政策を通じて高齢者や低所得者に所得を再配分することによって投資と消費のバランスが回復されたからである。なかでも第2次世界大戦後に先進国の間では、生産性の上昇、賃金の上昇、大衆消費の拡大がバランスよく進行する体制（フォード主義）が形成され、それは資本主義を延命させることに貢献した（リピエッツ［1987］第2章）。

一方、マルクスとエンゲルスの理論に基づいて構築された**社会主義**は、資本家の致富動機の代わりに社会全体、すなわち国家の力で資本蓄積を進める仕組みであった。中国の計画経済のもとでは、労働者や農民は生存水準ぎりぎりにまで搾取され、国家のもとに強力に資金が集中されて資本蓄積が進められていった（**第2章**）。しかし、この体制は2つの理由で持続不可能であった。第1に、労働者と農民の生活水準が長く向上せず、フォード主義が波及した周辺の資本主義世界（日本、韓国、台湾、香港）との差が開くばかりであった。第2に、資本主義国と違って、人々の生活向上の役に立たない資本、すなわち軍事工業や内陸部の重工業ばかりが蓄積されていった。

改革開放期の初期に、この2つの問題に対する対策が行われた。

第1の問題に対しては労働者と農民の収入を引き上げるために賃金と価格が調整され，これによって投資と消費の適度なバランスを回復しようとした（**第4章**）。第2の問題に対しては，1979年から81年までの短期間ではあったが，軽工業と繊維工業に対して原燃料，投資，外貨の計画配分を優先する政策がとられた（江［1996］；辻［2000］）。それと並んで重要だったのは，人々が致富動機に基づいて起業し，資本家になることが許容されるようになったことである。

過剰投資　それ以来，中国では資本蓄積の2つのメカニズムが回りつづけている。一方では，多い時には中国の成人の1割以上が資本家になろうとして起業してきた（**第8章**）。他方では，国家がGDPの2割近くの金額を徴税などを通じて集中し，インフラなどに投資している（**第4章**）。また，1990年代後半の厳しい雇用削減を経て収益力を回復した国有企業たちも積極的に投資をしている（**第6章**）。

　こうして中国では資本主義的な**資本蓄積メカニズム**と，社会主義的な資本蓄積メカニズム（国家と国有企業）の両輪によって資本蓄積を推し進めてきた。GDPに占める投資（資本形成）の割合は1979〜2000年の時期にも平均36％と高かったが，21世紀に入るといっそう上昇し，03年以降はずっと40％を上回っている。中国政府は投資の比率が高すぎるという問題意識を持ち，第11次5カ年計画（2006〜10年）では「国内需要，なかでも消費需要を重視し，消費と投資，内需と外需が協調して経済を引っ張る構造に転換する」としていた。

　ところが，2008〜09年のリーマン・ショックで中国の輸出が大幅に減少すると，そのショックの影響を和らげるため，中国政府は4兆元の公共投資を実施することで経済の回復を図った。中央政府は鉄道や空港，道路といったインフラだけでなく，とくに低所得者向けの安価な住宅を大量に建設することで国民の消費拡大につなが

るような公共投資を目指した。さらに，地方政府も地方経済を振興して景気の回復を図るためだとして傘下に多数の投資会社（いわゆる「融資プラットフォーム」）を設立し，それが発行する社債を銀行に引き受けさせるなどして資金を引き出し，住宅や公共施設などの都市開発を進めた（梶谷［2011a］）。GDP に占める投資の割合は 2010 ～13 年の間 48% となり，消費の割合と接近した。資本が過剰に蓄積され，投資の効率が低下してきた（梶谷［2018］）。

投資拡大は同時に金融機関からの債務の拡大をもたらした。金融機関を除く企業と個人の債務は 2011 年末の 145% から 16 年初めの 202% へ急速に高まった（BIS［2020］）。債務の急拡大に危機感を持った中国政府は 2015 年末に債務拡大を抑える方針をとり，その頃から投資の伸び率が下がった。GDP に占める投資の割合も 2019 年には 43% に下がった。

所得格差

中国の GDP に占める投資の割合が高い，言い換えれば消費の割合が低いのは所得格差のせいでもある。つまり，マルクスとエンゲルスが資本主義の死に至る病だとみた所得格差や過剰資本蓄積という問題に中国もさいなまれている。ということは，中国の現在の経済体制を長持ちさせるには所得格差を緩和する努力が必要だということになろう。

一般に 1 つの国の所得格差を測る指標にジニ係数というものがある。完全に平等な状態が 0，完全に不平等（つまり一国の所得が 1 人の人に集中している）な状態を 1 とする。中国のジニ係数は 1985 年の 0.331 から 2003 年には 0.479 と不平等化の一途をたどってきた（**表終-1**）。その後さらに不平等化が進み，2008 年には 0.491 となっている。これは同じ年の韓国（0.314），アメリカ（0.378），ロシア（0.428）や 2009 年の日本（0.321）より不平等で，メキシコ（0.489）やブラジル（0.536）など中南米諸国に近い（UNU-WIDER［2020］）。

しかし，この 2008 年をピークに，その後は所得格差がやや縮ま

表終-1　中国の家計所得のジニ係数

年	係数	年	係数	年	係数
1985	0.331	2006	0.487	2013	0.473
1990	0.357	2007	0.484	2014	0.469
1998	0.403	2008	0.491	2015	0.462
2001	0.448	2009	0.490	2016	0.465
2003	0.479	2010	0.481	2017	0.467
2004	0.473	2011	0.477	2018	0.468
2005	0.485	2012	0.474	2019	0.465

（注）　2001 年のみ支出ベース，ほかは所得ベース。
（出所）　1985, 90, 98 年：World Bank Poverty Monitoring Database
　　　2002；2001 年：World Bank, World Development Indicators 2004；
　　　2003〜12 年：国家統計局長記者会見記録 2013 年 1 月 18 日（中国国家統
　　　計局ウェブサイト）；2013〜19 年：CEIC。

る傾向を示し，15 年には 0.462 まで下がった。その後は同じような
水準で横ばいである。

　このような所得格差の推移は，中国の所得格差をもたらす最大の
要因である都市と農村の所得格差の動きと対応している。都市と農
村の 1 人当たり所得の比率は，2000 年には都市が農村の 2.74 倍だ
ったのが，07 年には 3.14 倍まで拡大したが，その後は減少に転じ，
19 年には 2.64 倍となっている。

　所得格差が 2008 年以降縮小傾向にあるということは**表終-1** に示
した国家統計局の統計だけでなく，統計局の調査サンプルの一部を
利用し，収入のなかに帰属家賃を入れるなど独自の集計を行った中
国所得分配課題組（CHIP）の研究（李ほか［2017］）も同様の結論を
得ている。後者によれば，ジニ係数は 2007 年の 0.486 から 13 年の
0.433 へ，かなり大幅に下がっているのである。

　もっとも，インターネット企業の創業者や時おり摘発される汚職
政治家が膨大な所得を得ているのをみると，所得格差が縮小傾向に
あるというのは本当だろうかと疑問に思う人もいるだろう。ごく少
数しかいない大金持ちは統計局のサンプルから漏れている可能性が

高いし，仮に富裕層が調査の対象になったとしても彼らは調査の情報が当局に漏れて課税されることを恐れて所得を正直に答えない可能性がある。そこで『フォーブス』誌などで公開されている大金持ちの所得の情報を利用して富裕層の所得や数を推計すると，2007年から13年にかけてジニ係数がかえって上昇している可能性も指摘できる（羅・史・李［2017]）。

　しかし，2007年以降の労働市場の変化や政策の動向から，所得格差が縮小している可能性も十分に考えられる。第1に，第3章でみたように農村の余剰労働力が枯渇してきたことを背景に農村からの出稼ぎ労働者の賃金が急上昇しており，都市の労働者の賃金との差も徐々に縮まりつつある。第2に，2004年から食糧生産農家に補助金が給付されるようになり（第3章），07年以降，社会保険制度が農村をカバーするようになるなど（第4章），農村への補助が手厚くなっている。第3に，2000年に「西部大開発」の政策が始まり，財政支出においても地域差が縮小してくるなど（第4章），政府の財政支出において地域格差の縮小に意が用いられてきた。以上のことからみて，中国で所得格差が縮小していても不思議ではない。これはまた「クズネッツの逆U字仮説」，すなわち所得水準が上昇するとともに所得格差は最初のうちは拡大するが，やがて縮小に転じるという経験則とも合致するのである（中兼［2012]）。

　中国政府がとくに力を入れてきたのは農村の貧困の削減であった。2006年に農業税が完全に廃止される一方，農村の貧困世帯に対する最低生活保障給付が行われるようになった（宝剣・佐藤［2017]）。習近平政権になってから2020年までに農村の貧困人口を一掃することを目指して政策が推進された結果，21年1月に国家統計局は中国の農村から貧困が一掃されたと発表した（国家統計局［2021]）。ここでいう貧困人口とは，政府が決めた貧困ライン以下の所得しかない人々のことを指す（鮮・王・呉［2016]）。そのラインは「2つの

ことに困らず，3つの保障が得られる（両不愁，三保障）」水準，すなわち食事と衣服に困らず，義務教育，基本医療，住宅の安全が満たされる水準である。食事に関しては1人が1日に2100 kcalと60 g前後のたんぱく質を摂取でき，エンゲル係数は53.5%とされている。2010年価格で1人1年2300元の収入によってこの基準に達するとされるが，高地と寒冷地では基準が1.1倍になる。この基準で測ると，1978年の農村貧困人口は7億7039万人で，その時の農村人口の実に97.5%が貧困だったが，それが2020年には完全にゼロとなったというのである。

以上のように，都市と農村，沿海部と内陸部の格差は政策の作用もあって縮小してきたが，近年新たな「**南北問題**」が浮上してきた。その問題は，2015年と19年の各省の1人当たりGDPを比較すると浮かび上がってくる。この4年間に中国全体では1人当たりGDPが名目ベースで（＝つまり物価の変化による影響を加味しない，という意味）41%増えており，中国のほとんどの地域でも同様に増えている。ところが，黒龍江省，吉林省，遼寧省，内モンゴル自治区，天津市の5地域ではこの4年間に1人当たりGDPが名目ベースで5〜16%減少しているのである。この期間，2016年に遼寧省が実質2.5%のマイナス成長を記録した以外は，マイナス成長に陥った地域はない。では，なぜ1人当たりGDPが減少したのかというと，これらの地域ではいずれもそれ以前に地方GDPの水増しが行われていたからである。

2016〜19年の間に積年の水増し分が訂正され，これら5地域のGDPが名目ベースで減少した。その結果，天津市は2015年には1人当たりGDPが全国の31の省・市・自治区のトップであったのが7位に後退し，内蒙古は6位から11位へ，遼寧省は9位から15位へ，吉林省は12位から28位へ，黒龍江省は21位から30位へ下がった。これまで中国の最貧地域というと西南部の貴州省，雲南省，

チベット自治区だと思われていたのが，統計を修正した結果，実は東北部の吉林省と黒龍江省の方がこれらよりも貧しいことが明らかになった。しかも5地域は，訂正を経たのちのGDPの実質成長率も低迷している。統計の粉飾をはぎとってみたら，貧しくて停滞する北部と，豊かで成長する南部に二極分化しているという現実が露わとなった。この問題が今後どのように推移するのか，いかなる政策がとられるのかが注目される。

2 中国経済の世界的影響

輸出大国化のインパクト

第1章では2030年代には中国がアメリカを抜いて世界一の経済大国になるだろうと予測した。他の国にとって重要なのは計算のうえで中国の経済規模がアメリカより大きいかどうかというよりも，貿易と投資においていずれの方がより重要かということであろう。その面では中国は2021年時点ですでに世界一の経済大国になっている。貿易額をみると，2013年以降（16年を例外とすると）中国がアメリカを上回る状況が続いているからである。2018年の貿易データをみると，統計が得られる世界の201カ国・地域のうち日本を含む139カ国・地域は中国との貿易額の方がアメリカとの貿易額より多い。つまり，これらの国・地域にとってすでに中国の方が「経済大国」なのである。

2018年の場合，中国は輸出が2.5兆ドル，輸入が2.1兆ドル，アメリカは輸出が1.7兆ドル，輸入が2.6兆ドルで，中国は大幅な貿易黒字，アメリカは大幅な貿易赤字である。中国の輸出の95％は工業製品であり，膨大な工業製品の輸出は各国で製造業の衰退を招いている。たとえば南アフリカでは1990年から2010年の間に製造

業の就業者数が 35 万人減ったが，そのうち 10 万人分は衣服，履物，家具などの中国製品の輸入拡大が原因だという（Jenkins and Edwards［2012］）。また，アメリカでは 1999〜2011 年の間に中国からの輸入増加が原因で製造業の雇用が 200 万〜240 万人失われたという推計もある（大橋［2020］）。中国製品の輸入や小売によって生まれる雇用や，安価な中国製品が供給されることによって消費者の実質所得が増大し消費が拡大して生まれる雇用なども考慮すれば，中国からの輸入によってアメリカ全体として雇用が失われたかどうかは疑わしい。ただ，製造業が重要産業である地域で雇用が失われ，地域経済が衰退し，そうした地域に住む人々が 2016 年の大統領選挙で中国からの輸入に対する関税の大幅な引き上げを公約とするトランプ候補に投票する現象がみられたようである。つまり，中国の輸出大国化がトランプ氏を大統領の地位に押し上げ，トランプ大統領は実際に 2018 年 7 月より中国からの輸入品に対する 25% の追加関税をかけるなど激しい対中貿易戦争を始めた。トランプ政権は 2020 年をもって終わったが，2021 年春の時点で米中貿易戦争はいまだ終結していない。中国が工業製品の輸出大国でありつづける限り，失業や不況と中国からの輸入とが結び付けられて中国が攻撃にさらされるリスクはアメリカに限らず世界中で存在しつづけるであろう。中国は，アメリカをはじめとする貿易相手国との安定的な関係を構築するために腐心せざるをえない。

輸入大国化のインパクト　アメリカも工業製品の輸出大国であるが，これまで世界経済の中心としてやってこれたのは，1 つにはアメリカが輸入大国でもあって他国に輸出拡大のチャンスを提供してきたという事情があるだろう。そのひそみに倣うべく，中国政府は国際輸入博覧会を 2018 年から毎年開催するようになった。

　ただ，中国の輸入もまた問題をはらんでいる。中国の輸入は 1 次

表終−2 中国向け輸出の比率が高い国・地域とその主要輸出品目

(単位：%)

	2000	2005	2010	2015	2018	主要輸出品目 第1位品目（割合）		第2位品目(割合)			
世　界	3	6	8	9	10	—		—			
南スーダン				100	94	原油	100				
モンゴル	49	52	85	83	89	石炭	51	銅鉱	32		
ソロモン諸島	13	45	64	63	68	木材	87				
トルクメニスタン	0	0	22	59	62	天然ガス	98				
コンゴ	10	35	25	28	59	原油	95				
北朝鮮 2)	3	36	55	81	58	石炭	52	衣服	25		
アンゴラ	23	35	40	42	58	原油	97				
香港特別行政区	34	45	52	56	55	金	25	銅のくず	15		
コンゴ民主共和国	0	9	42	40	48	コバルトのマット	60	精製銅	15		
ギニア	2	0	2	1	44	アルミニウム鉱	100				
エリトリア	0	2	7	32	44	亜鉛鉱	67	銅鉱	33		
オマーン	31	26	29	40	40	原油	92				
ニューカレドニア	0	6	4	33	37	フェロニッケル	63	酸化ニッケル	29		
イエメン	20	42	30	40	36	原油	98				
オーストラリア	5	12	25	32	35	鉄鉱	43	天然ガス	11	石炭	10
チ　リ	5	12	24	26	34	銅鉱	36	精製銅	32		
ミャンマー	6	7	3	39	33	天然ガス	23	その他	21	すず鉱	15
ラオス	2	4	27	34	33	銅鉱	29	その他	20	木材	11
赤道ギニア	25	22	6	17	33	原油	63	天然ガス	21		
モーリタニア	1	16	40	34	32	鉄鉱	64	銅鉱	25		
ガボン	8	5	7	11	30	原油	65	マンガン鉱	24		

（注）　1　主要輸出品目の数字は，中国のその国からの総輸入額に占める割合。
　　　　2　北朝鮮の輸出は 2017 年以降激減している。主要品目の項目では 15 年の主要品目を示している。
（出所）　中国への輸出比率は UNCTADStat，中国への主要輸出品目は UNComtrade より中国側輸入統計。

産品の比率が高いのが特徴で，2019 年にはその比率は 35% と，アメリカの輸入における 1 次産品の比率（16%）よりも大幅に高かった。中国の輸入に関する懸念は，中国市場への依存度を急速に高めている国が少なくないことである。**表終−2** には輸出全体に占める中国向け輸出の割合が 30% を超えている 21 カ国・地域を列挙した。これらの国々の特徴は輸出が中国に集中しているだけでなく，それが原油，天然ガス，石炭，鉄鉱石，銅鉱石など特定の 1 品目に集中していること，および 21 世紀に入ってから中国への依存度を急速に高めていることである。

中国市場への依存度が高い国は，中国国内での景気変動によって大きな影響を受けるであろう。たとえば中国の鉄鋼業の動向によって鉄鉱石の価格が激しく変動し，鉄鉱石の輸出国の経済全体が大きく動揺する。また，インドネシア，ブラジル，南アフリカなど，工業が発達しているが，1次産品の輸出も多い国々において，中国に向けた1次産品の輸出が拡大した結果，輸出における1次産品の比率がかえって高まる傾向もみられる（丸川［2018］）。

　発展途上国が1次産品の輸出に特化し，モノカルチャー経済になることの弊害は第2次世界大戦後からたびたび指摘されてきた。プレビッシュとシンガーは1950年に1次産品の工業製品に対する交易条件が悪化する傾向があるので，1次産品の輸出に特化することは長期的には不利であると論じた（Prebisch［1950］；Singer［1950］）。その後，1970年代に原油価格が急騰して産油国が富裕化したため，この議論はいったん忘れられかけたが，2001年にサックスとワーナーが1次産品輸出国は長期的にみれば経済成長率が低いことを示し，この現象を「**天然資源の呪い**」と呼んだ（Sachs and Warner［2001］）。いずれの議論も，途上国の長期的な成長のためには1次産品への依存から脱却し，工業化することを勧めるものとなっている。中国も**第7章**でみたように1980年代前半には石油と石炭の輸出にかなり依存していたが，その後工業製品の輸出国に転換したことによって今日の発展があると考えると，その中国が1次産品輸出国の役割を他国に押し付ける構造になっているのは問題ではないだろうか。

経済大国としての責任　中国は輸出大国・輸入大国として他国に大きな影響を及ぼしており，その影響は必ずしもプラスのものばかりではない。中国は自国経済の巨大化によって起きる影響に対する責任を引き受ける必要がある。たとえば，中国製品の輸入によって雇用に影響が及んでいる国に対しては投資に

よって雇用機会を創出したり，中国への1次産品輸出によってモノカルチャー化している国に対しては工業化を後押しする援助を行うといった協力をすべきである。

　中国の習近平国家主席が2013年に提唱した「**一帯一路**」構想，すなわち「シルクロード経済ベルトと21世紀海上シルクロード」を共同建設する構想は中国が投資と援助を通じて他国の発展を推進する意思を示すものであった（伊藤［2018］）。当初はユーラシア大陸を陸上と海上のルートで結び付けるため，「沿線国」における港湾や鉄道や道路などのインフラの建設を中国からの投資や援助によって推進するという内容であった。だが，その後，「一帯一路」構想の対象が全世界に拡大し，その内容もインフラ建設だけでなく，発電所の建設から，医療・衛生での協力，文化交流なども盛り込まれるようになった。中国はそうした広範囲な協力を推進するという内容の「一帯一路」覚書を各国と次々と交わしている。2021年1月末現在，アフリカ46カ国，アジア37カ国，ヨーロッパ27カ国，太平洋11カ国，南米8カ国，中米・カリブ海11カ国との覚書が締結された（中国一帯一路網［2021］）。

　対象国が世界に広がり，協力の内容も広がったことで「一帯一路」とは何なのかがかえって曖昧になった。覚書を交わした相手である140カ国をみると，次のことが指摘できる。第1に，「一帯一路」覚書の相手国にはGDP世界1位のアメリカ，3位の日本，4位のドイツ，5位のインドなど，GDPが大きい国が含まれていない。相手国のなかでGDPが最大なのはイタリア（8位）であり，それに次ぐのがロシア（11位），韓国（12位）である。つまり，経済大国である中国が経済小国に協力の手を差し伸べるという構図になっている。第2に，「一帯一路」構想はTPP（環太平洋パートナーシップ協定）に対抗するために打ち出されたともいわれるが，TPPとの決定的な違いは，「一帯一路」が中国と対象国の2国間関係の

束にすぎず，対象国相互間の経済連携の拡大に配慮されていないことである。140 カ国と覚書を交わしたからといって，それらが全体として「広域経済圏」を形成するという展開は，今の枠組みを前提とするとまず考えられない。

こうした点からみて，「一帯一路」は EU や TPP のようなブロックを形成するものではないので，過度に警戒する必要はない。「一帯一路」覚書には，投資や援助や文化交流を含めた広い意味での「経済協力」を推進する意向を示すという以上の実質的な意味はないようである。中国はもっと国際的に通用する言葉によって自らの意図を説明する努力をすべきであろう。

二酸化炭素排出大国としての責任

中国の経済大国化は同時に**二酸化炭素**の排出拡大のプロセスでもあった。国際エネルギー機関（IEA）の推計によれば中国は 2006 年にアメリカを抜いて世界最大の二酸化炭素排出国となり，18 年の時点で中国は世界全体の二酸化炭素排出量の 28% を占めるに至っている（IEA［2021］）。1997 年には気候変動枠組条約の第 3 回締約国会議（COP3）で主要国による温室効果ガス削減の目標を定めた京都議定書が採択されたが，その時点では，中国はまだ発展途上国であるという理由で排出削減の目標を定めなかった。その後，2011 年に制定された第 12 次 5 カ年計画（11〜15 年）のなかで，中国政府は初めて二酸化炭素排出の抑制に関する目標を定めた。それは GDP 1 単位当たりの二酸化炭素排出量を 2015 年には 10 年に比べて 17% 削減するという目標であった。実際には，GDP はこの 5 年間に 1.46 倍に拡大したが，二酸化炭素排出量の伸びは 1.16 倍にとどまったため，GDP 1 単位当たりの排出量は 20% 削減された。

2015 年には気候変動枠組条約の第 21 回締約国会議（COP21）が開かれ，この時は中国やインドも参加して世界各国が 30 年の排出目標を定めるパリ協定が締結された。中国が約束したのは 2030 年

の GDP 1 単位当たりの二酸化炭素排出量を 05 年に比べて 60〜65% 削減することであった。ただ，2030 年の中国の GDP は 05 年の 5 倍以上に拡大すると見込まれるので，仮にこの目標が実現しても，中国の排出量は 2 倍以上に拡大することになる。

第 13 次 5 カ年計画（2016〜20 年）では GDP 1 単位当たりの二酸化炭素排出量を 18% 削減することを目標にしている。この 5 年間の GDP 成長率は年 6.5% を目途としているので，それを前提とすると，二酸化炭素排出量は年 2.4% 弱の伸びにとどめる必要がある。2019 年までの実績では年 1.9% の伸びにとどまっているので，5 カ年計画の目標も実現できそうである。ただ，日本など先進国がすでに二酸化炭素排出量を減らす局面に入っていることを考えると，世界一の排出国である中国にはさらに踏み込んだ目標の設定が望まれるところである。

中国は，二酸化炭素の排出削減に役立つ再生可能エネルギーの導入については，すでに多大な努力を傾注してきた。たとえば風力発電の設備容量をみると 2018 年末に中国は 211 GW で，アメリカ（97 GW），ドイツ（60 GW），日本（3.6 GW）に大きな差をつけて世界 1 位だし，太陽光発電の設備容量も 2018 年末には 175 GW で，やはりアメリカ（62 GW），日本（56 GW），ドイツ（45 GW）に大きな差をつけて世界 1 位である。また，電気自動車の販売台数では中国が世界の半分以上を占め，2019 年には中国の乗用車の新車販売台数の 10% が電気自動車だった。ただ，こうした一連の努力も，石炭という二酸化炭素排出量が多い資源に 1 次エネルギー供給の 7 割近くを依存するという現実によって相殺されてしまっている。脱石炭のペースを速めることこそ中国の二酸化炭素排出削減のために必要だが，それはエネルギー・コストの上昇をともなうため，経済成長を鈍化させる可能性がある。

本書執筆時点で中国は**高所得国**入りを目前にしている。読者が本書を手にとる頃にはすでに高所得国入りしているかもしれない。高所得国になり，間もなく世界最大の GDP を持つ中国には世界経済の安定的発展のために大きな責任が課せられることになろう。1次産品に依存する発展途上国の問題や，二酸化炭素の排出増大による地球環境の問題に中国がどのような建設的役割を果たせるかが問われることになる。

　第2次世界大戦後，経済的には突出した超大国となったアメリカは，世界の経済的繁栄と安定を支える基盤としての GATT/WTO や IMF などを支えたり，巨大市場として途上国からの輸入に門戸を開くなど大きな役割を果たしてきた。中国がそうした役割を次第に分担していくことになるだろうが，主役交代の内容やペースをめぐってアメリカと歩調が合わないと大きな国際摩擦に発展する恐れがある。アメリカのトランプ政権は WTO の機能を半ばマヒさせたり，世界保健機関（WHO）やパリ協定から離脱するなど超大国としての責任をほとんど放棄したが，それも主役交代という大きな流れがもたらした波紋であった。

　ただ，共産圏と自由主義圏が世界で陣地争いを繰り広げていた東西冷戦時代に比べれば，今は「中国ブロック」なるものはそもそも存在しないし，平和の維持，貿易を通じた繁栄の維持，地球環境問題への対処といった基本線では，アメリカと中国の立場に大きな隔たりはない。中国が高所得国へ向かって経済成長を続けることは，世界が直面するさまざまな問題に対して対処する手段をより豊かにするのであって，それが必然的に世界を危機に陥れるようなものではないということを最後に強調したい。

　有斐閣の柴田守さんから本書執筆のお誘いをいただき，執筆方針を決めたのは 2006 年のことだった。その後，何度か書き始めては挫折し，最終的に書き始めたのが 2011 年の東日本大震災直後のことである。それから足かけ 2 年かかって執筆を終え，2013 年 7 月に本書の初版を刊行した。

　初版では，中国の経済成長を引っ張るのは工業であるから，その工業力を解明することを主眼にした。実際，予想したとおりに中国の工業はますます巨大化していったのであるが，その結果，初版を書いた時点ではあまり予期していなかった 2 つの重大な変化が生じた。

　第 1 に，工業に労働力を豊富に供給してきた農村において，余剰労働力が枯渇してきたことである。その結果，農村では大規模な農業経営体が出現している。中国はいわゆる「ルイスの転換点」を過ぎつつあり，農業セクターと資本主義セクターが融合し始めている。工業に対して受動的に労働力を提供するだけだった農業が，資本主義的な農業に生まれ変わり，新たな成長産業になろうとしている。新版では，そうした現状を報告するために，第 3 章のタイトルも内容も大幅に変更した。

　第 2 に，中国の経済力が強くなったことによって，アメリカが中国に対して強烈なライバル心を持つようになったことである。中国の政治体制はアメリカや日本と異なる共産党一党支配のもとにあるが，そうした異質な国が強大な経済力を持ち始めていることにアメリカをはじめとする自由民主主義諸国が強い警戒心を抱いている。米中関係は今後かなり長期間にわたって不安定な状態が続く恐れがある。経済の面からこの問題をどう考えるかは，新版の終章に書い

たが，中国のますますの台頭のなかで世界が安定へ向かうのか，不安定に向かうのかは予測が難しい。

「現代中国経済」は発展しつづけるテーマである。研究対象自体が発展をしつづけるからである。もし10年後に本書を書き直す機会があるとすれば，今日ではまだ十分に重要性がわかっていない新たな分野について1章を設ける必要が出てくるかもしれない。

また，現在や過去のことに関する知識や資料も次第に増えていく。中国では言論と報道の自由が保障されていないので，現在の政策の背後における意見や利害の対立といったことはなかなかわからない。とりわけ，第6章で取り上げた国有企業に関しては近年公開されるデータがかえって減った側面もあり，現状を客観的にとらえることが難しい。しかし，時が経過するなかで，かつては手に入らなかった情報やデータがいろいろなルートからにじみ出てくることがある。たとえば，第2章で取り上げた「三線建設」は，それが実施されていた時期には秘密とされていたが，1980年代から関連情報が出始め，2010年代に至るまで資料が増え続けている。

したがって，本書の内容は不断に更新されていくべきものである。もし読者が本書の記述のうち現状と違っている点をみつけた場合には，ぜひそこから新たな現代中国経済論を発展させてほしい。筆者としても指摘があれば訂正していきたいと思っている。

なお，本書の以下の章は，筆者がこれまでに発表した論考に一部依拠している。

第3章　Tomoo Marukawa, "Regional Unemployment Disparities in China," *Economic Systems*, Vol. 41, No. 2, 2017.

第5章　Tomoo Marukawa, "'Catch-Down' Innovation in Developing Countries," Yukihito Sato and Hajime Sato eds., *Varieties and Alternatives of Catching-up: Asian Development in the Context of the 21st Century*, Palgrave MacMillan, 2016; 丸川知雄「移動通信技術の発展と中国の台頭」『比較経済体制研究』第 26 号，2020 年。

第 6 章　Tomoo Marukawa, "The Evolution of China's Industrial Policy and 'Made in China 2025'," Arthur Ding and Jagannath Panda eds., *Chinese Politics and Foreign Policy under Xi Jinping: The Future of Political Trajectory*, Routledge, 2020.

第 8 章　丸川知雄「中国北方地域の産業集積」『社会科学研究』第 70 巻第 2 号，2019 年

終　章　Tomoo Marukawa, "The Economic Nexus Between China and Emerging Economies," *Journal of Contemporary East Asia Studies*, Vol. 6, No. 1, 2017.

　本書の刊行にあたっては多くの方々のサポートを得てきた。筆者が 2012 年以来責任者を務めている東京大学の現代中国研究拠点のメンバーの皆さんからは数々の研究会などの場を通じて多くの知識をインプットさせていただいている。とりわけ拠点を支えてきた伊藤亜聖氏，河野正氏，山浦由佳氏にはお世話になってきた。

　また，初版に続き，粘り強く原稿を待ってくださった有斐閣の柴田守さん，長谷川絵里さんには深く感謝申し上げたい。初版に続いてこの新版も大きく羽ばたいていってほしい。

　2021 年 5 月 17 日

丸 川　知 雄

引用・参考文献

● **日本語文献**（50 音配列）

赤木昭夫・佐藤森彦［1975］『中国の技術創造』中央公論社

浅岡善治［2017］「ソヴィエト政権と農民──『労農同盟』理念とネップの運命」松戸清裕・浅岡善治・池田嘉郎・宇山智彦・中嶋毅・松井康浩編『ロシア革命とソ連の世紀 1──世界戦争から革命へ』岩波書店

アジア経済研究所編［1982］『中国の貿易──1978 年』（アジア経済研究所統計資料シリーズ第 36 集）アジア経済研究所

天児慧［2004］『巨龍の胎動──毛沢東 VS 鄧小平』（中国の歴史 11）講談社

飯島渉・澤田ゆかり［2010］『高まる生活リスク──社会保障と医療』（叢書・中国的問題群 10）岩波書店

飯田賢一［1979］『日本鉄鋼技術史』東洋経済新報社

池上彰英［2009］「農業問題の転換と農業保護政策の展開」池上彰英・寶劔久俊編『中国農村改革と農業産業化』（アジ研選書 No.18 現代中国分析シリーズ 3）アジア経済研究所

池上彰英［2012］『中国の食糧流通システム』御茶の水書房

石井明［1990］「中ソ関係──一巡した紛争サイクル」岡部達味編『中国をめぐる国際環境』（岩波講座現代中国 第 6 巻）岩波書店

石井摩耶子［1998］『近代中国とイギリス資本──19 世紀後半のジャーディン・マセソン商会を中心に』東京大学出版会

石島紀之［1978］「国民党政権の対日抗戦力──重工業建設を中心に」野沢豊・田中正俊編集代表『講座中国近現代史　第 6 巻 抗日戦争』東京大学出版会

石原享一［1991］「中国の多重価格」石原享一編『中国経済の多重構造』アジア経済研究所

イスラーム，ナズール＝戴二彪［2009］「全要素生産性成長率の推定──第二アプローチの応用」ナズール・イスラム＝小島麗逸編『中国の再興と抱える課題』勁草書房

伊藤亜聖［2018］「中国・新興国ネクサスと『一帯一路』構想」末廣昭・田島俊雄・丸川知雄編『中国・新興国ネクサス──新たな世界経済循環』東京大学出版会

伊藤亜聖［2019］「コワーキングスペース──中国『衆創空間』の事例」木村公一朗編『東アジアのイノベーション──企業成長を支え，起業を生む〈エコシステム〉』作品社

今井健一［2008］「『持株会社天国』としての中国──市場経済化のなかの国有持株会社の役割」下谷政弘編『東アジアの持株会社』ミネルヴァ書房

今井健一［2009］「国有資本のプレゼンスと経営支配の変革」ナズール・イスラム＝小島麗逸編『中国の再興と抱える課題』勁草書房

今井健一・渡邉真理子［2006］『企業の成長と金融制度』（シリーズ現代中国経済

4）名古屋大学出版会

岩田弘［1964］『世界資本主義——その歴史的展開とマルクス経済学』未来社

上垣彰［2017］「社会主義的工業化——理念・実績・評価」松戸清裕・浅岡善治・池田嘉郎・宇山智彦・中嶋毅・松井康浩編『ロシア革命とソ連の世紀 2 スターリニズムという文明』岩波書店

上原一慶［1987］『中国の経済改革と開放政策——開放体制下の社会主義』青木書店

上原一慶［1995］「中国国有企業改革の現状——行政・企業関係を中心に」丸山伸郎編『アジア社会主義諸国の体制転換と経済協力の課題——国有企業民営化のゆくえ』アジア経済研究所

上原一慶［2009］『民衆にとっての社会主義——失業問題からみた中国の過去，現在，そして行方』青木書店

宇野重昭・小林弘二・矢吹晋［1986］『現代中国の歴史 1949〜1985——毛沢東時代から鄧小平時代へ』有斐閣

海老名誠・伊藤信悟・馬成三［2000］『WTO 加盟で中国経済が変わる』東洋経済新報社

袁堂軍［2010］『中国の経済発展と資源配分 1860-2004』東京大学出版会

エンゲルス（大内兵衛訳）［1946］『空想より科学へ——社会主義の発展』岩波書店（Engels, F.［1883］*Die Entwicklung des Sozialismus von der Utopie zur Wissenshaft*）

王京濱［2011］「金融制度の変遷——銀行業と株式市場を中心に」中兼和津次編『改革開放以後の経済制度・政策の変遷とその評価』（NIHU 現代中国早稲田大学拠点 WICCS 研究シリーズ 4）早稲田大学現代中国研究所

大石嘉一郎編［1975］『日本産業革命の研究——確立期日本資本主義の再生産構造 上』東京大学出版会

大泉啓一郎［2007］『老いてゆくアジア——繁栄の構図が変わるとき』中央公論新社

大島一二［2008］「農業」『中国総覧 2007〜2008 年版』ぎょうせい

大島一二［2011］「持続可能な農業の構築に関わる企業の取り組み——山東省「朝日緑源」の事例」『アジ研ワールドトレンド』第 193 号

大橋英夫［2003］『経済の国際化』（シリーズ現代中国経済 5）名古屋大学出版会

大橋英夫［2020］『チャイナ・ショックの経済学——米中貿易戦争の検証』勁草書房

岡本三郎［1971］『日中貿易論』東洋経済新報社

岡本隆司［2013］「明清——伝統経済の形成と変遷（15〜19 世紀）」岡本隆司編『中国経済史』名古屋大学出版会

奥村宏［1984］『法人資本主義——「会社本位」の体系』御茶の水書房

小原篤次・神宮健・伊藤博・門闖編［2019］『中国の金融経済を学ぶ——加速するモバイル決済と国際化する人民元』ミネルヴァ書房

何立新［2008］『中国の公的年金制度改革——体制移行期の制度的・実証的分析』東京大学出版会

郭永興［2011］「中国委託加工貿易の制度変革（1979〜2008）」『アジア経済』第

52 巻第 8 号

梶谷懐 ［2011a］『現代中国の財政金融システム──グローバル化と中央・地方
　関係の経済学』名古屋大学出版会

梶谷懐 ［2011b］「財政制度改革と中央─地方関係」加藤弘之・上原一慶編『現
　代中国経済論』（シリーズ・現代の世界経済 2）ミネルヴァ書房

梶谷懐 ［2018］『中国経済講義──統計の信頼性から成長のゆくえまで』中央公
　論新社

梶谷懐・加島潤 ［2013］「近現代──国民国家形成の試みと経済発展（20 世紀〜
　現代）」岡本隆司編『中国経済史』名古屋大学出版会

加島潤 ［2012］『中国計画経済期財政の研究──省・直轄市・自治区統計から』
　（現代中国研究拠点研究シリーズ No.10）東京大学社会科学研究所

加島潤 ［2018］『社会主義体制下の上海経済──計画経済と公有化のインパクト』
　東京大学出版会

加藤弘之 ［1997］『中国の経済発展と市場化──改革・開放時代の検証』名古屋
　大学出版会

加藤弘之・渡邉真理子・大橋英夫 ［2013］『21 世紀の中国 経済篇 国家資本主義
　の光と影』朝日新聞出版

神原達編 ［1991］『中国の石油産業』アジア経済研究所

木崎翠 ［1995］『現代中国の国有企業──内部構造からの試論』（現代中国研究叢
　書 32）アジア政経学会

清川雪彦 ［1984］「日本織物業における力織機化の進展をめぐって」『経済研究』
　第 35 巻第 2 号

清川雪彦 ［1995］『日本の経済発展と技術普及』東洋経済新報社

清川雪彦 ［2009］『近代製糸技術とアジア──技術導入の比較経済史』名古屋大
　学出版会

久保亨 ［1995］『中国経済 100 年のあゆみ──統計資料で見る中国近現代経済史
　（第 2 版）』創研出版

久保亨 ［2009］『20 世紀中国経済史の探求』信州大学人文学部

久保亨 ［2011］『社会主義への挑戦 1945-1971』（シリーズ中国近現代史④）岩波
　書店

久保亨・加島潤・木越義則 ［2016］『統計でみる中国近現代経済史』東京大学出
　版会

久保亨・土田哲夫・高田幸男・井上久士 ［2008］『現代中国の歴史──両岸三地
　100 年のあゆみ』東京大学出版会

倉澤治雄 ［2020］『中国，科学技術覇権への野望──宇宙・原発・ファーウェイ』
　中央公論新社

栗林純夫 ［1991］「中国の二重経済発展」『アジア研究』第 37 巻第 3 号

グレゴリー，P.・R.＝ R.・C.・スチュアート（吉田靖彦訳）［1987］『ソ連経済
　──構造と展望（第 3 版）』教育社

黒田篤郎 ［2001］『メイド・イン・チャイナ』東洋経済新報社

厳善平 ［2009］『農村から都市へ──1 億 3000 万人の農民大移動』（叢書　中国的
　問題群 7）岩波書店

呉軍華［2008］『中国 静かなる革命──官製資本主義の終焉と民主化へのグランドビジョン』日本経済新聞社

黄燐［2003］「流通業」丸川知雄編『中国産業ハンドブック 2003-2004 年版』蒼蒼社

小島末夫［2012］「プラント契約問題」服部健治・丸川知雄編『日中関係史 1972-2012 Ⅱ 経済』東京大学出版会

小島麗逸［1997］『現代中国の経済』岩波書店

小島麗逸編［1988］『中国の経済改革』勁草書房

樹中毅［2005］「レーニン主義からファシズムへ──蒋介石と独裁政治モデル」『アジア研究』第 51 巻第 1 号

金野雄五・丸川知雄［2013］「対外開放の政策と結果」上垣彰・田畑伸一郎編『ユーラシア地域大国の持続的経済発展』ミネルヴァ書房

蔡昉（丸川知雄監訳、伊藤亜聖・藤井大輔・三並康平訳）［2019］『現代中国経済入門──人口ボーナスから改革ボーナスへ』東京大学出版会

佐伯真也・広岡延隆・岡田達也［2020］「米中半導体ウォーズ──踏み絵迫られる日本の針路」『日経ビジネス』11 月 2 日

坂本和一［2005］『鉄はいかにしてつくられてきたか──八幡製鐵所の技術と組織 1901〜1970 年』法律文化社

佐川英治［2013］「田制」岡本隆司編『中国経済史』名古屋大学出版会

佐藤昌一郎［2003］『官営八幡製鉄所の研究』八朔社

澤田ゆかり［2020］「福祉と経済」上村泰裕編『新 世界の社会福祉 第 7 巻 東アジア』旬報社

産能大学 VE 研究グループ（土屋裕監修）［1998］『新・VE の基本──価値分析の考え方と実践プロセス』産業能率大学出版部

塩地洋・孫飛舟・西川純平［2007］『転換期の中国自動車流通』蒼蒼社

志田仁完［2017］「ヤミ経済──計画経済のなかの『市場経済』」松戸清裕・浅岡善治・池田嘉郎・宇山智彦・中嶋毅・松井康浩編『ロシア革命とソ連の世紀 3 冷戦と平和共存』岩波書店

斯波義信［1997a］「北宋の社会経済」松丸道雄・池田温・斯波義信・神田信夫・濱下武志編『世界歴史大系 中国史 3 五代〜宋』山川出版社

斯波義信［1997b］「元の社会経済」松丸道雄・池田温・斯波義信・神田信夫・濱下武志編『世界歴史大系 中国史 3 五代〜宋』山川出版社

志村治美・奥島孝康編［1998］『中国会社法入門──進む企業改革と経営近代化』日本経済新聞社

末廣昭［2000］『キャッチアップ型工業化論──アジア経済の軌跡と展望』名古屋大学出版会

末廣昭・田島俊雄・丸川知雄編［2018］『中国・新興国ネクサス──新たな世界経済循環』東京大学出版会

鈴木智夫［1992］『洋務運動の研究──一九世紀後半の中国における工業化と外交の革新についての考察』汲古書院

鈴木義一［2017］「社会刷新の思想としての計画化──ロシアにおけるその形成過程と思想的源流」松戸清裕・浅岡善治・池田嘉郎・宇山智彦・中嶋毅・松

井康浩編『ロシア革命とソ連の世紀 1 世界戦争から革命へ』岩波書店

栖原学 [2014]「近代経済成長の挫折——ソ連工業の興隆と低迷」『比較経済研究』第 51 巻第 1 号

関山健 [2012]「対中 ODA の開始」服部健治・丸川知雄編『日中関係史 1972-2012 Ⅱ 経済』東京大学出版会

曽田三郎 [1994]『中国近代製糸業史の研究』(汲古叢書 3) 汲古書院

園田茂人・新保敦子 [2010]『教育は不平等を克服できるか』(叢書 中国的問題群 8) 岩波書店

高橋弘臣 [2013]「紙幣」岡本隆司編『中国経済史』名古屋大学出版会

武田友加 [2011]『現代ロシアの貧困研究』東京大学出版会

田島俊雄 [1990]「中国の経済変動——大躍進・小躍進と経済改革」『アジア経済』第 31 巻第 4 号

田島俊雄 [1998]「中国・台湾 2 つの開発体制——共産党と国民党」東京大学社会科学研究所編『20 世紀システム 4 開発主義』東京大学出版会

田島俊雄 [2000]「中国の財政金融制度改革——属地的経済システムの形成と変容」中兼和津次編『現代中国の構造変動 2 経済——構造変動と市場化』東京大学出版会

田島俊雄 [2005]『20 世紀の中国化学工業——永利化学・天原電化とその時代』(東京大学社会科学研究所研究シリーズ No.17) 東京大学社会科学研究所

田島俊雄・江小涓・丸川知雄 [2003]『中国の体制転換と産業発展』(社会科学研究所全所的プロジェクト研究 No.6) 東京大学社会科学研究所

田中信行 [2009]「中国株の急落と株式会社の改革」『中国研究月報』第 63 巻第 3 号

田畑伸一郎編 [2008]『石油・ガスとロシア経済』(スラブ・ユーラシア叢書 3) 北海道大学出版会

中小企業庁 [1998]『平成 10 年版 中小企業白書』中小企業庁

張一力・倪婧・余向前（丸川知雄訳）[2011]「地域的な企業家クラスターの形成メカニズムの分析——温州の商人集団に基づく研究」『社会科学研究』第 63 巻第 2 号

辻美代 [2000]「繊維産業——輸出振興政策の帰結」丸川知雄編『移行期中国の産業政策』アジア経済研究所

ディケーター，F.（中川治子訳）[2011]『毛沢東の大飢饉——史上最も悲惨で破壊的な人災 1958-1962』草思社

唐成 [2005]『中国の貯蓄と金融——家計・企業・政府の実証分析』慶應義塾大学出版会

内藤二郎 [2011]「財政体制改革の再検証と評価」中兼和津次編『改革開放以後の経済制度・政策の変遷とその評価』(NIHU 現代中国早稲田大学拠点 WICCS 研究シリーズ 4) 早稲田大学現代中国研究所

中兼和津次 [1992]『中国経済論——農工関係の政治経済学』東京大学出版会

中兼和津次 [1999]『中国経済発展論』有斐閣

中兼和津次 [2010]『体制移行の政治経済学——なぜ社会主義国は資本主義に向

かって脱走するのか』名古屋大学出版会

中兼和津次［2012］『開発経済学と現代中国』名古屋大学出版会

中川淳司［2013］『WTO――貿易自由化を超えて』岩波書店

中田良一［2009］「日本の家計貯蓄率の長期的な動向と今後の展望」『季刊政策・経営研究』Vol.1

中屋信彦［2009］「中国における株式会社――『社会主義市場経済』と株式会社」細川孝・桜井徹編『転換期の株式会社――拡大する影響力と改革課題』ミネルヴァ書房

橋本寿朗［1997］「『日本型産業集積』再生の可能性」清成忠男・橋本寿朗編『日本型産業集積の未来像――「城下町型」から「オープン・コミュニティー型」へ』日本経済新聞社

波多野善大［1961］『中国近代工業史の研究』東洋史研究会

浜勝彦［1987］『鄧小平時代の中国経済』亜紀書房

浜勝彦［1995］『中国――鄧小平の近代化戦略』アジア経済研究所

濱下武志［2002］「政治」松丸道雄・池田温・斯波義信・神田信夫・濱下武志編『世界歴史大系 中国史5 清末～現在』山川出版社

濱島敦俊［1999a］「明代前期の社会と経済」「商業化――明代後期の社会と経済」松丸道雄・池田温・斯波義信・神田信夫・濱下武志編『世界歴史大系 中国史4 明～清』山川出版社

濱島敦俊［1999b］「漢民族の拡大――清代前期の社会と経済」松丸道雄・池田温・斯波義信・神田信夫・濱下武志編『世界歴史大系 中国史4 明～清』山川出版社

浜野潔・井奥成彦・中村宗悦・岸田真・永江雅和・牛島利明［2009］『日本経済史 1600-2000 歴史に読む現代』慶應義塾大学出版会

林幸秀［2013］『科学技術大国 中国――有人宇宙飛行から，原子力，iPS細胞まで』中央公論新社

林幸秀［2019］『中国の宇宙開発――中国は米国やロシアにどの程度近づいたか』アドスリー

速水佑次郎［1995］『開発経済学――諸国民の貧困と富』創文社

原田忠夫編［1995］『中国における生産財流通――商品と機構』アジア経済研究所

范丹［2019］「中国農業経営における労働力利用――四川省の現地調査に基づいて」『社会科学研究』第70巻第2号

日臺健雄［2017］「農業集団化――コルホーズ体制下の農民と市場」松戸清裕・浅岡善治・池田嘉郎・宇山智彦・中嶋毅・松井康浩編『ロシア革命とソ連の世紀2 スターリニズムという文明』岩波書店

平野勝洋［1984］「国際収支動向と外資利用」石川滋総括主査『中国経済の中長期展望』日中経済協会

福田慎一［2015］『「失われた20年」を超えて』NTT出版

古澤賢治［1993］『中国経済の歴史的展開――原蓄路線から改革・開放路線へ』ミネルヴァ書房

古松崇志［2013］「宋遼金～元――北方からの衝撃と経済重心の南遷（10～14世

紀）」岡本隆司編『中国経済史』名古屋大学出版会

宝剣久俊［2017］『産業化する中国農業——食料問題からアグリビジネスへ』名古屋大学出版会

方勇（丸川知雄訳）［2011］「産業集積，外資向け下請と地場企業の技術進歩——昆山の外資向け下請産業群の事例」『社会科学研究』第 63 巻第 2 号

ボリーソフ，О. Б. = Б. Т. コロスコフ（滝沢一郎訳）［1979］『ソ連と中国——友好と敵対の関係史 上』サイマル出版会

松井康浩［2017］「スターリン体制の確立と膨張」松戸清裕・浅岡善治・池田嘉郎・宇山智彦・中嶋毅・松井康浩編『ロシア革命とソ連の世紀 2 スターリニズムという文明』岩波書店

松村史穂［2011］「1960 年代半ばの中国における食糧買い付け政策と農工関係」『アジア経済』第 52 巻第 11 号

丸川知雄［1990］「家電産業の産業政策」『中国の産業構造と経済発展戦略』日中経済協会

丸川知雄［1993］「中国の『三線建設』（Ⅰ・Ⅱ）」『アジア経済』第 34 巻第 2，3 号

丸川知雄［1999］『市場発生のダイナミクス——移行期の中国経済』アジア経済研究所

丸川知雄［2000］「中小公有企業の民営化——四川省のケース」『中国研究月報』第 626 号

丸川知雄［2002］『労働市場の地殻変動』（シリーズ現代中国経済 3）名古屋大学出版会

丸川知雄［2003］「中国自動車産業のサプライヤー・システム——歴史的分析」『アジア経済』第 44 巻第 5，6 号

丸川知雄［2004a］「温州産業集積の進化プロセス」『三田学会雑誌』第 96 巻第 4 号

丸川知雄［2004b］「波導公司」国際貿易投資研究所『中国の成長企業——中国の地場企業の現状と今後の見通し』日本貿易振興機構

丸川知雄［2007］『現代中国の産業——勃興する中国企業の強さと脆さ』中央公論新社

丸川知雄［2008］「奇瑞と吉利——中国系自動車メーカーの海外展開」丸川知雄・中川涼司編『中国発・多国籍企業』同友館

丸川知雄［2009］「広東省のステンレス食器産業集積」丸川知雄編『中国の産業集積の探求』（現代中国研究拠点 研究シリーズ No.4）東京大学社会科学研究所

丸川知雄［2010］「中国経済は転換点を迎えたのか？——四川省農村調査からの示唆」『大原社会問題研究所雑誌』第 616 号

丸川知雄［2013］『チャイニーズ・ドリーム——大衆資本主義が世界を変える』筑摩書房

丸川知雄［2018］「中国との貿易が新興国経済に与えるインパクト」末廣昭・田島俊雄・丸川知雄編『中国・新興国ネクサス——新たな世界経済循環』東京大学出版会

丸川知雄［2019］「中国北方地域の産業集積」『社会科学研究』第 70 巻第 2 号

丸川知雄［2020a］「中国の産業政策の展開と『中国製造 2025』」『比較経済研究』第 57 巻第 1 号

丸川知雄［2020b］「中国は米中貿易戦争を乗り越えられるか？」『世界経済評論』第 64 巻第 3 号

丸川知雄［2020c］「移動通信技術の発展と中国の台頭」『比較経済体制研究』第 26 号

丸川知雄［2021］「計画経済下の中国における孤立社会──『上海小三線』における生産と生活」『アジア研究』第 67 巻

丸川知雄・安本雅典編［2010］『携帯電話産業の進化プロセス──日本はなぜ孤立したのか』有斐閣

丸川知雄・李海訓・徐一睿・河野正［2021］『タバコ産業の政治経済学』昭和堂

丸橋充拓［2013］「魏晋南北朝〜隋唐五代──南北分立から南北分業へ（3〜10 世紀）」岡本隆司編『中国経済史』名古屋大学出版会

丸山伸郎［1988］『中国の工業化と産業技術進歩』アジア経済研究所

南亮進［1970］『日本経済の転換点──労働の過剰から不足へ』創文社

南亮進［1990］『中国の経済発展──日本との比較』東洋経済新報社

南亮進・本台進［1999］「企業改革と分配率の変動」南亮進・牧野文夫編『大国への試練──転換期の中国経済』日本評論社

南亮進・馬欣欣［2009］「中国経済の転換点──日本との比較」『アジア経済』第 50 巻第 12 号

峰毅［2017］『中国工業化の歴史──化学の視点から』日本僑報社

宮宅潔［2013］「先史時代〜秦漢──古代帝国の形成と分解（〜3 世紀）」岡本隆司編『中国経済史』名古屋大学出版会

毛里和子［1989］『中国とソ連』岩波書店

百本和弘［2007］「奇瑞汽車・吉利汽車」天野倫文・大木博巳編『中国企業の国際化戦略──「走出去」政策と主要 7 社の新興市場開拓』ジェトロ

森時彦［2001］『中国近代綿業史の研究』京都大学学術出版会

門闖［2011］『中国都市商業銀行の成立と経営』日本経済評論社

山岡茂樹［1996］『開放中国のクルマたち──その技術と技術体制』日本経済評論社

山田七絵［2020］『現代中国の農村発展と資源管理──村による集団所有と経営』東京大学出版会

湯之上隆［2009］『日本「半導体」敗戦』光文社

吉岡英美［2010］『韓国の工業化と半導体産業──世界市場におけるサムスン電子の発展』有斐閣

吉田昌夫［1985］「中間・適正技術論の系譜とその現代アフリカにおける妥当性」『アジア経済』第 26 巻第 5 号

李春利［2005］「自動車──国有・外資・民営企業の鼎立」丸川知雄・高山勇一編『グローバル競争時代の中国自動車産業（新版）』蒼蒼社

李蓮花［2020］「（中国）制度の概要」上村泰裕編『新 世界の社会福祉 第 7 巻 東アジア』旬報社

リピエッツ，A.（若森章孝・井上泰夫訳）［1987］『奇跡と幻影——世界的危機とNICS』新評論（Lipietz, A.［1985］*Mirages et miracles: Problèmes de l'industrialisation dans le tiers monde*）

レーニン［1959］「共産主義内の『左翼主義』小児病」ソ同盟共産党中央委員会付属マルクス＝エンゲルス＝レーニン研究所編（マルクス＝レーニン主義研究所訳）『レーニン全集 第31巻』大月書店

若林敬子［1994］『中国 人口超大国のゆくえ』岩波書店

渡辺利夫［1991］「中国に生成する新しい発展メカニズム」渡辺利夫編『中国の経済改革と新発展メカニズム』東洋経済新報社

● **中国語文献**（ピンイン配列）

安徽省地方志纂委員会編［1998］『安徽省志・財政志』方志出版社

鞍鋼股份有限公司［2020］『2019年度報告』

宝剣久俊・佐藤宏［2017］「中国農村公共政策与収入差距的長期趨勢（1988-2013年）」李実・岳希明・史泰麗・佐藤宏等『中国収入分配格局的最新変化——中国居民収入分配研究 V』中国財政経済出版社

蔡昉［2008］『劉易斯転折点——中国経済発展新階段』社会科学文献出版社

財政部［2016］「中央国有資本経営預算管理暫行弁法」財政部，1月15日

財政部綜合計画司編［1992］『中国財政統計』科学出版社

曹婷［2012］「合資是鴉片還是補品？」『中国汽車報』9月10日

陳慧琴［1997］『技術引進与技術進歩研究』経済管理出版社

陳万豊［2004］「衣者大鰐，国之経典——雅戈爾服装企業的成長之路」『寧波通訊』第10期

程連昇［2002］『中国反失業政策研究（1950～2000）』社会科学文献出版社

東莞市統計局・東莞市企業調査隊［2000］『東莞市外商投資企業暨全部工業資料匯編』中国統計出版社

杜国臣・徐哲瀟・尹政平［2020］「我国自貿試験区建設的総体態勢及未来重点発展方向」『経済縦横』第2期

杜海燕［1992］「全国工業企業両輪承包比較分析」『改革』第5期

高娜［2008］「従"八大王"到"温州模式"」『観察与思考』第17期

顧洪章編［1997］『中国知識青年上山下郷始末』中国検察出版社

関山・姜洪編［1990］『塊塊経済学——中国地方政府経済行為分析』海洋出版社

国家計画委員会統計組［1973］『国民経済統計年報（1972）』国家計画委員会

国家計画委員会統計組［1976］『国民経済統計年報（1975）上・下』国家計画委員会

国家計委価格管理司編［1996］『価格與収費管理文件匯編』中国物価出版社

国家統計局編［各年版］『中国統計年鑑』中国統計出版社

国家統計局［2021］「国家統計局局長就2020年全年国民経済運行情況答記者問」1月18日，国家統計局ウェブサイト

国家統計局国民経済核算司編［1997］『中国国内生産総値核算歴史資料 1952-1995』東北財経大学出版社

国家統計局国民経済核算司編［2007］『中国国内生産総値核算歴史資料1952-2004』中国統計出版社

国家統計局国民経済綜合統計司編［2010］『新中国六十年統計資料匯編』中国統計出版社

国家統計局人口和就業統計司等編［各年版］『中国労働統計年鑑』中国統計出版社

国家統計局人口和就業統計司等編［2007］『2005年全国1％人口抽様調査資料』中国統計出版社

国家統計局綜合司編［1990］『全国各省，自治区，直轄市歴史統計資料匯編（1949～1989）』中国統計出版社

国務院全国経済普査領導小組介公室編［2006］『中国経済普査年鑑 2004』中国統計出版社

国務院全国経済普査領導小組弁公室編［2011］『中国経済普査年鑑 2008』中国統計出版社

国務院全国経済普査領導小組弁公室編［2015］『中国経済普査年鑑 2013』中国統計出版社

国務院全国経済普査領導小組弁公室編［2020］『中国経済普査年鑑 2018』中国統計出版社

国務院人口普査弁公室・国家統計局人口和就業統計司編［2012］『中国2010年人口普査資料』中国統計出版社

国務院人口普査弁公室・国家統計局人口和社会科技統計司編［2002］『中国2000年人口普査資料』中国統計出版社

国務院人口普査弁公室・国家統計局人口和社会科技統計司編［2003］『中国2000人口普査分県資料』中国統計出版社

国務院人口普査弁公室・国家統計局人口和社会科技統計司編［2012］『中国2010年人口普査分県資料』中国統計出版社

国務院人口普査弁公室・国家統計局人口統計司編［1985］『中国1982年人口普査資料』中国統計出版社

国務院人口普査弁公室・国家統計局人口統計司編［1993］『中国1990年人口普査資料』中国統計出版社

何光編［1990］『当代中国的労働力管理』中国社会科学出版社

黄清［2004］「国有企業整体上市研究」『管理世界』第2期

黄毅・羅衛東［2002］「規模経済，連合兼併与企業家創新——温州楽清柳市鎮電器産業案例研究」史晋川・金祥栄・趙偉・羅衛東編『制度変遷与経済発展——温州模式研究』浙江大学出版社

江小涓［1996］『経済転軌時期的産業政策』上海三聯書店・上海人民出版社

蒋震［2019］「深化国資国企改革的思考和建議」『財政監督』第14期

李良艶・陳艶輝［2020］「国有資本経営預算制度——歴史演変，動機和実施績効」『中国経貿導刊』第29期

李善同・王直・翟凡・徐林［2000］『WTO——中国与世界』中国発展出版社

李実・岳希明・史泰麗・佐藤宏［2017］「導言」李実・岳希明・史泰麗・佐藤宏等『中国収入分配格局的最新変化——中国居民収入分配研究Ⅴ』中国財政経

　　済出版社

李玉敏［2020］「四大 AMC 改革探路」『21 世紀経済報道』5 月 18 日

林毅夫・蔡昉・李周［1994］『中国的奇跡──発展戦略与経済改革』上海三聯書
　　店・上海人民出版社

路風［2006］『走向自主創新──尋求中国力量的源泉』広西師範大学出版社

路遇・滕澤之［2000］『中国人口通史・下』山東人民出版社。

羅楚亮・史泰麗・李実［2017］「中国収入不平等的総体状況（2007～2013 年）」
　　李実・岳希明・史泰麗・佐藤宏等『中国収入分配格局的最新変化──中国居
　　民収入分配研究 V』中国財政経済出版社

澎湃新聞［2016］「一文看懂 138 家央企級別和管理（最全面最詳細版）」『澎湃新
　　聞』5 月 3 日（https://www.thepaper.cn/newsDetail_forward_1464250 よ
　　りダウンロード，2020 年 12 月 27 日最終アクセス）

全国人口抽様調査弁公室編［1997］『1995 全国 1% 人口抽様調査資料』中国統計
　　出版社

任斌武［1997］「中国有個雅戈爾」『人民文学』第 3 期

任騰飛［2017］「国企公司制改革全面提速」『国資報告』12 月 29 日

深圳市統計局編［各年版］『深圳統計年鑑』中国統計出版社

施華強［2005］「国有商業銀行帳面不良貸款，調整因素和厳重程度──1994-
　　2004」『金融研究』第 12 期

施華強［2010］「銀行重組，金融穏定和軟預算約束」『金融評論』第 1 期

宋光茂・曲和磊［1997］「中国的国有企業改革与銀行改革」中国経済改革研究基
　　金会国民経済研究所ワーキングペーパー 1997・008

孫勇［2002］「企業所得税政策大調整」『資本市場』第 3 期

屠光紹［2020］「市場化是中国資本市場改革発展的核心主線」『21 世紀経済報道』
　　6 月 12 日

汪海波編［1986］『新中国工業経済史』経済管理出版社

汪海波［1994］『新中国工業経済史（1949.10-1957）』経済管理出版社

汪海波・董志凱等［1995］『新中国工業経済史（1958～1965）』経済管理出版社

王春光［1995］『社会流動和社会重構──京城「浙江村」研究』浙江人民出版社

王緝慈［2001］『創新的空間──企業集群与区域発展』北京大学出版社

王璐［2020］「国企公司制改革打響攻堅収官之戦」『経済参考報』11 月 28 日

王旭陽・肖金成・張燕燕［2020］「我国自貿試験区発展態勢，制約因素与未来展
　　望」『改革』第 3 期

呉家駿［1994］『日本的股份公司与中国的企業改革』経済管理出版社

呉暁波［2007］『激蕩三十年──中国企業 1978-2008』中信出版社・浙江人民出
　　版社

夏梁・趙凌雲［2012］「"以市場換技術" 方針的歴史演変」『当代中国史研究』2

鮮祖徳・王萍萍・呉偉［2016］「中国農村貧困標準与貧困監測」『統計研究』第 9
　　期

許進禄編［2002］『中国汽車市場年鑑 2002』中国商業出版社

薛暮橋［1983］『中国社会主義経済問題研究（修訂版）』人民出版社

厳忠勤編［1987］『当代中国的職工工資福利和社会保険』中国社会科学出版社

楊超・謝志華［2019］「国有資本経営預算与一般公共預算和社保基金預算的銜接模式」『地方財政研究』第 10 期

楊光啓・陶濤編［1986］『当代中国的化学工業』中国社会科学出版社

楊政華［2012］「浅析三来一補企業転型的必要性」『中国外資』第 271 期

冶金工業部発展規画司［各年版］『中国鋼鉄統計』

于立・姜春海・于左［2008］『資源枯渇型城市産業転型問題研究』中国社会科学出版社

于立・孟韜・姜春海［2004］『資源枯渇型国有企業退出問題研究』経済管理出版社

兪雄・兪光［1995］『温州工業簡史』上海社会科学院出版社

袁志剛・余宇新［2012］「中国経済長期増長趨勢与短期波動」（胡永泰・陸銘・Jeffery Sachs・陳剣編『跨越"中等収入陥阱"——展望中国経済増長的持続性』格致出版社・上海人民出版社）

張連奎［1993］『跳出"三角債"的怪圏』海洋出版社

章鋭夫［1994］「新体制下預算外資金管理問題」『湖南社会科学』第 5 期

中国財政年鑑編輯委員会［各年版］『中国財政年鑑』中国財政雑誌社

中国対外経済貿易白皮書編委会［各年版］『中国対外経済貿易白皮書』中国対外経済貿易出版社

中国国有資産監督管理年鑑編委会［各年版］『中国国有資産監督管理年鑑』中国経済出版社

中国連鎖経営協会［2020］「2019 年中国連鎖百強」（http://www.ccfa.org.cn/portal/cn/index.jsp）

中国汽車工業史編輯部［1996］『中国汽車工業専業史 1901-1990』人民交通出版社

中国汽車工業史編審委員会［1996］『中国汽車工業史 1901-1990』人民交通出版社

中国汽車技術研究中心［1999］『中国汽車工業年鑑 1999』中国汽車工業年鑑編輯部

中国汽車貿易指南編委会［1991］『中国汽車貿易指南』経済日報出版社

中国一帯一路網［2021］「已同中国簽訂共建"一帯一路"合作文件的国家一覧」中国一帯一路網（https://www.yidaiyilu.gov.cn/　2021 年 2 月 2 日アクセス）

中国銀行業監督管理委員会［2007］『2006 年報』中国銀行業監督管理委員会

周黎安［2007］「中国地方官員的晋昇錦標賽模式研究」『経済研究』第 7 期

周太和編［1984］『当代中国的経済体制改革』中国社会科学出版社

● **英語文献**（アルファベット配列）

Berle, A. A. and G. C. Means［1932］*The Modern Corporation and Private Property,* Harcourt.（北島忠男訳［1958］『近代株式会社と私有財産』文雅堂書店）

BIS (Bank for International Settlements) [2020] Credit to the Non-Financial sector. Updated 7 December, 2020.

Bremmer, I. [2010] *The End of the Free Market: Who Wins the War Between States and Corporations?* New York: Portfolio.

Brown, L. R. [1994] "Who Will Feed China?" *World Watch*, Vol.7, No.5.

Chen, C., L. Chang and Y. Zhang [1995] "The Role of Foreign Direct Investment in China's Post 1978 Economic Development," *World Development*, Vol.23, No.4.

Chuang, Y.-C. and P.-F. Hsu [2004] "FDI, Trade, and Spillover Efficiency: Evidence from China's Manufacturing Sector," *Applied Economics*, Vol.36, No.10.

CITIC Group [2017] "Introduction to CITIC Group," プレゼンテーション資料

Cox, H. [2000] *The Global Cigarette: Origins and Evolution of British American Tobacco 1880–1945*, Oxford: Oxford University Press. (山崎廣明・鈴木俊夫監修, たばこ総合研究センター訳 [2002]『グローバル・シガレット——多国籍企業 BAT の経営史 1880–1945』山愛書院)

Deane, P. [1965] *The First Industrial Revolution*, Cambridge: Cambridge University Press. (石井摩耶子・宮川淑訳 [1973]『イギリス産業革命分析』社会思想社)

Ding, Ke [2012] *Market Platforms, Industrial Clusters and Small Business Dynamics: Specialized Markets in China*, Cheltenham: Edward Elgar.

Easterly, W. [2005] "A Modest Proposal. Book Review on Jeffrey D. Sachs, The End of Poverty," *Washington Post*, March 13.

Economist [2010] "The World Turned Upside Down: Special Report on Innovation in Emerging Markets," *Economist*, Apr. 17.

Eeckhout, J. and B. Jovanovic [2007] "Occupational Choice and Development," *NBER Working Paper* No.13686, Cambridge, MA: National Bureau of Economic Research.

Ellman, M. [1989] *Socialist Planning*, 2nd ed., Cambridge: Cambridge University Press.

Gerschenkron, A. [1962] *Economic Backwardness in Historical Perspective*, Cambridge: Belknap Press of Harvard University Press.

Gill, I. and H. Kharas [2007] *An East Asian Renaissance: Ideas for Economic Growth*, Washington DC, World Bank.

Granick, D. [1990] *Chinese State Enterprises: A Regional Property Rights Analysis*, Chicago: University of Chicago Press.

Grove, L. [2006] *A Chinese Economic Revolution: Rural Entrepreneurship in the Twentieth Century*, Lanham: Rowman and Littlefield Publishers.

Groves, T., Y. Hong, J. McMillan and B. Naughton [1994] "Autonomy and Incentives in Chinese State Enterprises," *Quarterly Journal of Economics*, Vol.109, No.1.

Halper, S. [2010] *The Beijing Consensus: How China's Authoritarian Model Will Dominate the Twenty-First Century*, New York: Basic Books.

Hu, A. G. Z. and G. H. Jefferson [2002] "FDI Impact and Spillover: Evidence from China's Electronic and Textile Industries," *World Economy*, Vol. 25, No.8.

Huang, Y. [2008] *Capitalism with Chinese Characteristics: Entrepreneurship and the State*, Cambridge: Cambridge University Press.

IMF [2019] *World Economic Outlook*, International Monetary Fund.

Immelt, J. R., V. Govindarajan and C. Trimble [2009] "How GE is Disrupting Itself," *Harvard Business Review*, October.

International Energy Agency (IEA) [2021] CO_2 *Emissions from Fuel Combustions 2021 Highlights*, 2021 Edition., IEA.

iPlytics [2019] "Who is Leading the 5G Patent Race?" April.

Ishihara, K. [1993] *China's Conversion to a Market Economy*, Tokyo: Institute of Developing Economies.

Jenkins, R. and L. Edwards [2012] "Chinese Competition and the Restructuring of South African Manufacturing," *DEV Research Briefing*, No.4, University of East Anglia.

Kung, J. K. [1999] "The Evolution of Property Rights in Village Enterprises: The Case of Wuxi County," J. C. Oi and A. G. Walder eds., *Property Rights and Economic Reform in China*, Stanford: CA, Stanford University Press.

Lardy, N. R. [1992] *Foreign Trade and Economic Reform in China: 1978–1990*, Cambridge: Cambridge University Press.

Lewis, A. W. [1954] "Economic Development with Unlimited Supplies of Labor," *Manchester School*, Vol. 22, No.2.

Lin, J. Y. [1992] "Rural Reforms and Agricultural Growth in China," *American Economic Review*. Vol.82, No1.

Lipton, D. and J. D. Sachs [1990] "Creating a Market Economy in Eastern Europe: The Case of Poland," *Brookings Papers on Economic Activity*, 1.

Maddison, A. [2007] *Chinese Economic Performance in the Long Run: Second Edition*, Revised and Updated: 960–2030 AD, Paris: OECD.

Mankiw, N. G., D. Romer and D. N. Weil [1992] "A Contribution to the Empirics of Economic Growth," *Quarterly Journal of Economics*, Vol. 107, No.2.

Marshall, A. [1920] *Principles of Economics*, 8th ed., London: Macmillan.

Marukawa, T. [2017] "Regional Unemployment Disparities in China," *Economic Systems*, Vol.41, No.2.

Montinola, G., Y. Qian and B. R. Weingast [1995] "Federalism, Chinese Style: The Political Basis for Economic Success in China," *World Politics*, Vol.48, No.1.

Murphy, K. M., A. Shleifer and R. W. Vishny [1992] "The Transition to a

Market Economy: Pitfalls of Partial Reform," *Quarterly Journal of Economics*, Vol.107, No.3.

Naughton, B. [1995] *Growing out of the Plan: Chinese Economic Reform, 1978-1993*, Cambridge: Cambridge University Press.

Naughton, B. [1996] "China's Emergence and Prospects as a Trading Nation," *Brookings Papers on Economic Activity*, No. 2.

Naughton, B. [2007] *The Chinese Economy: Transitions and Growth*, Cambridge, MA: MIT Press.

OECD [2020] Real GDP long-term forecast (indicator). doi: 10.1787/d927bc18-en (Accessed on 08 April 2020).

Oi, J. C. [1992] "Fiscal Reform and the Economic Foundations of Local State Corporatism in China," *World Politics*, Vol.45, No.1.

Popper, K. R. [1957] *The Poverty of Historicism*, London: Routledge & Kegan Paul (久野収・市井三郎訳 [1961]『歴史主義の貧困——社会科学の方法と実践』中央公論社)

Prebisch, R. [1950] *The Economic Development of Latin America and its Principal Problems*, New York: United Nations.

Ran, J., J. P. Voon, and G. Li. [2007] "How Does FDI Affect China? Evidence from Industries and Provinces," *Journal of Comparative Economics*, Vol.35, No.4.

Rawski, T. G. [2001] "What is Happening to China's GDP Statistics," *China Economic Review*, Vol.12, No.4.

Ricardo, D. [1951] *On The Principles of Political Economy and Taxation*, Cambridge: Cambridge University Press. (原著 1817)

Sachs, J. D. and A. M. Warner [2001] "The Curse of Natural Resources," *European Economic Review*, Vol. 45 No. 4-6.

Sachs, J. and W. T. Woo [1994] "Reform in China and Russia," *Economic Policy*, Vol.9, No.18.

Schumacher, E. F. [1973] *Small is Beautiful: A Study of Economics as if People Mattered*, London: Blond and Briggs. (斎藤志郎訳 [1976]『人間復興の経済』佑学社)

Singer, H. W. [1950] "The Distribution of Gains between Investing and Borrowing Countries," *American Economic Review*, Vol. 40, No. 2.

Todaro, M. P. [1969] "A Model of Labor Migration and Urban Unemployment in Less Developed Countries," *American Economic Review*, Vol.59, No.1.

United Nations, Department of Economic and Social Affairs, Population Division [2019] *World Population Prospects 2019*, Online Edition, Rev. 1.

UNU-WIDER (United Nations University, World Institute for Development Economics Research) [2020] *World Income Inequality Database*, May 6, UNU-WIDER (https://www.wider.unu.edu/database/wiid).

Veblen, T. [1915] *Imperial Germany and the Industrial Revolution*, New

York: Augustus M. Kelley (Reprinted in 1964).

Whalley, J. and X. Xin [2010] "China's FDI and Non-FDI Economies and the Sustainability of Future High Chinese Growth," *China Economic Review*, Vol.21, No.1.

World Bank Group, Development Research Center of the State Council [2012] *China 2030: Building a Modern, Harmonious, and Creative Society*, Washington, DC: World Bank.

World Bank Group and the Development Research Center of the State Council, P. R. China [2019] *Innovative China: New Drivers of Growth*, Washington, DC: World Bank. DOI: 10.1596/978-1-4648-1335-1. License: Creative Commons Attribution CC BY 3.0

Wübbeke, J., M. Meissner, M. J. Zenglein, J. Ives and B. Conrad [2016] *Made in China 2025: The Making of a High-Tech Superpower and Consequences for Industrial Countries*, Berlin: Mercator Institute for China Studies.

Young, A. [2003] "Gold into Base Metals: Productivity Growth in the People's Republic of China during the Reform Period," *Journal of Political Economy*, Vol.111, No.6.

Zhang, K. H. and S. Song [2001] "Promoting Exports: The Role of Inward FDI in China," *China Economic Review*, Vol.11, No.4.

1840〜42 年	アヘン戦争
1851〜64 年	太平天国の乱
1856 年	アロー戦争
1878 年	上海機器織布局設立
1890 年	国営漢陽鉄廠設立
1894〜95 年	日清戦争
1911 年	辛亥革命（1912 年清朝滅亡）
1912 年 1 月	中華民国成立
1924〜28 年	国民革命
1928 年 12 月	南京国民政府によって全国統一
1931 年	満州事変
1932 年 3 月	日本による満州国建国
1937 年 7 月	盧溝橋事件（日中戦争勃発）
1945 年 9 月	日中戦争終結
1945〜49 年	国共内戦
1949 年 10 月	中華人民共和国成立
1953 年 8 月	「過渡期における党の総路線」（社会主義への移行を決定）
1953〜57 年	第 1 次 5 カ年計画
1955〜56 年	農業の集団化の実施
1956 年 4 月	毛沢東が中国共産党政治局拡大会議で演説「十大関係を論じる」（ソ連型計画経済への違和感を表明）
1958 年 8 月	人民公社の設立，鉄鋼大幅増産を決定（「大躍進」）
1963〜66 年	日本やオーストリアなどから化学繊維，鉄鋼などの工場設備を輸入
1964 年 8 月	「三線建設」開始を決定
1965 年 11 月	姚文元「新編歴史劇『海瑞の免官』を評す」の発表（文化大革命の発端）
1966〜68 年	紅衛兵による幹部つるし上げ，武装闘争の激化
1969 年 3 月	中国とソ連が国境の珍宝島（ダマンスキー島）で武力衝突
1971 年 9 月	林彪副主席がソ連へ逃亡する途中で死亡
1972 年 2 月	アメリカのニクソン大統領が訪中

1972 年 9 月	日本の田中角栄首相が訪中し，日中国交正常化が実現
1972 年	日本や西ドイツなどから鉄鋼，石油化学，化学繊維などの工場設備輸入を開始
1976 年 1 月	周恩来死去
1976 年 9 月	毛沢東死去
1976 年 10 月	「四人組」逮捕　華国鋒が共産党主席に就任
1978 年 12 月	中国共産党第 11 期中央委員会第 3 回総会（改革開放の開始，鄧小平が実権を掌握）
1980 年 9 月	一人っ子政策の開始
1981 年 6 月	胡耀邦が共産党主席に就任
1983〜84 年	農村で農家経営請負制が広まる
1984 年 10 月	中国共産党中央が「経済体制改革に関する決定」
1986〜87 年	ほとんどの国有企業での請負制実施
1987 年 1 月	胡耀邦が共産党総書記を辞任
1987 年 11 月	趙紫陽が共産党総書記に就任
1989 年 6 月	6.4 天安門事件　趙紫陽が総書記を解任され，江沢民が総書記に就任
1992 年 1〜2 月	鄧小平の「南巡講話」
1992 年 10 月	中国共産党第 14 回党大会（「社会主義市場経済」を改革の目標に定める）
1993 年 3 月	江沢民が国家主席に就任
1993 年 11 月	中国共産党第 14 期中央委員会第 3 回総会が「社会主義市場経済体制確立についての若干の問題に関する決定」
1993 年 12 月	会社法（公司法）を制定
1994 年 1 月	外国為替市場の統一（人民元公式為替レートの引下げ），分税制の導入
1994 年 3 月	自動車工業産業政策を制定
1997 年 9 月	中国共産党第 15 回党大会（「国有経済の戦略的調整」を打ち出し，「非公有経済」を「社会主義市場経済の重要な構成要素」に格上げ）
2000 年 2 月	江沢民が「3 つの代表」を提起
2001 年 12 月	中国の WTO 加盟が実現
2002 年 11 月	中国共産党第 16 回党大会，胡錦濤が総書記に就任
2003 年 3 月	胡錦濤が国家主席に，温家宝が国務院総理に就任

2004 年 9 月	「和諧社会の建設」を提起
2008 年 8 月	北京オリンピック開催
2010 年 5 月	上海万博開幕
2010 年 9 月	尖閣諸島沖で中国漁船と日本の海上保安庁の船が衝突
2012 年 9 月	日本政府が尖閣諸島を国有化，中国で反日デモが激化
2012 年 11 月	中国共産党第 18 回党大会，習近平が総書記に就任
2013 年 3 月	習近平が国家主席に，李克強が国務院総理に就任
2013 年 9〜10 月	習近平が「新シルクロード経済ベルト」と「21 世紀海上シルクロード」の建設を提起（「一帯一路」構想）
2013 年 11 月	中国共産党第 18 期中央委員会第 3 回総会が「改革の全面的深化に関する決議」
2015 年 5 月	「中国製造 2025」の公布
2018 年 7 月	アメリカが通商法 301 条に基づき広範囲の中国からの輸入品に 25％ の関税を上乗せ，中国も報復（米中貿易戦争の開始）
2019 年 12 月	武漢で原因不明の肺炎の患者が多数発生，翌月に新型コロナウイルス感染症と判明

索　引

事 項 索 引

○ 数字・アルファベット

1G（第 1 世代）　214
2G（第 2 世代）　214, 217
2 大経済大国　33
3G（第 3 世代）　215, 217
3 大通信事業者　256, 260
4G（第 4 世代）　217
4S 店　202
4 大国有銀行　151, 160, 162
5G（第 5 世代）　175, 220, 260
5 カ年計画　21, 79
　第 1 次──　21, 46, 78, 99, 189
　第 1 次──（ソ連）　43
　第 9 次──　174
　第 11 次──　209
　第 12 次──　257
　第 14 次──　260
6.4 天安門事件　109, 231, 232, 310
AMC　162, 163, 200
BAT　12, 189
BGI（華大基因）　221, 328
BJ130　194
BOE　213
CDMA2000　216
CITIC　→中信集団
CITIC Pacific　→中信泰富
CP グループ　239
DRAM　222
GATT（関税と貿易に関する一般協定）
　292
GDP（国内総生産）　i, 8
　──成長率　35, 79
　──統計　37
GM　→ゼネラル・モーターズ
GNI（国民総所得）　34
IEA（国際エネルギー機関）　347

IMF（国際通貨基金）　26, 31, 82
ITU（国際電気通信連合）　215
LTE-FDD　219
LTE-TDD　220
MFA（国際繊維取極）　274
OECD（経済協力開発機構）　31
OPPO　213
RCA 指数　207
Sinopec　→中国石化集団公司
TD-SCDMA　216
TFP　20, 24, 31, 233
　──成長率　21
THAAD　299
TPP（環太平洋パートナーシップ協定）
　346
VA/VE　193
W-CDMA　216
WTO（世界貿易機関）　203, 258, 292
ZTE　213, 259

○ あ 行

赤い資本家　238
赤い帽子をかぶった企業　310
アコード　201
アサヒビール　122
朝日緑源　122
圧　延　11
アヘン　8
アヘン戦争　8, 182
アリババ（・グループ）　166, 329
アリペイ　264
アロー戦争　9
鞍鋼股份有限公司　237
鞍鋼集団公司　236
鞍鋼集団有限公司　236
鞍山製鉄所　14, 187, 190
鞍山鋼鉄公司　110, 113, 235

安定団結融資　109
イギリス　8
委託加工　279, 282
一時帰休　105, 110
一国社会主義論　43, 58
「一帯一路」構想　346
一党独裁体制　144
伊藤忠　239
殷　2
インド産綿糸　184
ウィーチャット　264
ウィーチャットペイ　264
請負制　4, 73, 75, 77, 230
失われた20年　161
営業外費用　169
永利化学工業公司　188
エチオピア　138
円借款　273
沿線国　346
大型商業銀行　160
温州市　318

○ か　行

外　貨　44, 272
　　──収支バランス　286
　　──調整市場　287
改革開放期　15
改革開放政策　17
改革の全面的深化に関する決議　253,
　　256
海　関　7
華為技術　213
戒厳令　232
解　雇　111, 112
外資系企業　110
外資系小売業　293
外資導入　269, 272
会社制度　234
会社法（公司法）　89, 234, 245
外出農民工　113
外商投資法　247
開発経済学　71

開発主義　52
解　放　190
化学工業　188
価格自由化　80, 82
化学肥料　75
核兵器　60
家計貯蓄残高　139, 148
家計貯蓄率　150
加工・発注　47
下　崗　110
貸し手責任　234
過剰資本蓄積　338
過剰投資　30
過剰労働力　96
華大基因　→BGI
家庭農場　121, 125
家庭用豆乳機　180
河南省三門峡市　122, 125
株　134
株　式　164
株式会社　134, 165, 235
　　──化　235
株式合作制企業　243
株式時価総額　264
株式市場　137, 165
株主総会　234
カラーテレビ　152
ガラ紡機　182
カロリー摂取量　74
為替レート　275
漢　2
官営八幡製鐵所　11
官営富岡製糸場　183
灌　漑　75
関　税　158
官製資本主義　227
関税と貿易に関する一般協定　→GATT
間接投資　269
完全雇用　108
環太平洋パートナーシップ協定
　　　　→TPP
官督商弁　9

広東省虎門　180
広東省南海県　185
広東省仏山　181
漢陽製鉄所　11
管理体制　248
官僚金融産業資本主義　227
魏　4
生　糸　185
飢　餓　63
規　画　79
起　業　315
企業収入　57
企業城下町　113, 114
企業所得税　241
技工学校　99, 107
気候変動枠組条約　347
技術移転　286
技術導入　177
技術レベル　200
技術ロードマップ　258
吉利汽車　204, 311
宜賓県　242
基本建設　57
逆イノベーション　179
逆ざや　95
キャッチアップ　175
　　――型技術進歩　175
　　――型工業化　176
キャッチダウン型技術進歩　175, 180, 222
九陽集団　180
共産党　15, 136, 144, 312
　　――一党支配　v
　　――主席　144
　　――中央委員会政治局　252
京東方　213
京都議定書　347
金　5
銀　6
銀　行　135, 137, 150
銀行保険監督管理委員会　252
銀行保証金台帳制度　281

近代的綿紡績工場　182
均田制　4
金融資産管理会社　162
金融商品　137
クズネッツの逆Ｕ字仮説　340
クラーク　44
グローカライゼーション　179
グローバル・アントレプレナーシップ・
　　モニター　315
軍　閥　13
経営自主権　233
経営者支配　229
計画価格　84
計画経済　42, 46
　　――期　15
　　――の外への成長　86
計画的商品経済　83
経験主義　82
経済改革　17
経済協力開発機構　→ OECD
経済建設費　168
経済成長　168
　　集約的な――　174
　　粗放的な――　174
経済センサス　245
経済特区　273, 278
経済発展 10 カ年計画　146
経済犯罪　310
継昌隆糸廠　185
ゲリラ携帯電話　→山寨機
元　5
県　65, 114
減価償却基金　143
研究開発費　210
現金取引　156
顕示比較優位指数　207
倹約的イノベーション　179
呉　4
黄　河　2
　　――流域　2
工　会　312
紅旗 CA72　198

抗議行動　112
高級合作社　48
工業・情報化省　248
紅巾軍の反乱　6
黄巾の乱　4
合計特殊出生率　129
鋼　材　11
工作機械　182
公私合営　47, 308
公司法　→会社法
侯氏法　188
広州ホンダ　202
工商税　57
高所得国　34, 349
構造改革特区　86
高速鉄道　28
江蘇省　146
郷鎮企業　98, 109
公的金融機関　52
購買力平価　26
後発開発途上国　138
後発の優位性　176
鉱物燃料　273
神戸製鋼所　237
合弁自主　210
公有化　47
高陽県　327
高　齢　167
　——人口　129
　——社会　30, 129
高齢化　126
　——社会　129
高　炉　197
小型高炉　191
後　漢　4
国営漢陽鉄廠　187
国　債　135
国際エネルギー機関　→IEA
国際繊維取極　→MFA
国際通貨基金　→IMF
国際電気通信連合　→ITU
国際輸入博覧会　343

国際労働機関　106
国進民退　262
コークス　181
国内総生産　→GDP
国民皆保険　171
国民革命　13
国民経済の命脈　264
国民政府　13
国民総所得　→GNI
国民党　13
　——政府　307
国務院国有資産監督管理委員会（国資
　委）　238, 240, 250
国有化　47
国有株　165
国有企業　43, 110, 226, 247
　——従業員　111
国有経済の戦略的調整　243, 255
国有資本経営会計　253
国有食糧企業　119
国有セクター　118
国有百貨店　293
互助組　48
戸　籍　100
　——制度　100
誇大報告　38
国　家　135
国家 IC 産業投資基金　258
国家開発銀行　160
国家計画委員会　43, 49, 67, 68
国家資本主義　226, 227, 249
国家主席　144
国家主導資本主義　226
国家煙草専売局　249
国家中長期科学技術発展計画綱要
　209
国家統計局　38
国家発展改革委員会　79
固定工　103, 108
ゴム靴　322
雇用者報酬　21
コルホーズ　44

コワーキングスペース　323
根拠地の思想　64
コングロマリット　238
混合経済　46
混合所有制　240
　──改革　256
　──経済　256

○ さ　行

再教育　103
財産権　88
再就職センター　111
財政請負制　149, 154
再生可能エネルギー　348
財政の分権化改革　148
最低生活保障給付　340
座繰り器　182
サービス業　292
サポーティング・インダストリー
　280
サムスン電子　222
産業革命　10, 181, 184
産業集積　302, 323
産業政策　257
三国時代　4
山寨機（ゲリラ携帯電話）　218
三線建設　60, 64, 102
サンタナ　201
産地型産業集積　324
三来一補企業　279
私営企業　309
自営業　309
ジェニー紡績機　10, 181
時価総額　166
資源委員会　50
資源配分　51
紫光集団　259
自己完結的な産業構造　43, 58, 64
自己資本　134, 157, 164
自作農　48, 76
資産家　135
資産負債管理　160

自主イノベーション　31, 209
自主的知的財産権　289
自主保障　257
市場経済　i, 87
　──移行　76
市場価格　84
市場保全型連邦制　153
四川省　146
　──江油市　120, 125
持続可能性　333
支柱産業　255
失　業　101, 168
　──青年　106
　──の地域的な偏り　117
　──率　105, 112, 117
実業系中央企業　252
実質実効為替レート　276
自転車　66
自動車工業産業政策　288
自動車産業　190
　──発展政策　209, 289
ジニ係数　338
支付宝　264
紙　幣　5, 6
資　本　19, 157, 164, 335
　──ストック　19
資本過剰経済　28
資本主義　i, 335
　──セクター　93, 98, 118, 123
資本蓄積　53, 335, 337
　──メカニズム　337
下関講和条約　12
下関条約　184
社会主義　i, 336
　──改造　308
　──市場経済　83, 226
　──的原始蓄積　43
　中国式──　61
社会的セーフティ・ネット　89
社会文教費　168
社会保険　169
社会保障制度　89

社会保障関係費　168
社隊企業　308
借　金　272
ジャーディン・マセソン商会　185
上海（市）　143-145, 164
上海 SH760　199
上海機器織布局　184
上海汽車製造廠　198
上海小三線　68
就業者数　18
自由市場　72
従属人口指数　128
十大関係を論じる　62
集団所有　77
　　──制企業　47, 110
集団農業　44
　　──の改革　73
自由貿易試験区　297
住民基本医療保険制度　171
住民基本養老保険　171
珠江デルタ地帯　281, 283
出資比率規制　203
主流派経済学　82
蒸気機関　181
証券監督管理委員会　252
証券取引所　164
上山下郷　104
昇進競争　65
小炭鉱　192
省内自給率　66
小微企業　323
消費者信用　151
商　品　66, 68
初級合作社　48
蜀　4
職業選択の自由　100
織　布　9, 10
食　糧　49
　　──買上価格　55, 73
　　──（配給）キップ　80, 96
　　──自給率　119
　　──備蓄制度　96

食料供給の制約　75, 94
食料問題　96
所得格差　335
所得再分配　154
所有権と経営権の分離　229
自力更生　196, 268
自留地　72
秦　2
新　3
清　7
申　威　174
神威・太湖之光　174
辛亥革命　13
進学率　29
深加工結転　281
新型インフラ建設　221, 260
人　口　3
　　──政策　128
　　──センサス　106, 128
　　──ボーナス　98, 126, 129
新興乗用車メーカー　203
新古典派経済学　177
神舟5号　174
深圳（市）　124, 164
人民元　275
人民公社　49, 192
新民主主義　45, 47
信用関係　156
信用組合　151
隋　4
水利建設　75
スーパーコンピュータ　174
スピルオーバー　205, 290
スラム化　100
諏訪地方　183
生活費手当　111
生計維持動機　316
製　鋼　10
生産隊　72
生産年齢人口　98, 126, 128
生産要素　18
　　──の移動　23, 31

製　糸　　185
製　銑　　10
製造業　　iii
正泰集団　　326
成都市　　122
政府財政収入　　138
世界銀行　　25, 26, 33
世界の工場　　283
世界標準　　215
世界貿易機関　→WTO
石油化学　　196
浙江省慈渓市　　121
浙江省徳清県　　121
浙江省奉化市　　121
浙江村　　320
ゼネラル・エレクトリック　　179
ゼネラル・モーターズ（GM）　　289
セルラー方式　　213
繊　維　　274
　　──工業　　10
前　漢　　3
全国総工会　　169
漸次的社会技術　　87
先進技術　　286
全人民所有　　229
　　──制工業企業法　　245
全体上場　　240
全体論的社会技術　　88
銑　鉄　　10, 181
先富論　　154
全要素生産性　　20, 233
戦略的産業　　257
戦略的新興産業　　257
早期企業家　　315
抓大放小　　242
増分主義　　85
粗　鋼　　10
蘇州市　　249
ソーダ灰　　188
蘇南モデル　　244
ソビエト連邦（ソ連）　　42, 189
ソフトバンク　　220

ソルベー法　　188
ソ連共産党　　49

○　た　行

第 1 世代（移動通信技術）　→1G
第一汽車製造廠　　190, 198
第 1 次産業　　18
対華 21 カ条の要求　　187
対外開放政策　　17, 268
大　学　　99, 107
大規模経営　　120
大慶油田　　196
第 5 世代（移動通信技術）　→5G
第 3 次産業　　18
第 3 世代（移動通信技術）　→3G
大衆資本主義　　322
大衆創業，万衆創新　　323
大修理基金　　143
大唐電信　　219
第 2 世代（移動通信技術）　→2G
第 2 次産業　　17
第 2 次・第 3 次産業　　123
太平天国の乱　　9
大躍進　　55, 62, 72, 101, 140, 191
大冶鉄鉱山　　11
太陽光発電　　348
大量解雇　　117
台　湾　　268
大をつかみ，小を放つ　　242, 255
多産多死　　316
タタ自動車　　178
煙草公司　　121
炭鉱都市　　117
炭酸水素アンモニウム　　193
炭酸ナトリウム　　188
鍛造部品　　191
担　保　　135
地域（間）格差　　116, 154
チェロキー　　201
蓄積率　　147
窒素肥料　　193
致富動機　　316

地方官僚　9
地方国有企業　148, 235, 241
地方財政収入　144
地方自治　64
地方政府　140, 148
　　──コーポラティズム　153
地方総督　184
地方分権　61, 63, 142
茶　7
中央アフリカ共和国　138
中央企業　238, 250
中央集権　63
中央政府　140, 158
中外合資経営企業法　247
中華人民共和国　15
中華民国　268
中間技術　177
中国移動　219
中国銀行　151, 160
中　原　2, 5
中興通訊　213
中国共産党　→共産党
　　──第15回大会　243, 310
中国建設銀行　160
中国国務院発展研究中心　25
中国国民党　49
中国工商銀行　151, 160
中国人民銀行　151
中国人民建設銀行　151
中国製造2025　257
中国石化集団公司（Sinopec）　238
中国石油化工集団公司　248
中国船舶集団有限公司　248
中国煙草総公司　248
中国農業銀行　151, 160
中国農業発展銀行　160
中国輸出入銀行　160
中国聯通　256
中所得国の罠　33
中信集団（CITIC）　238
中信股份　239
中信泰富（CITIC Pacific）　239

鋳造技術　181
鋳造部品　191
中等専業学校　99, 107
長江流域　4
超高齢社会　129
張之洞　187
朝鮮戦争　46
直接投資　269
貯蓄率　30
賃　金　53
　　──制度　108
積立方式　130, 170
ディジタル化　214
出稼ぎ労働者　113, 125
適正技術　177
　　──論　286
適正工業技術　177
出先機関　141
テスラ・モーターズ　203
鉄　10
鉄鉱石　11
鉄スクラップ　10
鉄輪機　184
テマセク　249
天安門事件　→6.4天安門事件
天河1号A　174
転換点後　126
電気自動車　348
電子工業部　152
電磁鋼板　197
転　廠　281
展　訊　259
転　貸　120
天然資源の呪い　345
転　売　85
ドイツ　118
唐　4
東西冷戦　44, 46
党支部　312
投資率　147
東　晋　4
党総書記　144

東北部　113
登録失業者　105
徳力西集団　326
ドコモ　220
都市戸籍　100
都市人口　114
都市部調査失業率　105
都市部登録失業率　105
都市労働者基本養老保険　170
土地改革　45
土地使用権　89
特許出願件数　211
特許法　89
飛び地経済　281
飛び杼　182
取締役会　235
取り付け騒ぎ　162

○ な 行

内国民待遇　292
内部留保　143
内陸部　113, 145
ナスダック　166
ナノ　178
南京汽車製造廠　194
南京条約　8
南　宋　5
南北問題　341
二酸化炭素　347
西ドイツ　118
二重価格　84
二重経済　92, 93
二重貿易体制　277, 283
日清戦争　12
日本の産業革命　134
日本輸出入銀行　269
尿　素　194
ネガティブ・リスト方式　297, 314
熱間圧延　197
ネップ　43
年金制度　30, 130
農家経営請負制　73

農　協　121
農業戸籍　100
農業集団化　48, 83
農業セクター　93
農業専業合作社　121
農業調整問題　119
農村合作基金会　151
農村人口　114
農地改革　45
農林水産省　120

○ は 行

配給キップ　79
ハイパーインフレ　136
鋼　10
葉タバコ　12
八大王事件　310
波導公司　311
パリ協定　347
攀鋼集団　237
攀枝花鋼鉄公司　236
非会社法企業　245
比較優位　58, 205
東ドイツ　118
非公有経済　243, 310
非収益性資産　235
ビジョン　84
微　信　264
微信支付　264
一人っ子政策　129, 151
非農業戸籍　100
病　気　167
平等主義　108
非流通株　165
広畑製鉄所　191
貧困人口　340
ファーウェイ　213, 219, 259, 328
ファブレスメーカー　259
風力発電　348
フォード主義　336
フォルクスワーゲン　201
付加価値税　158

賦課方式　130, 170
武漢鋼鉄公司　197
副　業　72
複社発注　70
物　資　66, 68
部品国産化率　201
部分的改革　86
部分的な改革　84
ブラウン管　85
プラスチック靴　321
プラットフォーム　320
ブリティッシュ・アメリカン・タバコ
　12
不良債権　161, 162
不良債権処理　163
不良債権問題　156
不良債権率　162
不渡り　156
文化大革命　16, 56, 108, 196
分税制　158
米中貿易戦争　iv, 343
平和共存路線　59
北京現代　202
北京市　70
北京政府　13
ヘクシャー＝オリーン定理　206
ページャー　311
包括的アプローチ　87
宝山鋼鉄公司　197
紡　績　9, 10
法定退職年齢　29, 131
北　魏　4
北　宋　4
北　伐　13
保険業　168
保険料　168
歩行型トラクター　66
補償金　166
保税加工工場　279
ボルボ　311
本渓湖製鉄所　14
本渓湖煤鉄公司　187

ホンダ　201

○ま　行

満州国　13
満州事変　13
満　鉄　187
ミシン　10
水増し　38, 65
3つの代表　313
ミュール紡績機　181
明　6
民営経済　107
民間企業　46, 304
民族資本家　308
ムスリム商人　5
無制限労働供給　93
村　72
明治政府　183
綿織物業　134, 182
綿紡織業　14
綿紡績業　181
模範家庭農場　122
モンゴル　5

○や　行

闇取引　80
八幡製鐵所　187
ヤンガー　309
有限責任　234
有人宇宙飛行　174
輸出依存度　270
輸出加工区　278
輸入依存度　270
緩い集権制　68
陽江市　327
幼稚産業保護政策　278
洋務運動　9
予算外収入　142, 148, 149, 158
余剰人員　108
余剰労働力　93
余剰労働力の枯渇　123
四人組　232

○ ら 行

頼小民事件　163
ライフサイクル仮説　150
ラッセル商会　186
リカードの罠　71, 101
力織機　10, 19, 181
利潤上納　231
利潤の留保　231
リスク　167
リーマンショック　125
柳市鎮　326
流通株　165
留保利潤　231
遼寧省　144, 146
遼寧省阜新市　117
糧　票　80
ルイスの転換点　124
ルイス・モデル　123

ルブラン法　188
冷間圧延　197
冷蔵庫　153
連続鋳造　197
労働移動の効果　23
労働組合　169
労働契約制　108
労働集約的産業　58
労働年齢人口　28
労働の生産弾力性　20
労働分配率　20, 21
労働法　89
労働力率　28, 98
ロシア革命　43
ローレンツ曲線　114

○ わ 行

倭　寇　6

● 人 名 索 引

○ あ 行

イースタリー, W.　87
イスラーム, N.　24
イメルト, J.　179
ヴィッテ, C.　43
ヴェブレン, T.　175
栄毅仁　238
エンゲルス, F.　335
袁堂軍　53
オイ, J.　153
奥村宏　229

○ か 行

華国鋒　146
ガーシェンクロン, A.　176
カートライト, E.　19
清川雪彦　186
久保亨　14
江　青　196

江沢民　313
侯徳榜　188
呉軍華　227
小島麗逸　227
五代友厚　134
胡耀邦　232

○ さ 行

蔡　昉　34
サックス, J.　82, 86, 345
渋沢栄一　134
ジャック・マー　→馬雲
周恩来　71
習近平　346
周黎安　65
朱元璋　6
シューマッハー, E.　176
シンガー, H.　345
末廣昭　176
鈴木智夫　186

スターリン，I. 43, 59
薛暮橋 67

○ た　行

戴二彪 24
タタ，R. 178
趙紫陽 232
チンギス・ハン 5
陳啓沅 185
鄧小平 56, 68, 73, 84, 147, 154, 238
トランプ，D. 343

○ な　行

中兼和津次 64, 68
ノートン，B. 86

○ は　行

馬寅初 128
馬雲（ジャック・マー） 313
速水佑次郎 177
バーリー，A. 229
范旭東 188
ブリューナ，P. 186
フルシチョフ，N. 59, 62
プレビッシュ，R. 345
彭徳懐 63
ポパー，K. 87

○ ま　行

マディソン，A. 12
マルクス，K. 335
ミーンズ，G. 229
毛沢東 16, 48, 56, 62, 64, 73, 103, 128, 146, 232
モンティノラ，G. 153

○ や　行

ヤング，A. 24, 35
頼小民 163

○ ら　行

リカード，D. 71, 205
李鴻章 9, 184
李鵬 232
劉少奇 56
林彪 56
ルイス，A. 93
レーニン，N. 87
ロースキー，T. 35
路風 202

○ わ　行

ワーナー，A. 345

● 著者紹介

丸川　知雄（まるかわ　ともお）
1964 年生まれ，1987 年東京大学経済学部卒業
アジア経済研究所を経て
現在，東京大学社会科学研究所教授
主著：『チャイニーズ・ドリーム』筑摩書房，2013 年；『現代中国の
　産業』中央公論新社，2007 年；『労働市場の地殻変動』名古屋大
　学出版会，2002 年；『中国・新興国ネクサス』（共編）東京大学出
　版会，2018 年；『タバコ産業の政治経済学』（共著）昭和堂，2021
　年

現代中国経済〔新版〕
Contemporary Chinese Economy (New ed.)

ARMA

有斐閣アルマ

2013 年 7 月 25 日　初版第 1 刷発行
2021 年 8 月 25 日　新版第 1 刷発行

著　　者　　丸　川　知　雄

発 行 者　　江　草　貞　治

発 行 所　　株式会社　有　斐　閣

郵便番号　101-0051
東京都千代田区神田神保町 2-17
電話　（03）3264-1315〔編集〕
　　　（03）3265-6811〔営業〕
http://www.yuhikaku.co.jp/

印刷・株式会社理想社／製本・大口製本印刷株式会社
© 2021, Tomoo Marukawa. Printed in Japan
落丁・乱丁本はお取替えいたします。
★定価はカバーに表示してあります。

ISBN 978-4-641-22179-6